東京商工会議所編

# ビジネス実務法務 検定試験®
# 2級公式問題集
## 【2024年度版】

発行所／東京商工会議所
発売元／中央経済社

# まえがき

　本書は、東京商工会議所が発行する唯一の「公式問題集」であり、ビジネス実務法務検定試験®2級の出題範囲を画する「2級公式テキスト」に完全に準拠しています。2級検定試験は、2021年度からIBTおよびCBT形式という、インターネットを経由しての試験に変わり、これまで以上に受験しやすくなりました。

　本書に掲載した問題は、実際の検定試験に出題された頻出分野から厳選しており、新たに改正された著作権法、不正競争防止法、マイナンバー法、デジタル社会形成基本法、民事執行法、景品表示法、仲裁法等に対応しています。解説についても、関連するすべての問題に改正法に対応した分かり易い説明をするとともに、2級公式テキストおよび3級公式テキストの該当ページを明示しています。

　また、実際の検定試験に出題された過去問題を含む3回分の模擬試験は、IBTおよびCBT形式の検定試験に対応しています。

　2024年度版からは新たにデジタル学習アプリを搭載し、スマートフォンやタブレット、パソコンを利用して、いつでもどこでも学習することが可能になりました。

　本書に掲載された問題を解き、解答・解説を理解することによって、最新の法令に準拠した、2級試験合格に必要な知識を習得することが可能です。そして、あわせて公式テキストの該当ページを確認することによって、ビジネスの実務に役立つ法務知識を立体的に理解することができます。

　2024年度の2級試験の試験対策として本書を活用し、多くの方が「ビジネス法務エキスパート®」となられることを願ってやみません。

東京商工会議所

## 本書の特徴と使い方

　この本は、東京商工会議所が主催する「ビジネス実務法務検定試験®2級」対策の公式問題集です。

　本書は、「練習問題（解答・解説）」、「模擬問題（解答・解説）」で構成されています。練習問題については、左ページに問題を、右ページに解答・解説を掲載しましたので、即座に解答・解説をご確認いただけます。

　「練習問題」は、「2級公式テキスト」「3級公式テキスト」（東京商工会議所編・中央経済社刊）に準拠し、過去に出題された検定試験問題を参考に、頻出項目を厳選した問題を各章別に掲載しています。

　「解答・解説」では、詳しい解説を付しましたので、単に正解の確認にとどまらず様々な出題形式に対応できる応用能力の修得にご活用ください。また、各問題の解説中に、公式テキストの参照ページを記載しました。「公式テキストP.○○」とあるのは、「2級公式テキスト」の該当ページを、また、「3級公式テキストP.○○」とあるのは、「3級公式テキスト」の該当ページをそれぞれ示しています。各問題に直接関連する知識が法律実務の全体の中でどう位置付けられているかを認識し、より深く理解するためにご活用ください。

　「模擬問題」では、IBT・CBTを想定した模擬問題と解説が3回掲載されています。本番の試験を想定して力を試していただけます。

　また、新たに搭載したデジタル学習アプリでは、すべての問題をアプリ上で学習可能です。繰り返し学習いただくことで、より知識の定着を図ることが可能ですので、ぜひご利用ください。

# 目　次

法律改正等に伴う修正や正誤がある場合はホームページに掲載いたします。
（URLはhttps://kentei.tokyo-cci-or.jp/houmu）

# デジタル学習アプリの使い方

　本書は、スマートフォン、タブレット、パソコンで利用可能なデジタルコンテンツ（デジタルドリル）でも学習することができます。デジタルドリルを利用することで、いつでもどこでも学習が可能です。

利用期限：ご利用登録日から1年間　※利用登録期間は2024年3月1日〜2025年2月28日
使用開始日：2024年3月1日

## ▶推奨環境（2024年1月現在）
＜スマートフォン、タブレット＞
・Android 8以降
・iOS10以降
　※ご利用の端末の状況により、動作しない場合がございます。
＜PC＞
・Microsoft Windows10, 11
　ブラウザ：Google Chrome, Mozilla Firefox, Microsoft Edge
・macOS
　ブラウザ：Safari

## ▶利用方法
① スマートフォン、タブレットをご利用の場合
　→ Google Play または App Store で「ノウン」アプリをインストールしてください。
　パソコンをご利用の場合
　→②へ

② 書籍に付属のカードを切り取り線に沿って開いてください。

③ スマートフォン、タブレット、パソコンの Web ブラウザで下記 URL にアクセスして「アクティベーションコード入力」ページを開きます。カードに記載のアクティベーションコードを入力して「次へ」ボタンをクリックしてください。

　　　　[アクティベーションコード入力]
　　　　　http://knoun.jp/activate

④-a　ノウンのユーザー ID、パスワードをお持ちの方は、「マイページにログイン」の入力フォームに各情報を入力し「ログイン」ボタンをクリックしてください。

④-b　初めて「ノウン」をご利用になる方は、「ユーザー登録」ボタンをクリックしてユーザー登録を行ってください。

⑤　ログインまたはユーザー登録を行うと、コンテンツが表示されます。

⑥　「学習開始」ボタンをクリックするとスマートフォンまたはタブレットの場合は、ノウンアプリが起動し、コンテンツがダウンロードされます。パソコンの場合は、Web ブラウザで学習が開始されます。

⑦　2 回目以降の学習
　　スマートフォン、タブレット：ノウンアプリからご利用ください。
　　パソコン：下記の「ログイン」ページからログインしてご利用ください。

[ログインページ] http://knoun.jp/login

●「ノウンアプリ」に関するお問い合わせ先：NTT アドバンステクノロジ
※ノウンアプリのメニューの「お問い合わせ」フォームもしくはメール（support@knoun.jp）にてお問い合わせください。

# 法令一覧 <（　）内は略称>（50音順）

本書に掲載されている主な法令は以下の通りである。

意匠法
会社更生法
会社法
割賦販売法
金融商品取引法
刑法
憲法
公益通報者保護法
個人情報の保護に関する法律（個人情報保護法）
自動車損害賠償保障法（自賠法）
私的独占の禁止及び公正取引の確保に関する法律（独禁法）
借地借家法
消費者契約法
商標法
商法
食品表示法
製造物責任法
著作権法
動産及び債権の譲渡の対抗要件に関する民法の特例等に関する法律
（動産・債権譲渡特例法）
特定商取引に関する法律（特定商取引法）
特許法
入札談合等関与行為の排除及び防止並びに職員による入札等の公正
を害すべき行為の処罰に関する法律（官製談合防止法）
破産法
不正競争防止法
不当景品類及び不当表示防止法（景表法）
法の適用に関する通則法
民事再生法
民事執行法
民事訴訟法
民事保全法
民法
労働基準法

# 企業取引・契約に
# かかわる法務

# 第 1 章

食料品の卸売業を営むX社は、長年に渡り継続的に食料品の取引を行っているY社から、食料品α100個の購入の申込みを受けた。この場合に関する次のア～エの記述のうち、商法の規定に照らし、その内容が適切なものの個数を①～⑤の中から1つだけ選びなさい。なお、X社の営業所とY社の営業所は同一の市町村の区域内にはないものとする。

ア．X社は、Y社の申込みを承諾し、約定通りにαを納入しようとしたが、Y社の受領拒絶により、納入することができなかった。この場合において、αが損傷により価格の低落するおそれのあるものであるときは、X社は、Y社に相当の期間を定めて催告をすることなく、αを競売に付すことができる。

イ．X社は、Y社の申込みを承諾したが、誤ってY社にα150個を納入した。この場合、Y社は、原則として、超過して納入されたα50個をX社の費用をもって保管または供託しなければならない。

ウ．X社は、Y社の申込みを承諾したが、誤ってY社に食料品β100個を納入した。この場合、βについて損傷のおそれがあるときは、Y社は、裁判所の許可を得てβ100個を競売に付し、かつ、その代価を保管または供託しなければならない。

エ．X社は、Y社の申込みに対して何らの返答もしなかった場合、Y社にαを納入する義務を負わない。

①　0個　　②　1個　　③　2個　　④　3個　　⑤　4個

**第1問** (3級公式テキストP.46〜P.47、P.48〜P.54、P.87〜P.93)

[正　解] ④

[解　説]

アは適切である。X社は、約定通りにαを納入しようとしたが、Y社の受領拒絶により納入することができなかった場合において、αが**損傷により価格の低落するおそれのあるものであるとき**は、Y社に対して催告をすることなく、αを競売に付すことが認められている（商法524条）。

イは適切である。Y社は、誤りとはいえ超過分を一度預かった以上、これを**保管または供託しなければならない**が、その費用はX社の負担となる（商法527条・528条）。

ウは適切である。βについて損傷のおそれがあるときは、Y社は、裁判所の許可を得てβ100個を競売に付すことができ、**その代価を保管または供託しなければならない**（商法527条・528条）。

エは適切でない。申込みに対する承諾がなければ、原則として、契約は成立しない（民法522条1項）。ただし、商人が平常取引をする者からその営業の部類に属する契約の申込みを受けたときは、**遅滞なく諾否の通知を発しなければならず、これを怠ったときは、申込みを承諾したものとみなされる**（商法509条）。したがって、本肢では売買契約が成立し、X社は、Y社にαを納入する義務を負う。

建設業を営むA社は、長年にわたり、塗料メーカーB社から塗料甲を購入していた。A社は、これまで取引のなかった塗料メーカーC社から、「塗料甲と同等の品質を有する塗料乙を塗料甲の8割程度の価格で供給することができる」との申し出を受け、C社との間で、塗料乙200缶を600万円で購入する旨の売買契約を締結した。この場合に関する次のア～エの記述のうち、その内容が適切なものを○、適切でないものを×としたときの組み合わせを①～⑧の中から1つだけ選びなさい。

ア．C社は、塗料乙の品質が塗料甲より著しく劣るものであることを知りながら、塗料甲と塗料乙が同等の品質を有するとA社に告げて、A社にこれを真実と誤信させ、A社との間で本件契約を締結した。この場合、A社は、本件契約を取り消すことができる。

イ．A社は、C社との間で本件契約を締結するに際し、契約を解除する権利を留保する趣旨で、解約手付として60万円をC社に交付した。その後、C社が本件契約の履行に着手した場合、民法上、A社は、手付を放棄することによって契約を解除することはできない。

ウ．C社は、本件契約での約定に従い、A社に塗料乙を納入しようとした。しかし、A社は、置き場がないことを理由にその受領を拒絶した。この場合、民法上、A社による受領拒絶の時以降、C社の負う塗料乙の引渡債務は消滅する。

エ．A社は、C社から塗料乙200缶の引渡しを受け、検査をした後、A社内で保管していた。C社から塗料乙の引渡しを受けた1か月後に、A社は、買い受けた塗料乙のうち20缶の品質が劣化しており、使用できないことを発見した。当該劣化は引渡し時には存在していたがその際の検査では直ちに発見することのできない不具合であり、C社は当該劣化につき善意であった。この場合、商法上、A社は、塗料乙の劣化を認識した後、直ちにC社に対してその旨の通知を発しなければ、塗料乙の劣化についてC社に損害賠償を請求することができない。

① アー○　　イー○　　ウー○　　エー○
② アー○　　イー○　　ウー○　　エー×
③ アー○　　イー○　　ウー×　　エー○
④ アー○　　イー×　　ウー○　　エー×
⑤ アー×　　イー○　　ウー×　　エー○
⑥ アー×　　イー×　　ウー○　　エー×
⑦ アー×　　イー×　　ウー×　　エー○
⑧ アー×　　イー×　　ウー×　　エー×

**第2問** （3級公式テキストP.53、P.64、P.83〜P.84、P.85〜P.86）

［正　解］③
［解　説］

アは適切である。C社は、塗料乙の品質が塗料甲より著しく劣るものであること
を知りながら、塗料甲と塗料乙が同等の品質を有するとA社に告げて、A社に
これを真実と誤信させ、契約を締結させており、C社の当該行為は**詐欺に該当
する**（民法96条）。したがって、A社は、本件契約を取り消すことができる。

イは適切である。買主が売主に解約手付を交付したときは、**当事者の一方が契約
の履行に着手するまでは**、買主はその手付を放棄し、売主はその倍額を現実に
提供して、契約の解除をすることができる（民法557条1項）。本肢では、C社
は本件契約の履行に着手しており、民法上、A社は、手付を放棄することによっ
て契約を解除することはできない。

ウは適切でない。A社は、置き場がないことを理由に受領を拒絶しているが、こ
れは受領を拒絶する正当な理由ではないので、A社に受領遅滞が成立する（民
法413条）。もっとも、受領遅滞の効果として、**C社の商品の引渡債務が消滅す
るわけではない**。

エは適切である。買主は、目的物受領時の検査により売買の目的物が種類、品質
または数量に関して契約の内容に適合しないことを発見したときは、**直ちに売
主に対してその旨の通知を発しなければ**、目的物の契約内容不適合を理由とし
て損害賠償請求等をすることができない。直ちに発見できない場合において買
主が6か月以内にその契約内容不適合を発見したときも同様である（商法526
条2項）。A社は、塗料乙の劣化を認識した後、直ちにC社に対してその旨の通
知を発する必要がある。

## 【第3問】

いずれも商人であるXとYは、Xを売主、Yを買主とする売買契約を締結したが、Xが履行期に商品をYに引き渡そうとしたところ、Yはその受領を拒絶した。この場合に関する次の①～④の記述のうち、その内容が適切なものを2つ選びなさい。

① Yの受領拒絶により弁済の費用が増加した場合、Xはその費用をYに請求することができる。

② Xは、売買の目的物を競売することができるが、その目的物を競売することができるのは、目的物が供託に適さず、滅失・損傷のおそれがあり、その保全に過分の費用を要する場合に限られる。

③ 売買目的物が損傷しやすい場合には、Xは、これを競売することができるが、その場合は、Yに対して相当の期間を定めて催告しなければならない。

④ 売買目的物を競売した場合、Xは、代金債権の弁済期が到来していれば競売代価の全部または一部を売買代金に充当することができる。

**第3問**　　　　　　　　　　　　　　　（3級公式テキストP.85〜P.86）

［正　解］①、④

［解　説］

①は適切である。売買目的物を受領することは買主の権利であって義務ではないが、その受領拒絶により、売主は、自らの引渡義務を履行したくても履行できない状態になる。そこで、民法上、**買主の受領拒絶により増加した弁済の費用は買主が負担すべき**であるとされている（民法413条2項）。

②は適切でない。買主が受領拒絶をした場合、売主は**売買目的物を供託**することができる（民法494条1項1号、商法524条）が、さらに、一定の場合には**目的物を競売**することができる（自助売却権・競売権）。その要件は、民法上は、ⅰ）目的物が供託に適しない場合、ⅱ）滅失・損傷その他の事由による価格の低落のおそれがある場合、ⅲ）その保存に過分の費用を要する場合、ⅳ）そのほか、その物を供託することが困難な事情がある場合であるが（民法497条）、**商法上は、売主は、原則として、相当の期間を定めて催告をした上でこれを競売できる**（商法524条1項前段）。

③は適切でない。上記の通り、商法上、売主は相当の期間を定めて催告をした上で売買目的物を競売することができるが、その**目的物が損傷しやすい物である場合**には、催告なく競売してもよい（商法524条2項）。

④は適切である。売買目的物を競売した場合の競売代金については、売主は、原則として供託しなければならないが、**商人間の売買の場合、代金債権の弁済期が到来しているのであれば、競売代価の一部または全部を売買代金に充当することができる**（商法524条3項）。

## 【第4問】

次のア～エの記述は、X社内において、契約に関する民法の規定について話し合いがなされた際の発言の一部である。これらの発言のうち、その内容が適切なものを○、適切でないものを×とした場合の組み合わせを①～⑥の中から1つだけ選びなさい。

ア．「双務契約の解除については、催告による解除と催告によらない解除に分けて規定され、催告による解除には債務者の帰責事由は不要であるが、催告によらない解除には債務者の帰責事由が必要であるとされています。」

イ．「債務不履行による損害賠償については、債務者の責めに帰すべき事由によって債務者が債務の本旨に従った履行をしない場合に、これによって債権者に生じた損害の賠償を請求することが認められていますが、債務の履行が不能である場合については、債務者の責めに帰すべき事由の有無を問わず損害賠償請求が認められています。」

ウ．「売買契約において、売主から買主に引き渡された目的物の種類、品質、数量が契約の内容に適合しない場合、契約不適合が買主の責めに帰すべき事由によるものであるときを除き、買主は、売主に対して、目的物の修補、代替物の引渡し、不足分の引渡しによる履行の追完を請求することができます。」

エ．「双務契約における危険負担について、当事者双方の責めに帰することができない事由によって債務を履行することができなくなったときであっても、債権者は、反対給付の履行を拒むことができません。」

① ア－○　　イ－○　　ウ－○　　エ－○
② ア－○　　イ－○　　ウ－×　　エ－○
③ ア－○　　イ－×　　ウ－○　　エ－×
④ ア－×　　イ－○　　ウ－×　　エ－○
⑤ ア－×　　イ－×　　ウ－○　　エ－×
⑥ ア－×　　イ－×　　ウ－×　　エ－×

**第4問**　　　　　　　　　　　　　　　（3級公式テキストP.87～P.98）

［正　解］⑤

［解　説］

アは適切でない。双務契約の解除については、催告による解除と催告によらない解除に分けて規定されているのは本肢の記述の通りであるが、催告による契約解除についても催告を要しない契約解除についても、**債務者の帰責事由は不要である**（民法541条・542条）。

イは適切でない。債務不履行による損害賠償については、**債務者が債務の本旨に従った履行をしない場合および債務の履行が不能である場合のいずれも**、債務不履行が契約その他の債務の発生原因および取引上の社会通念に照らして債務者の責めに帰することができない事由によるものであるときは、債権者は、損害賠償を請求することができない（民法415条1項）。

ウは適切である。本肢に記載の通り、売主から買主に引き渡された目的物の種類、品質、数量が契約の内容に適合しない場合、買主は、売主に対して、契約不適合責任として、**目的物の修補、代替物の引渡し、不足分の引渡しによる履行の追完を請求できる**。ただし、売主は、買主に不相当な負担を課するものでないときは、買主が請求した方法と異なる方法による履行の追完をすることができる。また、契約不適合が買主の責めに帰すべき事由によるものであるときは、買主は、履行の追完の請求をすることができない（民法562条）。

エは適切でない。双務契約における危険負担について、当事者双方の責めに帰することができない事由によって債務を履行することができなくなったときは、**債権者は、反対給付の履行を拒むことができる**（民法536条）。

**【第5問】**

X社は、Y社との間で、Y社の所有する甲建物を賃借する旨の賃貸借契約を締結し、甲建物の引渡しを受け、その使用を開始した。この場合に関する次のア～エの記述のうち、その内容が適切なものの組み合わせを①～⑥の中から1つだけ選びなさい。

ア．X社は、Y社の承諾を得て甲建物を増築し、その費用（有益費）を支出した。この場合において、増築による甲建物の価格の増加が現存するときは、民法上、Y社は、当該有益費については、原則として、賃貸借契約の終了時に、X社が支出した金額または増加額のいずれかを選択してX社に償還する義務を負う。

イ．甲建物の窓ガラスの一部が台風により破損したため、X社は、ガラス店に窓ガラスの交換を依頼し、その費用を支出した。この場合、民法上、X社は、特約がない限り、Y社に対し、窓ガラスの交換に要した費用の償還を請求することができない。

ウ．Y社は、X社がY社の承諾を得て甲建物をZ社に転貸した後、X社から賃料の支払いを受けていない。この場合、民法上、Y社は、転借人Z社に賃料を請求することはできない。

エ．本件賃貸借契約で定めた期間の満了にあたり、Y社が本件賃貸借契約の更新を拒絶するには、借地借家法上、甲建物の使用を必要とする事情などを考慮して正当の事由があると認められることが必要であるが、甲建物の明渡しの条件としてY社がX社に立退料を支払うこととしても、これにより直ちに正当の事由があると認められるとは限らない。

① アイ　　② アウ　　③ アエ　　④ イウ　　⑤ イエ　　⑥ ウエ

**第5問**　　　　　　　　　　　　　（3級公式テキストP.102〜P.112）

［正　解］③

［解　説］

アは適切である。賃借人が有益費を支出した場合、賃貸人は、民法上、**賃貸借契約の終了時に、賃借人が支出した金額または増加額のいずれかを選択して、賃借人に償還する義務を負う**（民法608条 2 項・196条 2 項）。

イは適切でない。X社は、**本来Y社が負担をしなければならない窓ガラスの交換費用（必要費）**を負担したのであるから、Y社にその費用の請求をすることができる（民法608条 1 項）。

ウは適切でない。転貸借が行われた場合、**賃貸人は転借人に直接その賃料を請求することができる**（民法613条 1 項）。

エは適切である。本件賃貸借契約の期間の満了にあたり、契約の更新を拒絶するには、借地借家法上、甲建物の使用を必要とする事情などを考慮して正当の事由があると認められなければならない（借地借家法28条）。**一般に立退料の支払いは、この正当事由を補完するものと認められるが、立退料を支払ったからといって、これにより直ちに正当事由があると認められるとは限らない。**

## 【第6問】

A社はB社に対してA社所有のビルの1室について賃貸することとし、両社間で賃貸借契約を締結した。この契約の内容に関する次のア〜エの記述のうち、その内容が適切なものの組み合わせを①〜⑥の中から1つだけ選びなさい。

ア．「貸主A社は、借主B社が賃料の支払いを怠り、滞納賃料が3か月以上に達したときは、催告をすることなく直ちに契約を解除できる」旨の特約は、借地借家法にいう賃借人に不利な条項であり無効である。

イ．「本賃貸借契約の期間は、契約締結日より3か月間とする」という旨の約定があれば、一時使用の賃貸借に当たり、この契約は借地借家法の適用はない。

ウ．「本賃貸借契約は期間満了と同時に更新せず当然に終了する」旨の特約は、借地借家法にいう賃借人に不利な条項であり無効である。

エ．「貸主A社は借主B社に対し、賃貸期間の満了により更新拒絶および解約の申入れを行うことができる」という約定は、両社間の契約が一時使用の賃貸借に当たる場合であれば有効である。

① アイ　　② アウ　　③ アエ　　④ イウ　　⑤ イエ　　⑥ ウエ

### 第6問 （3級公式テキストP.102〜P.112）

［正　解］⑥
［解　説］

　借地借家法では**賃借人に不利な契約条項は、仮に契約で定めても無効であり、法律上、当該条項は契約に定められなかったものとして取り扱われる**（借地借家法30条・37条）。賃借人に不利な特約には、例えば、①借地借家法に定める賃貸期間（短期）より賃貸期間を短くする約定、②賃貸人からの更新拒絶・解約申入れに正当事由を不要とする約定などがある。

アは適切でない。本肢の特約は、「滞納賃料が３か月以上に達した場合」に無催告で解除できるとしており、賃借人に不利な条項とはいえない。

イは適切でない。**一時使用の賃貸借**には建物の賃貸借の期間等についての借地借家法の規定の適用はないが（借地借家法40条）、**一時使用の賃貸借に当たるか否かは、契約の動機・契約に至る経緯などを基礎として総合的に判断する。**単に契約期間を「３か月間」としただけで一時使用の賃貸借に当たるわけではない。

ウは適切である。本肢の特約は、上記のうち②に当たり、賃借人に不利な条項である。なお、**賃借人に債務不履行や信頼関係を破壊する事由がある場合に、そのことを理由として契約を解除する旨の特約は有効である。**

エは適切である。一時使用の賃貸借に当たる場合には、**更新等に関する規定も適用されない**ため、このような条項も有効である。

**消費貸借契約に関する次のア～エの記述のうち、その内容が適切なものを○、適切でないものを×とした場合の組み合わせを①～⑧の中から1つだけ選びなさい。**

ア．当事者の一方のみが商人である金銭消費貸借契約においては、利息の約定をしなくても、貸主は借主に対し法定利息を請求することができる。

イ．借主が貸主に借入金を分割して返済する旨の定めがある金銭消費貸借契約が締結された場合において、借主が、一度でもその返済を怠ったときは、貸主との間に特段の約定がなくても、民法上、借主は、残債務全部につき当然に期限の利益を失い、残債務を一括して返済しなければならない。

ウ．利息制限法の規定する利率の上限を超える利息の約定のある金銭消費貸借契約は、利息制限法上、当該契約自体が無効である。

エ．貸金業法上、貸金業者は、個人顧客を相手方とする貸付けにかかる契約を締結することにより、当該個人顧客の借入残高がその年収等の一定割合を超えるときは、原則として、当該契約を締結してはならない。

① ア－○　　イ－○　　ウ－○　　エ－○
② ア－○　　イ－○　　ウ－○　　エ－×
③ ア－○　　イ－○　　ウ－×　　エ－○
④ ア－○　　イ－×　　ウ－○　　エ－×
⑤ ア－×　　イ－○　　ウ－×　　エ－○
⑥ ア－×　　イ－×　　ウ－○　　エ－×
⑦ ア－×　　イ－×　　ウ－×　　エ－○
⑧ ア－×　　イ－×　　ウ－×　　エ－×

**第7問**　（公式テキストP.215～P.216、3級公式テキストP.99～P.101、P.256）

[正解] ⑦

[解説]

アは適切でない。商法513条1項は、商人間において金銭の消費貸借をしたときは、貸主は法定利息を請求することができる旨を規定している。商人間、すなわち**双方が商人であることが必要である**から、当事者の一方のみが商人である金銭消費貸借契約においては、利息の約定をしなくても、法定利息を請求することができるとする本肢の記述は適切ではない。

イは適切でない。民法137条は、債務者が期限の利益を主張することができない場合として、ⅰ) **債務者が破産手続開始の決定を受けたとき**、ⅱ) **債務者が担保を滅失させ、損傷させ、または減少させたとき**、ⅲ) **債務者が担保を供する義務を負う場合において、これを供しないとき**と定めている。支払いを1回怠っただけでは上記のいずれにも該当せず、民法上、期限の利益は喪失されない。

ウは適切でない。利息制限法の規定する利率の上限を超える利息の約定がある場合、**その超えた部分について無効となる**のであり（利息制限法1条）、その金銭消費貸借契約自体が無効となるわけではない。

エは適切である。貸金業法13条の2に過剰貸付けの禁止規定が設けられており、本肢の通り、貸金業者は、個人顧客を相手方とする貸付けにかかる契約を締結することにより、**当該個人顧客の借入残高がその年収等の一定割合を超えるときは**、原則として、当該契約を締結してはならない。

**注文者Xは、請負人Yに対して自宅の新築工事を依頼した。Yは、家屋の建築を完了し、あとは引渡しを待つばかりの状態に至っていたが、火災により建築した家屋が全焼した。この場合に関する次のア～エの記述のうち、その内容が適切なものを○、適切でないものを×としたときの組み合わせを①～⑥の中から1つだけ選びなさい。**

ア．火災がYの帰責事由に基づく場合、材料を他から調達するなどして家屋の完成が可能であれば、Yの仕事完成・引渡義務は存続する。そして、XY間の契約で定められた引渡期日までに家屋を引き渡せなかった場合、Yは債務不履行責任を負う。

イ．火災がXの帰責事由に基づく場合でも、材料を他から調達するなどして家屋の完成が可能であれば、Yの仕事完成・引渡義務は存続する。

ウ．火災がXの帰責事由に基づく場合、家屋焼失の結果、家屋の完成が不可能であれば、Yの仕事完成・引渡義務は消滅し、XはYからの報酬請求を拒むことができる。

エ．火災についてXY双方に帰責事由がない場合、家屋焼失の結果、家屋の完成が不可能であれば、Yの仕事完成・引渡義務は消滅し、原則としてYの報酬請求権も消滅する。

① アー○　　イー○　　ウー○　　エー○
② アー○　　イー○　　ウー○　　エー×
③ アー○　　イー○　　ウー×　　エー○
④ アー×　　イー×　　ウー○　　エー×
⑤ アー×　　イー×　　ウー×　　エー○
⑥ アー×　　イー×　　ウー×　　エー×

## 第8問                                    （公式テキストP.21～P.25）

［正　解］③
［解　説］

　本問題は、請負契約における債務不履行、危険負担等に関する問題である。

　建築請負契約において請負人が目的物を引き渡す前に目的物に損害が生じた場合、その損害は請負人と注文者のいずれが負担するか、具体的には①工事を完成するための費用・材料等の損失と②請負代金についての危険をどちらが負担するかという問題が生じる。

　この点、**目的物に損害が生じた原因につき注文者に帰責事由がある場合は注文者が、請負人に帰責事由がある場合は請負人が危険を負担する**ことには問題がない。これに対し、両者に帰責事由がない場合にどちらに危険を負担させるかについて、現在の判例は、**仕事完成が可能な場合には、請負人に仕事完成・引渡義務を認めながら報酬増額請求権を認めていない**ため、請負人が危険を負担することとなる。また、**仕事完成が不可能な場合には、請負人に仕事完成・引渡義務の消滅を認めるも、注文者は報酬請求を拒むことができる**ので請負人が危険を負担することとなる。いずれにしても、その危険は請負人が負担することになると考えられる。なお、**請負人の仕事完成・引渡義務については、仕事完成が可能であれば存続し、仕事完成が不可能であれば消滅する**という考え方が採られている。

　以上を前提として各肢を検討すると、Xに帰責事由があるとしながらXは報酬請求を拒むことができるとして、実質的にYにその危険の負担をさせている**ウ**のみが適切でない。

---

**■ポイント**
**（請負人・注文者の双方に帰責事由がなく請負契約の目的物に損害が生じた場合の請負人の危険負担（義務・請求権等のまとめ））**

| 仕事完成 | 仕事完成・引渡義務 | 報酬等の請求権 |
|---|---|---|
| 可能 | 存続 | 報酬増額請求権なし |
| 不可能 | 消滅 | 注文者は報酬請求を拒める（注） |

（注）ただし、仕事の結果のうち可分な部分の給付によって注文者が利益を受ける場合、その割合に応じて請負人は報酬を請求することができる（民法634条）。

**請負契約に関する次の①〜④の記述のうち、民法の規定に照らし、その内容が最も適切でないものを1つだけ選びなさい。**

① A社は、B社との間で、インターネットを用いた販売システムの開発をB社に委託する旨の請負契約を締結した。B社が完成しA社に引き渡したシステムが、B社の責めに帰すべき事由により、その品質において当該請負契約の内容に適合しないものであった場合、A社は、B社に対し、システムの修補による追完を請求することができる。

② A社は、B社との間で、インターネットを用いた販売システムの開発をB社に委託する旨の請負契約を締結した。B社が完成しA社に引き渡したシステムが、B社の責めに帰すべき事由により、その品質において当該請負契約の内容に適合しないものであった場合において、A社が相当の期間を定めてその履行の催告をし、その期間内に履行がないときは、A社は、原則として、当該請負契約を解除することができる。

③ A社は、B社との間で、広告用チラシの印刷をB社に依頼する旨の請負契約を締結したが、当該請負契約ではB社が契約不適合責任を負わない旨の特約がなされている。この場合であっても、B社は、完成したチラシにB社の責めに帰すべき事由による契約不適合があることを知りながらA社に告げなかったときは、その告げなかった事実について、A社に対する契約不適合責任を免れることができない。

④ A社は、B社との間で、広告用チラシの印刷をB社に依頼する旨の請負契約を締結した。B社が完成しA社に引き渡したチラシは、その品質において当該請負契約の内容に適合しないものであり、そのためにA社はチラシを使用することができなかった。この場合において、当該契約不適合が当該請負契約その他の債務の発生原因および取引上の社会通念に照らしてB社の責めに帰することができない事由によるものであっても、B社は、A社に対する損害賠償責任を免れることはできない。

## 第9問 （公式テキストP.21〜P.25）

［正　解］④

［解　説］

①は適切である。引き渡された目的物が、請負人の責めに帰すべき事由により、種類、品質または数量に関して契約の内容に適合しないものであるときは、注文者は、請負人に対し、**目的物の修補による追完**を請求することができる（民法562条・559条）。

②は適切である。引き渡された目的物が、請負人の責めに帰すべき事由により、種類、品質または数量に関して契約の内容に適合しないものであった場合において、注文者が相当の期間を定めてその履行の催告をし、その期間内に履行がないときは、注文者は、原則として、**契約の解除をすることができる**（民法564条・541条・559条）。

③は適切である。請負人が契約不適合責任を負わない旨の特約を当事者間で定めた場合、その特約の内容に応じて請負人の契約不適合責任が免除されるが、この特約をしても、**請負人が知りながら告げなかった事実**については、その責任を免れることができない（民法572条・559条）。

④は最も適切でない。契約不適合が**契約その他の債務の発生原因および取引上の社会通念に照らして債務者の責めに帰することができない事由によるものであるとき**は、債務者は、債権者に対する損害賠償責任を免れる（民法564条・415条1項・559条）。

商法上の仲立人に関する次のア～エの記述のうち、その内容が適切なものを○、適切でないものを×とした場合の組み合わせを①～⑥の中から1つだけ選びなさい。

ア．仲立人は、委託者に対して、善良な管理者の注意をもって取引の成立に尽力すべき義務を負う。

イ．仲立人は、当事者間に契約が成立した場合には、遅滞なく一定の事項を記載した書面（結約書）を作成し、署名した上で、各当事者に交付しなければならない。

ウ．当事者が自己の氏名・商号を相手方に示してはならない旨を仲立人に命じたときは、仲立人はそれに従い結約書・帳簿の謄本にもこれを記載してはならない。

エ．仲立人は、原則として、自己が媒介した行為につき、当事者のために商品の売買代金等の支払いその他の給付を受領する権限を有しない。

① アー○　イー○　ウー○　エー○
② アー○　イー○　ウー×　エー○
③ アー○　イー×　ウー○　エー×
④ アー×　イー○　ウー×　エー○
⑤ アー×　イー×　ウー○　エー×
⑥ アー×　イー×　ウー×　エー×

（公式テキストP.27〜P.28）

## 第10問

［正　解］①

［解　説］

アは適切である。仲立契約は準委任契約であるため、仲立人は委託者に対して委任契約の受任者と同じ義務を負う。したがって、**仲立人は、善良な管理者の注意をもって取引の成立に尽力すべき義務を負う**（民法656条・644条）。

イは適切である。仲立人は、当事者間に契約が成立した場合には、遅滞なく**一定の事項を記載した結約書**を作成し、署名の上、各当事者に交付しなければならない（商法546条）。

ウは適切である。**当事者がその氏名、商号を相手方に示してはならない旨を仲立人に命じた場合には、仲立人はその命令に従い、結約書、帳簿の謄本にもこれを記載してはならない**（商法548条）。この場合、仲立人は当該相手方に自ら履行する責任を負わなければならない（仲立人の介入義務。商法549条）。

エは適切である。**仲立人は、原則として、自己が媒介した行為につき当事者のために支払いその他の給付を受領する権限を有しない**（商法544条）。

---

### ■ポイント
### （仲立人の権利・義務）

| 意味 | 仲立人とは、商品の売買など他人間の商行為の媒介をすることを業とする者をいう（商法543条）。 |
|---|---|
| 権利 | ・報酬請求権…仲立人は、自己の媒介により当事者間に契約が成立したときに限り、報酬の支払いを請求することができる。 |
| 義務 | ・善管注意義務…仲立人は、善良な管理者の注意をもって取引の成立に尽力すべき義務を負うほか、委託者が契約の目的を達することができるように注意を尽くす義務を負う（民法656条・644条）。<br>・仲立人は、その媒介により当事者間に契約等が成立する等した場合、遅滞なく結約書を作成・署名し各当事者に交付しなければならない（商法546条1項）。<br>・仲立人は、帳簿を備え、成立した契約にかかる各当事者の氏名または商号、契約年月日およびその要領を記載して保存しなければならない（商法547条1項・546条1項）。仲立人が当事者から請求を受けたときは、帳簿の謄本を交付しなければならない（商法547条2項）。<br>・仲立人は、当事者から当該当事者の氏名・商号を相手方に示してはならない旨を命じられたときは、この命令に従うとともに、当該相手方に対して自ら履行する責任を負わなければならない（商法548条・549条）。 |

Xは、Y株式会社との間で代理商契約を締結し、Y社の平常の事業の部類に属する取引の代理および媒介を行っている。この場合に関する次のア〜エの記述のうち、その内容が適切なものの組み合わせを①〜⑥の中から1つだけ選びなさい。

ア．Xは、Y社のために動産甲を占有している。この場合において、XがY社に対して有する報酬債権の弁済期が到来しているときは、会社法上、原則として、当該報酬債権が動産甲に関して生じたときに限り、Xは動産甲を留置することができる。

イ．Xは、自らが自己または第三者のためにY社の事業の部類に属する取引をするには、会社法上、Y社の許可を受けなければならない。

ウ．Xは、Y社の取引の媒介を行った場合、会社法上、Y社から求めがあったときに限り、その旨の通知をY社に対して発しなければならない。

エ．民法上、Xは、Y社に対して、善良な管理者の注意をもって、取引の代理または媒介を行う義務を負う。

① アイ ② アウ ③ アエ ④ イウ ⑤ イエ ⑥ ウエ

## 第11問　　　　　　　　　　　　　　　（公式テキストP.28〜P.29）

［正　解］⑤

［解　説］

アは適切でない。代理商は、取引の代理または媒介をしたことによって生じた債権の弁済期が到来しているときは、その弁済を受けるまでは、**会社のために当該代理商が占有する物または有価証券を留置することができる**（会社法20条本文）。ここでは債権と物との牽連性は要求されておらず、その報酬債権がその留置目的物に関して生じた場合に限られない。

イは適切である。代理商は、**会社の許可を受けなければ**、自己または第三者のために会社の事業の部類に属する取引をすることや、会社の事業と同種の事業を行う他の会社の取締役、執行役または業務を執行する社員となることができない（会社法17条1項）。

ウは適切でない。**代理商は、取引の代理または媒介をしたときは、遅滞なく、会社に対してその旨の通知を発しなければならない**（会社法16条）。この通知は、会社から求めがあったときに限られない。

エは適切である。取引の代理または媒介は、民法の委任契約（準委任契約）に基づくものであるから、受託者であるXは、委任者であるY社に対し、**善良な管理者の注意をもって委任事務を処理する義務を負う**（民法644条）。

■関連知識
**（代理商と問屋・仲立人との関係）**

代理商は、特定の商人や会社のためにその営業を補助する。この点において、不特定多数の商人のためにその営業を補助する問屋や仲立人と異なる。仲立人は、自らが媒介した行為の契約当事者になるのではない点で問屋とは異なる。

倉庫寄託契約に関する次のア～エの記述のうち、その内容が適切なものを○、適切でないものを×とした場合の組み合わせを①～⑧の中から1つだけ選びなさい。

ア．倉庫寄託契約で保管期間の約定がなされた場合、民法上、寄託者は、保管期間が満了するまで、倉庫営業者に目的物の返還を請求することができない。

イ．商法上、倉庫営業者は、自己の財産におけるのと同一の注意をもって目的物の管理をすれば足りる。

ウ．民法上、倉庫営業者は、寄託者の承諾を得ることなく、いつでも目的物を他の倉庫営業者に保管させることができる。

エ．保管期間満了後に寄託者が目的物の引取りを拒んだ場合、商法上、倉庫営業者は、目的物を供託することはできるが、競売に付することはできない。

① ア－○　　イ－○　　ウ－○　　エ－○
② ア－○　　イ－○　　ウ－○　　エ－×
③ ア－○　　イ－○　　ウ－×　　エ－×
④ ア－○　　イ－×　　ウ－○　　エ－×
⑤ ア－×　　イ－○　　ウ－×　　エ－○
⑥ ア－×　　イ－×　　ウ－○　　エ－○
⑦ ア－×　　イ－×　　ウ－×　　エ－○
⑧ ア－×　　イ－×　　ウ－×　　エ－×

### 第12問 (公式テキストP.31〜P.32)

[正 解] ⑧

[解 説]

アは適切でない。**保管期間の定めの有無を問わず、寄託者の請求があれば、倉庫営業者はいつでも寄託物を返還しなければならない**（民法662条1項）。

イは適切でない。倉庫営業者には善良な管理者の注意義務（**善管注意義務**）が課せられている（商法595条）。

ウは適切でない。倉庫営業者は、寄託者の承諾を得た場合、またはやむを得ない事由がある場合には、他の倉庫営業者に寄託物の保管をさせる（下請）ことができる（民法658条2項）。

エは適切でない。**倉庫営業者には、保管期間満了後に期間の更新も引取りもされない寄託物について、供託権・競売権が認められている**（商法615条・524条）。

A社は、事業所内で使用するコピー機や電話機などを、いわゆるファイナンス・リースにより調達することを計画している。次のア～エの記述は、A社内において、ファイナンス・リースについて話している甲と乙との会話の一部である。この会話における乙の発言のうち、その内容が適切なものの個数を①～⑤の中から1つだけ選びなさい。

ア．甲「ファイナンス・リースにおいては、リース会社、リース会社からリース物件を借り受けて使用するユーザー、およびリース物件を供給するサプライヤーの三者が関係者として登場しますが、三者間の法律関係はどのようになっていますか。」

　　乙「リース会社、ユーザーおよびサプライヤーの三者間の法律関係としては、ユーザーとリース会社との間のファイナンス・リース契約と、サプライヤーとリース会社との間のリース物件の売買契約が存在します。一般に、ファイナンス・リース契約と売買契約のうち、ファイナンス・リース契約が先に締結されます。」

イ．甲「リース物件の引渡しは、どのように行われますか。」

　　乙「リース物件は、一般に、サプライヤーからリース会社に納入されます。リース会社は、納入された物件について、数量不足、性能・品質不良等の不具合がないかを検査します。その後、リース会社からユーザーにリース物件が引き渡されます。」

ウ．甲「リース物件に不具合があった場合、誰がその責任を負うのでしょうか。」

　　乙「ユーザーと契約関係にあるのはリース会社ですから、リース会社がリース物件の不具合についての責任を負い、サプライヤーがその責任を負うことはありません。したがって、当社がファイナンス・リースにより調達したリース物件に不具合がある場合、当社は、リース会社に対してリース物件の不具合についての責任を追及するしかありません。」

エ．甲「リース期間が満了した後、リース物件はどのように処理されるのですか。」

　　乙「一般には、ユーザーがリース物件の再リースを受けたり、リース物件をリース会社に返還したり、リース物件を買い取ることとなります。」

① 0個　② 1個　③ 2個　④ 3個　⑤ 4個

## 第13問 （公式テキストP.34～P.37）

[正　解] ③

[解　説]

アは適切である。本肢の通り、ファイナンス・リースにおいて、リース会社、ユーザー、サプライヤーの三者の法律関係は、ユーザーとリース会社との間のファイナンス・リース契約と、サプライヤーとリース会社との間のリース物件の売買契約が存在し、**ファイナンス・リース契約と売買契約では、ファイナンス・リース契約が先に締結されるのが一般的である。**

イは適切でない。納品はサプライヤーからユーザーへ直接行われることが一般的である。リース会社はファイナンスが主な役割であり、目的物の性能や品質を検査する能力は乏しく、本肢のようにリース会社が、納入された物件について、数量不足、性能・品質不良等の不具合がないかをすべての場合にチェックするのは困難である。

ウは適切でない。ファイナンス・リース契約において、**リース物件の不具合についての民事上の責任は、サプライヤーが負うのが一般的である。**ファイナンス・リースにおいてリース会社がリース物件の不具合に責任を負うことは一般的にはない。

エは適切である。リース期間が満了すれば、ユーザーは目的物を返還することになる。返還せずに再度使用したい場合は、リース物件の再リースを受けたり、あるいは、リース物件を買い取ったりすることになる。

**【第14問】**

飲食店のチェーン店を展開しているX株式会社は、食品の製造販売業を営むY株式会社との合弁事業として、Y社の製品や飲み物などを提供等するカフェを運営することを検討している。次のア〜エの記述は、この場合に関するX社内における甲と乙の会話の一部である。この会話における乙の発言のうち、その内容が適切なものの組み合わせを①〜⑥の中から1つだけ選びなさい。

ア．甲「当社がY社とともに合弁事業としてカフェを運営する場合、どのような事業形態が考えられますか。」
　　乙「当社とY社が出資をしてZ株式会社を設立し、そのZ社がカフェを運営するという方法が考えられます。この場合、Z社が運営のために借入れを行ったり、仕入れのための買掛債務を負担したとしても、当社は、Z社の債務の連帯保証人などにならない限り、その債務を弁済する義務を負いません。」

イ．甲「合同会社の制度を利用して合弁事業を行うことはできますか。」
　　乙「合同会社の形態で合弁事業を行うことは可能です。会社法上、合同会社では、合弁事業から生じた利益の配分比率を協議により自由に決めることができます。ただ、合同会社では、社員のうち必ず1人は無限責任社員でなければならないため、当社が無限責任社員にならないのであれば、Y社が無限責任社員となる必要があります。」

ウ．甲「会社以外の形態で合弁事業を行うことはできますか。」
　　乙「民法上の組合を利用する方法が考えられます。この場合、合弁事業から生じた利益の配分比率は、当社とY社との間の合意で自由に決めることができます。また、組合を利用して合弁事業を営む場合、当社は、Y社との間で組合契約を結べば足り、株式会社のように法定の設立手続を経る必要はありません。」

エ．甲「合弁事業を行う手段として、ほかにどのような形態がありますか。」
　　乙「有限責任事業組合契約に関する法律（有限責任事業組合法）上の有限責任事業組合（LLP）を利用する方法が考えられます。LLPにおいては、合弁事業によりLLPに利益が生じた場合、その利益は、いわゆるパススルー課税の対象となりません。具体的には、合弁事業から生じた利益についてLLPが課税されるだけでなく、利益の配当を受けた当社およびY社は、その利益についてさらに課税されることになります。」

① アイ　② アウ　③ アエ　④ イウ　⑤ イエ　⑥ ウエ

## 第14問　　　　　　　　　　　　　　　　（公式テキストP.42〜P.44）

［正　解］②

［解　説］

アは適切である。会社法上の株式会社を利用した合弁事業の場合、財産関係はすべて**法人格を有する会社であるZ社に帰属する**。そのため、Z社が運営のために借入れを行ったり、買掛債務を負担したりしても、別の法人格であるX社は、原則として、その債務を負担することはない。

イは適切でない。会社法上の合同会社を利用した合弁事業の場合、**利益配分は出資割合とは切り離して自由に行うことができる**（会社法621条）。また、合同会社においては、社員全員が間接有限責任を負い、**無限責任社員は存在しない**（会社法576条4項）。

ウは適切である。民法上の組合を利用した合弁事業の場合、**運営の方式や利益配分については組合契約の中で自由に定めることができる**。また、組合契約は契約当事者間に合意が成立すれば効力を生じ、株式会社のように法定の設立手続を経る必要がないため、簡易・迅速で費用も低廉で済む場合が多い。

エは適切でない。有限責任事業組合を利用した合弁事業の場合、合同会社を利用した場合と同様に、**組合員の責任は間接有限責任**であり、また**利益配分については出資割合に拘束されず自由に決めることができる**。また、独立した法人格を有しないため、利益が生じた場合には合弁事業者の段階で課税されることなく、参加企業に利益を分配する際にのみ課税されるため（パススルー課税）、節税効果があるとされる。

# 企業財産の
# 管理と法務

## 第 2 章

**預金に関する次のア～エの記述のうち、その内容が適切なものの個数を①～⑤の中から1つだけ選びなさい。**

ア．金融機関が預金者から受け取った金銭を消費し、同種、同等かつ同量の金銭に約定の利息を付して預金者に返還することを約する普通預金契約は、消費寄託契約としての法的性質を有する。

イ．預金は、金融に関連する商品であるが、銀行法により規制されており、金融商品取引法の直接の規制対象には含まれない。

ウ．普通預金契約に基づいて、預金者が預金の引出し等のために金融機関から交付を受けたキャッシュカードを第三者に盗取され、当該第三者は、盗取したキャッシュカードを用いて現金自動預払機（ATM）から不正に預金の引出しを受けた。この場合、金融機関は、預金者に重大な過失があるときであっても一切免責されることはなく、不正に引き出された額の全額を預金者に補てんしなければならない。

エ．金融機関は、預金通帳と印鑑を金融機関の窓口に持参した者に預金の払戻しをしたが、その持参人は真実の預金者ではなかった。この場合、金融機関が預金通帳および印鑑の持参人を真実の預金者であると過失なく信じていたときであっても、当該払戻しは無効であり、金融機関は真実の預金者による払戻しの請求を拒むことはできない。

①　0個　　②　1個　　③　2個　　④　3個　　⑤　4個

**第1問**

［正　解］③

［解　説］

アは適切である。**銀行に対する預金は、法的には消費寄託契約としての性質を有する**（民法666条）。

イは適切である。投資性の高くない預金や保険は、銀行法や保険業法により規制されており、**金融商品取引法の規制対象には含まれない。**

ウは適切でない。偽造カードや盗難カードでの預貯金の不正な引出しの被害者を救済するため預金者保護法が制定されているが、**預金者に重大な過失がある場合には、同法によっても預金者が保護されない場合もあり**（預金者保護法4条・5条参照）、金融機関が一切免責されることはないとする本肢は、適切ではない。

エは適切でない。**本肢の払戻しは、受領権者としての外観を有する者に対する弁済として有効とされる**ので（民法478条）、当該払戻しは無効であるとする本肢は、適切ではない。

---

**■関連知識**

キャッシュカードの盗難の被害者が預金者保護法に基づいて金融機関に補償を求めるには、次の要件を充たす必要がある（預金者保護法5条）。

① 真正カードが盗取されたと認めた後、速やかに当該金融機関に対し盗取された旨の通知を行ったこと

② 当該金融機関の求めに応じ、遅滞なく、当該盗取が行われるに至った事情その他の当該盗取に関する状況について十分な説明を行ったこと

③ 当該金融機関に対し、捜査機関に当該盗取にかかる届出を提出していることを申し出たこと、その他当該盗取が行われたことが推測される事実として内閣府令で定めるものを示したこと

**不動産の登記に関する次の①～④の記述のうち、その内容が最も適切でないものを1つだけ選びなさい。**

① X社は、Yから、Yが所有する甲土地を譲り受け、所有権移転登記の申請を行おうとしたところ、第三者であるZの詐欺により登記申請を妨げられた。その後、X社が所有権移転登記を経る前に、ZがYから甲土地を二重に譲り受け、所有権移転登記を経た。この場合、X社は、所有権移転登記を経ていなくても、Zに対して甲土地の所有権の取得を対抗することができる。

② X社は、Yから、Yが所有する甲土地を購入したが、Yが甲土地の所有権移転登記に協力しなかったため、Yに対し所有権の移転登記手続を求める訴えを提起し、X社の請求を認容する旨の判決が確定した。この場合、X社は、単独で甲土地の所有権移転登記の申請を行うことができる。

③ X社は、Yから、Yが所有する甲土地を、建物の所有を目的として賃借した後、甲土地上に乙建物を建築し、X社名義でその所有権保存登記を経た。その後、第三者であるZがYから甲土地を譲り受け、所有権移転登記を経た。この場合、X社は、甲土地について賃借権の登記を経ていなくても、Zに対して甲土地の賃借権を対抗することができる。

④ X社は、Yから、Yが所有する甲土地を譲り受けたが、X社が所有権移転登記を経る前に、Yの債権者の申立てにより、甲土地に差押えが執行されその旨の登記がなされた。その後、X社は、甲土地につき所有権移転登記を経たが、甲土地につき強制競売が行われ、Zがこれを競落した。この場合、X社は、Zに対して甲土地の所有権の取得を対抗することができる。

（公式テキストP.59〜P.62）

[正　解] ④

[解　説]

①は適切である。**詐欺・強迫で登記の申請を妨げた者に対しては登記なくして対抗することができる**（不動産登記法5条）。本肢では、第三者であるZの詐欺により登記申請を妨げられたので、X社が所有権移転登記を経る前に、ZがYから甲土地を二重に譲り受け、所有権移転登記を経たとしても、Zに対して甲土地の所有権の取得を対抗することができる。

②は適切である。登記は、登記で不利益を受ける登記義務者と、申請する登記によって利益を受ける登記権利者の共同で行うのが原則であるが（**共同申請の原則**、不動産登記法60条）、表示登記や登記権利者が勝訴判決を得た場合、相続による権利の移転の場合などは、例外として登記権利者が単独で申請することができる（不動産登記法62条・63条）。本肢では、Yに対し所有権の移転登記手続を求める訴えを提起し、X社の請求を認容する旨の判決が確定しているのであるから、X社は、単独で甲土地の所有権移転登記の申請を行うことができる。

③は適切である。**借地権の場合、借地権の登記がなくとも、土地の上に賃借人が所有する建物の登記があれば借地権を対抗することができる**（借地借家法10条1項）。本肢では、X社名義で建物の所有権保存登記を経ているので、X社は、甲土地について賃借権の登記を経ていなくても、Zに対して甲土地の賃借権を対抗することができる。

④は最も適切でない。本肢では、X社とZの対抗問題となるが、X社が所有権移転登記を経る前に、Yの債権者の申立てにより、甲土地に差押えが執行されその旨の登記がなされている。したがって、X社は差押えに基づく強制競売の競落人Zに対抗することはできない。

**著作権法に関する次の①〜④の記述のうち、その内容が適切なものを2つ選びなさい。**

① 著作者の有する権利としては、著作権と著作者人格権とがあり、いずれも著作物を創作するだけで成立し、著作権が成立するために登録等を要しない。

② 著作権も著作者人格権も、その権利を譲渡する場合には登録をしなければ第三者に対抗することはできない。

③ 法人の従業員がその職務に関連して創作した著作物で、企業の名義のもとに公表されるものを職務著作物という。この職務著作物は、就業規則等で別段の定めがなければ原則として従業員が著作者となり、企業にはその著作物を利用する権利が認められる。

④ 著作者が個人の場合の著作権の存続期間は、原則として著作物の創作の時に始まり、著作者の死後70年を経過するまでである。

**第3問** （公式テキストP.63〜P.71）

［正　解］①、④

［解　説］

①は適切である。**著作権は、著作物を創作するだけで発生する権利であり**（著作権法17条２項）、特許権など産業財産権が、出願・登録などの行為を要するのと異なる。

②は適切でない。著作権を譲渡する場合には、その登録をしないと第三者に対抗することができないのは本肢の記述の通りであるが、**著作者人格権は一身専属的な権利であり、譲渡することはできない。**

③は適切でない。職務著作物については、特許の場合と異なり、**原則として法人が著作者となる**（著作権法15条１項）。

④は適切である。著作権の存続期間については、本肢の記述の通りである（著作権法51条）。

---

■ポイント

（著作者人格権）

| | |
|---|---|
| **①公表権**<br>（著作権法18条） | 公表権は、まだ公表されていない著作物等を公衆に提供し、または提示する権利である。公表権には、公表する時期やその方法を決定することができる権利が含まれる。 |
| **②氏名表示権**<br>（著作権法19条） | 氏名表示権は、著作者がその著作物の原作品に、またはその著作物の公衆への提供・提示に際し、著作者名（実名・変名）を表示するか否かを決定する権利である。 |
| **③同一性保持権**<br>（著作権法20条） | 同一性保持権は、著作物およびその題号の同一性を保持する権利であり、著作者は、自己の意に反して著作物およびその題号の変更、切除その他の改変を受けない。 |

著作物甲の著作権者であったXが死亡し、A・Bがその相続人となった。この場合に関する次のア〜エの記述のうち、その内容が適切なものの組み合わせを①〜⑥の中から1つだけ選びなさい。

ア．著作権も権利であるので、相続人は、Xの死後も永久に甲の著作権を行使することができる。

イ．A・Bは、甲の著作権を共有することも可能であるし、どちらか一方のみを著作権者とすることも可能である。

ウ．A・Bが甲の著作権を共有することとした場合、BはAの承諾なく自由に自己の持分を第三者Cに譲渡することができる。

エ．A・Bが甲の著作権を共有することとした場合、A・Bは両者の合意によってのみ著作権を行使することができる。

① アイ　　② アウ　　③ アエ　　④ イウ　　⑤ イエ　　⑥ ウエ

**第4問** 　　　　　　　　　　　　　　　　（公式テキストP.63～P.71）

[正　解] ⑤
[解　説]

アは適切でない。著作者が個人の場合の著作権の存続期間は、**原則として著作物の創作の時に始まり、著作者の死後70年を経過するまでの間である**（著作権法51条）。

イは適切である。共同相続人は、**協議によって**、相続財産を相続人の共有にするか、それともある特定の相続人に帰属させるかなど、**遺産の配分方法や相続の割合については自由に定めることができる**のが原則である（民法907条）。

ウは適切でない。共有著作権の譲渡は、**共有者の持分のみの譲渡であっても他の共有者の同意を得なければ行うことはできない**（著作権法65条1項）。

エは適切である。共有著作権の行使は、**共有者全員の合意によってのみ行うことができる**（著作権法65条2項）。もっとも、共有者は、正当な事由がない限り上記の同意を拒み、合意の成立を妨げてはならない（著作権法65条3項）。

---

■ポイント
**（著作権の存続期間）**
著作権の存続期間は、原則として著作物の創作の時に始まり（著作権法51条1項）、著作物の態様等に応じて以下の時点までの間である。

| | 終期 |
|---|---|
| 原則 | 著作者の死後70年を経過した時点（著作権法51条2項） |
| 無名・変名の著作物の著作権 | 原則として、著作物の公表後70年を経過した時点（著作権法52条1項） |
| 団体名義の著作物の著作権 | 著作物の公表後70年（その著作物がその創作後70年以内に公表されなかったときは、その創作後70年）を経過した時点（著作権法53条1項） |
| 映画の著作物の著作権 | 著作物の公表後70年（その著作物がその創作後70年以内に公表されなかったときは、その創作後70年）を経過した時点（著作権法54条1項） |

商標法に関する次の①～④の記述のうち、その内容が最も適切なものを1つだけ選びなさい。

① 商標の登録を受けようとする者は、すでに第三者が当該商標と同一の指定商品にかかる類似の商標について商標登録を受けていたときであっても、商標登録を受けることができる。

② 地域の名称および自己の商品等の普通名称を普通に用いられる方法で表示する文字のみからなる商標は、地域団体商標として商標登録の対象となり得る。

③ 商標の登録については、商標登録出願の形式面についての審査のみを行って商標権の設定登録を行う早期登録制度がとられており、商標登録出願があったときは、その商標登録出願の放棄、取下げ、または却下がなされた場合を除き、商標権の設定登録がなされる。

④ 商標権の存続期間は、その設定登録の日から10年間で終了し、更新登録により更新することはできない。

## 第5問

（公式テキストP.71〜P.75）

［正　解］②

［解　説］

①は適切でない。商標法上、**先に出願された他人の登録商標と同一または類似の商標であって、その登録商標にかかる指定商品等と同一または類似の商品等に使用する商標**は拒絶理由に該当し商標登録を受けることができない（商標法4条1項11号）。本肢では、すでに第三者が当該商標と同一の指定商品にかかる類似の商標について商標登録を受けている以上、新たに商標登録を受けることはできない。

②は最も適切である。**地域名と商品または役務の名称を普通に用いられる方法で表示する文字のみからなる商標**であっても、事業協同組合や農業協同組合等によって使用されることにより、広範囲に及ぶ周知性を獲得した場合には、地域団体商標としての登録が認められる（商標法7条の2）。

③は適切でない。**商標の登録については、出願をし、方式審査および実体審査を経た後、登録査定を受け、登録料を納付した後に設定登録がなされる**のであり、本肢のように形式面のみ審査が行われるのではない。なお、実用新案権については、出願の後、形式的審査のみを行って実用新案権の設定登録が行われる（実用新案法14条2項）。実用新案の対象である考案は出願後短期間で実施されるのが通常であるので、この制度によって早期に権利行使が可能となる。

④は適切でない。商標の登録を受けると、商標権は設定登録の日から10年間存続する（商標法19条1項）。この期間は他の知的財産権と異なり**何度でも更新登録することができ**（同条2項）、この場合は存続期間満了の時に更新されるので（同条3項）、一度商標登録を受けると、半永久的にこれを保持することが可能となっている。更新登録の制度は、業務上の信用を化体した商標を独占排他的に使用する権原が、一定期間の経過後に消滅し、誰もが使用できることとなると、同一または類似のマークが市場に出回り、商標に化体された信用が破壊されるのみならず、誤認混同を生じ取引秩序を乱すおそれがあることから設けられたものである。

**商標法および意匠法に関する次のア～エの記述のうち、その内容が適切なものを○、適切でないものを×とした場合の組み合わせを①～⑥の中から1つだけ選びなさい。**

ア．一本の直線や単なる円形のように、極めて簡単で、かつありふれた標章のみからなる商標は、原則として商標登録を受けることができない。

イ．例えば「長崎カステラ」のように、地域の名称および自己の商品等の普通名称を普通に用いられる方法で表示する文字のみからなる商標は、一定の要件を充たす場合には、商標登録を受けることができる。

ウ．意匠法は、視覚を通じて美感を起こさせる物品の形状等を保護するものであり、工業上利用することができない意匠であっても、意匠登録を受けることができる。

エ．意匠にかかる物品の形状や模様が物品の有する機能に基づいて変化する場合、その変化の前後にわたるその物品の形状や模様は、一般に動的意匠と呼ばれ、意匠登録の対象となる。

① アー○　　イー○　　ウー○　　エー○
② アー○　　イー○　　ウー○　　エー×
③ アー○　　イー○　　ウー×　　エー○
④ アー×　　イー×　　ウー○　　エー×
⑤ アー×　　イー×　　ウー×　　エー○
⑥ アー×　　イー×　　ウー×　　エー×

**第6問**　　　　　　　　　　　　　　　（公式テキストP.71〜P.78）

［正　解］③

［解　説］

アは適切である。**極めて簡単で、かつ、ありふれた標章のみからなる商標は、拒絶理由に該当し**、商標登録を受けることができない（商標法3条1項5号）。したがって、本肢のように、一本の直線や単なる円形のように、極めて簡単で、かつありふれた標章のみからなるものは、原則として、商標登録を受けることはできない。

イは適切である。地域団体商標制度が設けられており、地域の名称および自己の商品等の普通名称を普通に用いられる方法で表示する文字のみからなる商標も、本肢の通り、地域団体商標として商標登録の対象となり得る（商標法7条の2）。

ウは適切でない。意匠権は、物品の外観等について創作した工業上利用可能な新しい意匠に対して与えられる独占権である（意匠法3条）。

エは適切である。本肢の記述の通り、意匠にかかる物品の形状、模様もしくは色彩、建築物の形状、模様もしくは色彩または画像が、物品、建築物または画像の有する機能に基づいて変化する場合、動的意匠として意匠法による保護の対象になる（意匠法6条4項）。

---

**■ポイント**

**（商標および意匠の定義）**

かつては色彩そのものや音等は商標とはなり得なかったが、商標法の改正（2015年4月1日施行）により現在は、色彩そのもの、音、ホログラム、文字や図形の動きなども、商標として登録することができる（商標法2条1項）。

また、意匠法の改正（2020年4月1日施行）により現在は、建築物（建築物の部分を含む）の形状、模様もしくは色彩もしくはこれらの結合または画像（機器の操作の用に供されるものまたは機器がその機能を発揮した結果として表示されるものに限り、画像の部分を含む）も、意匠として登録することができる（意匠法2条1項）。

**意匠権に関する次のア～エの記述のうち、その内容が適切なものの組み合わせを①～⑥の中から1つだけ選びなさい。**

ア．美術工芸家Aは、手作業により指輪を製作することとした。当該指輪が工業的方法により量産することが不可能なものである場合、当該指輪は工業上利用性の要件を充たさず、Aは当該指輪の意匠について意匠登録出願をし、意匠登録を受けることはできない。

イ．飲料メーカーB社は、これまで数年にわたり同一の形状のペットボトルを使用した飲料を全国的に広く販売している。この場合、当該ペットボトルの意匠は新規性の要件を充たさず、B社は当該ペットボトルの意匠について意匠登録出願をし、意匠登録を受けることはできない。

ウ．建設会社C社は、特徴的な形状のビルを設計した。この場合、C社は当該ビルの意匠について意匠登録出願をし、意匠登録を受けることはできない。

エ．食器メーカーD社は、カップとソーサーを組み合わせた意匠の食器を製作することとした。この場合、D社は当該カップとソーサーを1つの意匠として意匠登録出願をし、意匠登録を受けることはできない。

① アイ　　② アウ　　③ アエ　　④ イウ　　⑤ イエ　　⑥ ウエ

**第7問**　　　　　　　　　　　　　　（公式テキストP.75〜P.78）

［正　解］①
［解　説］

アは適切である。**意匠登録を受けるためには、意匠登録を受けようとする意匠が工業上利用性を備える必要がある**（意匠法3条1項柱書）。工業的方法による量産を予定しておらず、それが不可能なものを対象として意匠登録を受けることはできない。

イは適切である。**意匠登録を受けるためには、意匠登録を受けようとする意匠が新規性の要件を充たしている必要がある**（意匠法3条1項1号）。これを充たさない場合、意匠登録を受けることができない。

ウは適切でない。**建築物**の形状、模様もしくは色彩もしくはこれらの結合は、意匠に該当し（意匠法2条1項）、一定の要件を充たせば、意匠登録を受けることができる。

エは適切でない。カップとソーサーのように、**同時に使用される2以上の物品であって経済産業省令で定めるものを組物といい、「組物の意匠」については、1つの意匠として意匠登録を受けることができる**（意匠法8条）。

---

**■関連知識**

**動的意匠**

意匠にかかる物品の形状、模様もしくは色彩、建築物の形状、模様もしくは色彩または画像がその物品、建築物または画像の有する機能に基づいて変化する場合、その変化の前後にわたるその物品の形状等、建築物の形状等または画像について意匠登録を受けることができる（意匠法6条4項）。

**実用新案法および意匠法に関する次の①～④の記述のうち、その内容が最も適切でないものを1つだけ選びなさい。**

① 実用新案法上、考案とは、自然法則を利用した技術的思想の創作をいい、考案のうち実用新案登録を受けられるのは、物品の形状、構造または組合せにかかるものである。

② 実用新案権者は、その登録実用新案にかかる実用新案技術評価書を提示して警告をした後でなければ、自己の実用新案権の侵害者に対し、実用新案権を行使することができない。

③ 意匠にかかる物品の形状や模様が物品の有する機能に基づいて変化する場合、その変化の前後にわたるその物品の形状や模様は、一般に動的意匠と呼ばれ、意匠登録の対象となる。

④ 意匠権は、その設定登録出願の日から25年間存続し、その期間が満了したとしても、意匠権者が更新登録を申請することによって、その存続期間を更新することができる。

**第8問** (公式テキストP.75〜P.78、P.88〜P.89)

［正 解］④

［解 説］

①は適切である。実用新案法上、考案とは、**自然法則を利用した技術的思想の創作**をいい（実用新案法2条1項）、考案のうち実用新案登録を受けられるのは、**物品の形状、構造または組合せにかかるもの**である（実用新案法3条1項）。

②は適切である。実用新案では実体的登録要件の審査を経ずに設定登録がなされるため（早期登録制度）、実用新案権者は、**その登録実用新案にかかる実用新案技術評価書を提示して警告をした後でなければ、自己の実用新案権の侵害者に対し、実用新案権を行使することができない**（実用新案法29条の2）。

③は適切である。意匠にかかる物品、建築物の形状等または画像が**物品、建築物または画像の有する機能に基づいて変化する動的意匠**は、意匠登録の対象とされている（意匠法6条4項）。

④は最も適切でない。**意匠権は存続期間が満了した後に更新をすることはできない。**

**特許権に関する次のア〜エの記述のうち、その内容が適切なものを○、適切でないものを×とした場合の組み合わせを①〜⑧の中から1つだけ選びなさい。**

ア．特許権とは、特許権者が業として特許発明を実施することを専有する権利である。同じ発明が異なる日に複数出願された場合は、先に出願された発明が優先する。

イ．特許権は、特許庁長官に対して発明の出願をし、審査官による審査を経た後に特許査定を受け、特許登録原簿に登録することにより成立する。

ウ．特許を受けるためには、出願された発明が特許法所定の要件を充たしている必要があるが、その要件としては、産業上利用可能性、新規性、進歩性の3つが定められている。

エ．第三者が出願公開制度に基づき公開された特許出願の内容を知って、これを実施した場合、出願人はこの第三者に対して、一定の補償金の支払請求をする権利が認められる。

① アー○　　イー○　　ウー○　　エー○
② アー○　　イー○　　ウー○　　エー×
③ アー○　　イー○　　ウー×　　エー×
④ アー○　　イー×　　ウー○　　エー×
⑤ アー×　　イー○　　ウー×　　エー○
⑥ アー×　　イー×　　ウー○　　エー○
⑦ アー×　　イー×　　ウー×　　エー○
⑧ アー×　　イー×　　ウー×　　エー×

**第9問** （公式テキストP.78〜P.88）

［正 解］①

［解 説］

アは適切である。日本の特許法では、同じ発明が異なる日に２つ以上出願された場合の優劣につき**先に出願した方が優先するという先願主義が採られている**（特許法39条）。

イは適切である。特許権を取得するためには、単に、発明をするだけではなく特許庁長官に対して出願をし、本肢の記述のような手続を踏むことが必要とされている。

ウは適切である。特許法上、発明について特許を受けるために必要な要件として定められているものは、**産業上利用可能性、新規性、進歩性**の３つである（特許法29条）。

エは適切である。**出願公開制度とは、原則として、特許出願の日から1年6か月経過したときに、特許出願の内容が公衆に対して公開される制度をいう**。出願された発明の内容を早期に公開することで、重複出願や重複投資を避け、企業活動をスムーズにすることができるというメリットがある。これによって、第三者が公開された出願発明を出願者の許諾なく実施した場合、出願人には**一定の補償金の支払いを請求する権利**が認められる（特許法65条）。

## 【第10問】

X社が現在保有しているA特許につき、Y社およびZ社から実施させて欲しいとの申入れがX社になされている。この場合に関する次のア〜エの記述のうち、その内容が適切なものの組み合わせを①〜⑥の中から1つだけ選びなさい。

ア．X社は、A特許につき、Y社に対して専用実施権を設定した。この場合、X社自身も専用実施権を設定した範囲において実施が制限される。

イ．X社はY社あるいはZ社との間で独占的通常実施権、すなわち実施権者にのみ通常実施権を与え、他の者には実施権の許諾を行わないとの特約付きの通常実施権を許諾することができる。この独占的通常実施権は、特許原簿に登録できないことを除けば、その効力は専用実施権と同じである。

ウ．Y社がX社から専用実施権の設定を受けた場合、Y社は専用実施権設定契約で定めた範囲内であれば、X社の承認を得た上で、第三者に対して実施権を許諾することができる。

エ．実施権設定契約の内容は、特許権者が自由に定めることができ、その内容が独占禁止法違反になることはない。

① アイ　　② アウ　　③ アエ　　④ イウ　　⑤ イエ　　⑥ ウエ

第10問　　　　　　　　　　　　　　　　　　　　（公式テキストP.78〜P.88）

[正　解] ②

[解　説]

アは適切である。専用実施権とは、設定契約で定めた範囲において、実施権者が独占的に特許発明を実施できる権利であり（特許法77条2項）、**専用実施権設定契約で定めた範囲では特許権者といえども当該特許発明を実施できない。**

イは適切でない。**独占的通常実施権**は、特許権者が当該特許の実施権を第三者に対して許諾しない旨を含む契約であり、通常実施権の一種である。

ウは適切である。**専用実施権者は、他の第三者に当該特許発明を実施させることもできる。**ただし、この場合は**特許権者の承諾**が必要である（特許法77条4項）。また、自らの権利を侵害する者に対し、当該侵害行為の差止め（特許法100条）や損害賠償を請求することもできる。

エは適切でない。**実施権設定契約にあたり、特許権者がその優越的な地位を利用し、実施権者に不当な条件を押し付けたりすることのないよう、公正取引委員会によって「知的財産の利用に関する独占禁止法上の指針」が策定されている。**これは、実施権設定契約の内容によっては独占禁止法違反となるということを前提としているものである。

**XとYは、共同で作業を行うことによって発明Aを完成させた。この場合に関する次の①〜④の記述のうち、その内容が適切なものを2つ選びなさい。**

① Yが、Xの指示に従ってデータをまとめた者であったとしても、XとYは共同発明者となる。

② XとYが実質的に協力をしてAを完成させた場合、XとYは、特約がない限りは共同で特許の出願をする必要がある。

③ AについてXとYの共同発明が成立する場合、出願によって得られた特許権は、特約がない限りは、XとYが共有することになる。

④ AについてXとYの共同発明が成立し、XYが特許権の共有者となった場合、Xが当該特許に実施権を設定する場合にはYの同意が必要であるが、Xが自己の持分権を第三者に対して譲渡する場合にはYの同意を必要としない。

**第11問** (公式テキストP.81〜P.82)

[正　解] ②、③
[解　説]

①は適切でない。**研究者の指示に従い、単にデータをまとめた者または実験を行った者は、単なる補助者であって共同発明者とはならない。**

②は適切である。本肢のケースは共同発明に当たる。共同発明の場合、特許を受ける権利は**共同発明者全員が共有**する。したがって、**特許出願をするときには、特約がない限り、共有者全員で出願をしなければならない**（特許法38条）。

③は適切である。共同発明者全員による出願によって設定された特許権は、**出願者全員の共有**となる。

④は適切でない。特許権を共有する場合、**持分権の譲渡や実施権の設定等をするときには、他の共有者の同意が必要である**（特許法73条）。

---

**■ポイント**
**（共同発明者となり得ない者の例）**

| | |
|---|---|
| ①単なる管理者 | ・具体的着想を示さずに単に通常のテーマを与えた者<br>・発明の過程において単に一般的な助言・指導を与えた者 |
| ②単なる補助者 | ・研究者の指示に従い、単にデータをまとめた者<br>・研究者の指示に従い、単に実験を行った者 |
| ③単なる後援者・委託者 | 発明者に資金を提供したり、設備利用の便宜を与えることにより、発明の完成を援助した者 |

# 企業間取引に
# かかわる法規制

第 3 章

**独占禁止法に関する次の①〜④の記述のうち、その内容が最も適切でないものを1つだけ選びなさい。**

① 寝具メーカーであるA社は、同業他社であるB社の株式を取得し、B社を自己の影響下に置いて、B社の事業活動を支配することにより、公共の利益に反して、一定の取引分野における競争を実質的に制限した。この場合におけるA社の行為は、私的独占として独占禁止法に違反する。

② X市でガソリンの販売業を営むA社は、同一地域でガソリンを販売しているB社らとの間で、ガソリンを一定額以下の価格で販売しない旨の協定を締結し、これに従って相互に事業活動を拘束することにより、公共の利益に反して、X市のガソリン市場における競争を実質的に制限した。この場合におけるA社およびB社らの行為は、不当な取引制限として独占禁止法に違反する。

③ 食品メーカーであるA社は、継続的に原材料の供給を受けているB社から、自己の取引上の地位が優越していることを利用して、正常な商慣習に照らして不当に、協賛金の名目で金銭の提供を受けた。この場合におけるA社の行為は、不公正な取引方法として独占禁止法に違反する。

④ 衣類の製造業者であるA社は、衣類の小売業者であるB社との間で、B社がA社の製品を、B社の名をもってA社の計算において第三者に販売し、これに対してA社がB社に報酬を支払い、かつ売れ残った製品はA社が引き取ることを約する、いわゆる委託販売契約を締結した。A社は、B社にA社の製品を供給するにあたり、A社製品の小売価格を定めて、当該価格でB社にA社製品を販売させた。この場合におけるA社の行為は、不公正な取引方法として独占禁止法に違反する。

**第1問** (公式テキストP.92～P.104、3級公式テキストP.208～P.214)

[正 解] ④

[解 説]

①は適切である。独占禁止法上の私的独占とは、事業者が、単独で、または他の事業者と結合しもしくは通謀し、その他いかなる方法をもってするかを問わず、**他の事業者の事業活動を排除しまたは支配すること**により、公共の利益に反して、一定の取引分野における競争を実質的に制限することをいう（独占禁止法2条5項）。A社は、B社の事業活動を支配することにより、公共の利益に反して、一定の取引分野における競争を実質的に制限しており、私的独占として独占禁止法に違反する。

②は適切である。独占禁止法上の不当な取引制限とは、事業者が、契約、協定その他何らの名義をもってするかを問わず、他の事業者と共同して対価を決定し、維持し、もしくは引き上げ、または数量、技術、製品、設備もしくは取引の相手方を制限する等**相互にその事業活動を拘束しまたは遂行すること**により、公共の利益に反して、一定の取引分野における競争を実質的に制限することをいう（独占禁止法2条6項）。A社は、同業のB社らとの間で、商品価格に関する協定を締結し、これに従って相互に事業活動を拘束することにより、公共の利益に反して、X市のガソリン市場における競争を実質的に制限しており、不当な取引制限として独占禁止法に違反する。

③は適切である。**自己の取引上の地位が相手方に優越していることを利用して、正常な商慣習に照らして不当に、**継続して取引する相手方に対して、自己のために金銭、役務その他の経済上の利益を提供させることは、優越的地位の濫用として、独占禁止法で禁止される不公正な取引方法に当たる（独占禁止法2条9項5号ロ）。A社は、自己の取引上の地位が優越していることを利用して、正常な商慣習に照らして不当に、B社から協賛金の名目で金銭の提供を受けており、不公正な取引方法（優越的地位の濫用）として独占禁止法に違反する。

④は最も適切でない。自己の供給する商品を購入する相手方に、正当な理由がないのに、**相手方の販売する商品価格を定めて維持させる等、販売価格の自由な決定を拘束させて商品を提供すること**は、再販売価格の拘束として、独占禁止法で禁止される不公正な取引方法に当たる（独占禁止法2条9項4号イ）。しかし、本肢のように自己の計算において販売価格を指定し販売を委託する場合は、相手方は単に取次ぎをしているのみで実質的な販売者でないため、再販売価格の拘束に当たらない。

**【第2問】**

甲市における公共工事の指名競争入札において、建設業者であるA社、B社およびC社が入札の指名を受け、A社は、B社との間で相互に連絡を取り合って入札に参加した。この場合に関する次のア〜エの記述のうち、その内容が適切なものの個数を①〜⑤の中から1つだけ選びなさい。

ア．A社は、B社との間で、指名競争入札に関して、最低入札価格を決定した。この場合において、A社が当該最低入札価格で甲市の公共工事を受注したことにより、公共の利益に反して、甲市での公共工事の指名競争入札における競争が実質的に制限されたときは、A社およびB社の行為は、不当な取引制限に該当し独占禁止法に違反する。

イ．指名競争入札に関して行われたA社とB社の行為が不当な取引制限に該当し、公正取引委員会がこれについて排除措置命令を行い、当該排除措置命令が確定した。この場合、独占禁止法上、A社およびB社は、その行為により甲市が被った損害を賠償する責任を負い、故意または過失がなかったことを証明しても、甲市に対する損害賠償責任を免れることはできない。

ウ．指名競争入札に関して行われたA社とB社の行為が不当な取引制限に該当し独占禁止法に違反する場合において、A社は、公正取引委員会による調査が開始される前に、公正取引委員会規則で定めるところにより、単独で、B社より先に、公正取引委員会に当該違反行為にかかる事実の報告および資料の提出を行った。また、A社は、公正取引委員会の調査開始日以後において、当該違反行為をしていない。この場合、A社は、課徴金の全額を免除される。

エ．指名競争入札におけるA社およびB社の入札談合により、甲市に損害が生じた。この場合において、甲市の職員Dが入札談合に関与していた場合、職員Dに故意または重大な過失があれば、甲市の市長は、職員Dに対し、損害賠償を請求しなければならない。

① 0個　　② 1個　　③ 2個　　④ 3個　　⑤ 4個

**第2問**　　　　　　　　　　　　　　　　　（公式テキストP.92～P.104）

［正　解］⑤

［解　説］

アは適切である。A社は、B社との間で、最低入札価格を決定し、A社が当該最低入札価格で甲市の公共工事を受注したのであるから、公共の利益に反して、甲市での公共工事の指名競争入札における競争が実質的に制限されたときは、A社およびB社の行為は、**不当な取引制限に該当し独占禁止法に違反する**。

イは適切である。公正取引委員会がA社とB社の行為について排除措置命令を行い、当該排除措置命令が確定した場合、独占禁止法上、A社およびB社は、**故意・過失がなかったことを証明しても**、甲市に対する損害賠償責任を免れることはできない（独占禁止法25条・26条）。

ウは適切である。独占禁止法においては、公正取引委員会の審査（調査）に協力して情報を提供した事業者に対する**課徴金減免制度（リニエンシー）**が設けられている（独占禁止法7条の4～7条の6・8条の3）。本肢では、A社は調査開始前に1番目に申告をしているので、課徴金の全額の免除を受けることができる。

エは適切である。「入札談合等関与行為の排除及び防止並びに職員による入札等の公正を害すべき行為の処罰に関する法律」（官製談合防止法）は、**入札談合等関与行為を行った職員が故意または重大な過失により国等に損害を与えた場合には、各省各庁の長や地方公共団体の長等は、当該職員に速やかに損害賠償を求めなければならない**旨を規定している（同法4条）。

メーカーであるX社は、その取引先である小売店および特約店のすべてに対して、次の内容の通知を行った。

**(1)** X社の製品の小売価格をX社の指定した価格以上にすること

**(2)** X社は（1）の条件に従う者とのみ取引を行うこと

**(3)** X社の指定した小売価格を下回る価格で販売した者に対してはX社製品の出荷を停止すること

その後、X社は本件通知の内容に従い取引を行っている。この場合に関する次の①〜④の記述のうち、その内容が最も適切でないものを1つだけ選びなさい。

① X社の取引先である小売店は、X社製品をX社から買い取り、小売店の名をもって、かつ小売店の計算において消費者に販売して利益を得ている。X社は、かねてより小売店の一部から、X社製品の販売価格の下落への対処を求められており、本件通知は、X社がこの要請に応じて行ったものであった。この場合であっても、本件通知に基づくX社の一連の行為は、小売店との関係においては、再販売価格拘束行為に該当する。

② 公正取引委員会は、X社に排除措置命令をしようとするときは、X社について、意見聴取を行わなければならない。

③ 公正取引委員会の調査の結果、本件通知に基づくX社の一連の行為が不公正な取引方法に該当すると認められ、公正取引委員会から排除措置が命じられた。X社がこれを不服とするときは、X社は一定期間内に裁判所に命令の取消しの訴えを提起することができる。

④ 本件通知に基づくX社の一連の行為が不公正な取引方法に該当する場合、当該行為によってその利益を侵害されるおそれがある者は、これにより著しい損害が生じるおそれがあるときであっても、X社に対して当該行為を停止するよう請求することはできない。

（公式テキストP.95〜P.96、P.100〜P.103）

第3問

[正　解] ④

[解　説]

①は適切である。小売店が自らリスクを負担してX社から製品を買い取っている
以上、**その価格は本来小売店により自由に定められているはずである**。したがっ
て、X社が他の小売店の一部から、販売価格の下落への対処を求められ本通知
を発した場合であっても、X社の一連の行為は、小売店との関係においては、
**再販売価格拘束行為**（独占禁止法2条9項4号）に該当する可能性が高い。

②は適切である。排除措置命令を出すにあたっては、名宛人となるべき者に防御
の機会を与える必要があり、**公正取引委員会は、X社について、意見聴取を行
わなければならない**（独占禁止法49条）。

③は適切である。**公正取引委員会から排除措置を命じられた当事者がこれを不服
とするときは、一定期間内に裁判所に命令の取消しの訴えを提起する**ことがで
きる（行政事件訴訟法3条1項2号・14条）。

④は最も適切でない。不公正な取引方法に該当する行為によってその利益を侵害
されるおそれがある者は、これにより**著しい損害が生じるおそれがある場合**に
は、侵害者に対して当該行為を停止するよう請求することができる（独占禁止
法24条）。

独占禁止法に関する次のア～エの記述のうち、その内容が適切なものを○、適切でないものを×とした場合の組み合わせを①～⑧の中から1つだけ選びなさい。

ア．卸売業者と小売業者は、卸売業者が小売業者に冷凍食品を継続的に販売する契約において、冷凍食品を100個単位で納入し、納入の際に100個未満の端数とはしない旨、および卸売業者は売れ残った冷凍食品を小売業者から引き取らない旨を定めた。この場合、当該契約に基づき取引を行う行為は、不公正な取引方法に該当する。

イ．事業者の行為が不当な取引制限に該当するためには、例えば罰金や取引停止などの手段を用いて協定事項を強制的に遵守させるように事業活動を相互に拘束すること（相互拘束）が要件の1つとして必要とされる。したがって、いわゆる紳士協定のように協定事項を遵守しなくても罰則などが科されないものは相互拘束には当たらず、当該協定を締結し遵守する行為は、不当な取引制限に該当しない。

ウ．会社が、自社と国内において競争関係にある他の会社に対し、自社の役員または従業員が当該他の会社の役員を兼ねることを認めさせる行為は、それが不公正な取引方法に該当するか否かにかかわらず、独占禁止法上、禁止される。

エ．会社は、他の会社の事業の重要部分を譲り受ける場合、それにより一定の取引分野における競争を実質的に制限することとなるときであっても、独占禁止法上、当該事業の譲受けを禁止されない。

| ① | アー○ | イー○ | ウー○ | エー○ |
| ② | アー○ | イー○ | ウー○ | エー× |
| ③ | アー○ | イー○ | ウー× | エー× |
| ④ | アー○ | イー× | ウー○ | エー× |
| ⑤ | アー× | イー○ | ウー× | エー○ |
| ⑥ | アー× | イー× | ウー○ | エー○ |
| ⑦ | アー× | イー× | ウー× | エー○ |
| ⑧ | アー× | イー× | ウー× | エー× |

**第4問**　　（公式テキストP.92〜P.104、3級公式テキストP.208〜P.214）

［正　解］⑧

［解　説］

アは適切でない。冷凍食品の購入単位を100個単位とし100個未満の端数とはしないこと、および卸売業者は売れ残った冷凍食品を小売業者から引き取らないとすることを条件として取引を行った場合であっても、それだけでは公正な競争を阻害するおそれがあるといえず、独占禁止法が定める不公正な取引方法には該当しない。

イは適切でない。いわゆる紳士協定のように協定事項を遵守しなくても罰則などが科されないものについても、**事実上の拘束力を持ち得るのであれば、相互拘束に該当し得る。**

ウは適切でない。不公正な取引方法に該当するのであれば、独占禁止法により禁止されるが、本肢では、「不公正な取引方法に該当するか否かにかかわらず」、独占禁止法上禁止されるとしており、適切な記述とはいえない。

エは適切でない。他の会社の事業の重要部分を譲り受ける場合、これにより一定の取引分野における競争を実質的に制限することとなるときは、独占禁止法により当該事業の譲受けが禁止される。

下請代金支払遅延等防止法（下請法）に関する次の①～④の記述のうち、その内容が最も適切なものを1つだけ選びなさい。

① 下請法は、会社法上の親子会社関係にある会社間の取引に対して適用される法律である。

② 下請法の適用のある取引の場合、親事業者は発注に際しては、必ず給付内容その他、一定の事項を記載した書面を交付しなければならず、書面の交付を電子メールによる方法とすることは認められていない。

③ 親事業者は、下請事業者の納品した製品を返品することは認められず、製品に不具合があった場合でも、親事業者は下請事業者に対し損害賠償請求をすることができるにすぎない。

④ 親事業者が下請事業者に対し支払期日までに下請代金を支払わなかった場合、親事業者が下請事業者から物品等の給付を受領した日から起算して60日を経過した日以降については、両者間に特約等がなくても、親事業者は下請事業者に対して遅延損害金を支払わなければならない。

**第5問**　　　　　　　　　　　　　　　　　　　　（公式テキストP.105～P.107）

[正　解] ④
[解　説]

①は適切でない。下請法は、ⅰ）親事業者が資本金３億円超の法人事業者、下請事業者が資本金３億円以下の法人事業者または個人事業者の場合や、ⅱ）親事業者が資本金1000万円超３億円以下の法人事業者、下請事業者が資本金1000万円以下の法人事業者または個人事業者の場合等に適用される（下請法２条７項８項）。**会社法上の親子会社間の取引に対して適用されるわけではない。**

②は適切でない。電子メールによって交付することも可能である（下請法３条２項）。

③は適切でない。**受領した物に不具合があるなど、下請事業者に責任がある場合には返品することができる**ので、およそ返品ができないとする本肢は適切ではない。

④は最も適切である。本肢の記述の通り、親事業者は、下請代金を支払わなかった場合、**当事者間に特約がなくても、下請法の規定に基づき下請事業者に遅延損害金を支払わなければならない**（下請法４条の２）。

---

**■関連知識**
**公正取引委員会による措置**

公正取引委員会は、下請法に規定されている禁止行為を行っている親事業者に対し、当該行為をやめるべきことその他必要な措置（原状回復・再発防止措置等）を勧告するものとされている（下請法７条）。

この勧告に関して「下請法違反行為を自発的に申し出た親事業者の取扱いについて」が公表されている。これによれば、下請法違反行為を行った親事業者が、公正取引委員会が調査に着手する前に違反行為を自発的に申し出る等の一定の措置をとったときは、公正取引委員会は、下請事業者の利益を保護するために必要な措置をとることの勧告をしない取扱いをすることとされている。

**不正競争防止法に関する次のア〜エの記述のうち、その内容が適切なものを〇、適切でないものを×とした場合の組み合わせを①〜⑥の中から1つだけ選びなさい。**

ア．自己の商品の表示として他人の著名な商品甲と同一または類似の表示を使用する行為が不正競争に該当するには、その行為により甲と混同を生じさせることは必要ではないが、甲について商標登録がなされている必要がある。

イ．市販のDVDソフトウェアに施されている不正コピー防止技術を無効にして不正コピーを可能とする機能を有する装置を販売する行為は、著作権の侵害行為には該当するが、不正競争には該当しない。

ウ．企業の有する情報が営業秘密として不正競争防止法上の保護を受けるためには、当該情報にアクセスできる者を制限するとともに、当該情報にアクセスした者がそれを秘密であると認識できるようにするなど、当該情報が秘密として管理されている必要がある。

エ．不正競争により営業上の利益を侵害された被害者が、故意または過失により被害者の利益を侵害して自己の利益を得ている加害者に対し、不正競争防止法に基づき損害賠償請求訴訟を提起する場合、同法上、被害者の損害額を推定する規定はないため、被害者は、加害者の不正競争により自己が受けた損害の額を自ら証明する必要がある。

① ア−〇　　イ−〇　　ウ−〇　　エ−〇
② ア−〇　　イ−〇　　ウ−〇　　エ−×
③ ア−〇　　イ−〇　　ウ−×　　エ−〇
④ ア−×　　イ−×　　ウ−〇　　エ−×
⑤ ア−×　　イ−×　　ウ−×　　エ−〇
⑥ ア−×　　イ−×　　ウ−×　　エ−×

（公式テキストP.108～P.116）

**第6問**

[正　解] ④

[解　説]

アは適切でない。自己の商品等表示として**他人の著名な商品等表示**と同一または類似のものを使用する行為は、それ自体で不正競争防止法上の不正競争に当たる（不正競争防止法2条1項2号）。この場合、他人の商品等表示に著名性が要求される一方で、使用行為によって誤認混同を生じさせることは必要でなく、また、商標の登録も必要でない。

イは適切でない。**営業上用いられている技術的制限手段により制限されている影像の視聴等を、その技術的制限手段の効果を防げることにより可能とする機能を有する装置**（装置を組み込んだ機器や、装置の部品一式であって容易に組み立てることができるものを含む）等を譲渡等する行為は、不正競争に当たる（不正競争防止法2条1項17号）。

ウは適切である。不正競争防止法上の営業秘密とは、秘密として管理されている生産方法、販売方法その他の事業活動に有用な技術上または営業上の情報であって、公然と知られていないものをいう（不正競争防止法2条6項）。すなわち、営業秘密と認められるためには、秘密管理性、有用性、非公知性の3要件を充たす必要がある。このうち、秘密管理性については、**その情報にアクセスできる者を制限することのほか、その情報にアクセスした者がそれを秘密であると認識できるようにする**など、企業の側で秘密として管理されている必要がある。

エは適切でない。故意または過失により不正競争を行って他人の営業上の利益を侵害した者は、これによって他人に生じた損害を賠償する責任を負う（不正競争防止法4条本文）。この場合において、侵害者がその侵害行為により利益を受けているときは、**その利益の額をもって、被害者が受けた損害の額と推定**される（不正競争防止法5条2項）。したがって、損害額を推定する規定はあり、また、侵害者が受けた利益の額を証明すれば、損害額を証明する必要はない。

# 消費者との取引にかかわる法規制

# 第 4 章

消費者契約法に関する次のア～エの記述のうち、その内容が適切なものを○、適切でないものを×とした場合の組み合わせを①～⑧の中から1つだけ選びなさい。

ア．消費者契約法が適用されるのは、消費者と事業者との間で締結される契約であり、大学と学生との間で締結される契約にも同法は適用される。

イ．事業者が消費者の住居を訪問して契約の勧誘行為をするに際し、消費者にその住居から退去するよう告げられたにもかかわらず、事業者がその場から退去しないため、消費者が困惑して契約を締結した場合、消費者は当該契約を取り消すことができる。

ウ．事業者と消費者との間の契約において、事業者の債務不履行または債務の履行時になされた不法行為によって消費者に損害が生じた場合において、事業者の損害賠償責任の全部を免除する旨の条項を定めたときは、当該条項は消費者契約法上無効とされる。

エ．事業者による消費者契約法上の不適切な勧誘行為が、民法上の強迫にも該当する場合、消費者は、消費者契約法上の取消しを主張することも、民法上の強迫の規定に基づく取消しを主張することもできる。

① アー○　　イー○　　ウー○　　エー○
② アー○　　イー○　　ウー○　　エー×
③ アー○　　イー○　　ウー×　　エー×
④ アー○　　イー×　　ウー○　　エー×
⑤ アー×　　イー○　　ウー×　　エー○
⑥ アー×　　イー×　　ウー○　　エー○
⑦ アー×　　イー×　　ウー×　　エー○
⑧ アー×　　イー×　　ウー×　　エー×

　　　　　　　　　　　　（公式テキストP.118～P.123）

[正　解] ①
[解　説]

アは適切である。消費者契約法は、事業者と消費者との間で締結される契約に適用される。事業者は、法人その他の団体等とされているので、**大学も事業者に該当する**。また、消費者とは、個人（事業としてまたは事業のために契約の当事者となる場合を除く）のことであり、大学との間で契約を締結する学生は消費者に該当する。

イは適切である。本肢のような場合は、**事業者の不退去による契約の締結**とされる可能性が高く、その場合には、消費者契約法に基づき、消費者は当該契約を取り消すことができる（消費者契約法4条3項1号）。

ウは適切である。本肢のような条項は、**消費者に一方的に不利益な条項**として無効とされている（消費者契約法8条1項1号3号）。

エは適切である。消費者契約法に基づく取消しが主張できる場合であっても、民法上の詐欺や強迫に基づく取消しも、その要件を充たす限りは、**消費者契約法に基づく取消しと選択的に主張することができる**とされている（消費者契約法11条1項参照）。

第4章　消費者との取引にかかわる法規制

**特定商取引法に関する次のア～エの記述のうち、その内容が適切なものを○、適切でないものを×とした場合の組み合わせを①～⑥の中から1つだけ選びなさい。**

ア．訪問販売において、販売業者は、自己の名称または氏名、勧誘目的である旨、および販売する商品等を明示する義務を負うが、販売業者は、これらの事項を契約締結後に書面によって明示すればよく、取引の勧誘に先立って明示する必要はない。

イ．消費者は、販売業者との間で、訪問販売の方法により日常生活で通常必要とされる分量を著しく超える商品の売買契約を締結した場合、契約締結後一定期間内であれば、原則として当該契約の解除をすることができる。

ウ．販売業者が、消費者との間で、訪問販売の方法により商品の売買契約を締結する際に、消費者に対し、そのクーリング・オフの行使を妨害する目的で、当該契約ではクーリング・オフは行使できない旨の不実の告知をした。そのため、消費者は、その告知の内容を事実であると誤認して、当該契約を締結した。この場合、消費者は、当該契約につきクーリング・オフを行使できる旨等を記載した所定の書面等を販売業者から新たに受領してから所定の期間が経過するまでは、当該契約につきクーリング・オフを行使することができる。

エ．販売業者が、消費者との間で、通信販売の方法により商品の売買契約を締結した。この場合において、販売業者が当該商品の広告に商品の返品条件など所定の事項を表示していなかったときは、消費者は、商品の引渡しを受けた後一定期間内であれば、当該契約を解除することができる。

① アー○　　イー○　　ウー○　　エー○
② アー○　　イー○　　ウー○　　エー×
③ アー○　　イー×　　ウー×　　エー×
④ アー×　　イー○　　ウー○　　エー○
⑤ アー×　　イー×　　ウー×　　エー○
⑥ アー×　　イー×　　ウー×　　エー×

[正　解]　④
[解　説]

アは適切でない。訪問販売において、販売業者は、自己の名称または氏名、勧誘目的である旨、および販売する商品等を明示する義務を負うことは本肢の通りであるが、契約締結後ではなく、**取引の勧誘に先立って明示する必要がある**（特定商取引法3条）。

イは適切である。**日常生活で通常必要とされる分量を著しく超える商品の売買契約を締結した場合**、契約締結後1年間に限り、原則として契約の申込みの撤回や契約の解除をすることができる（特定商取引法9条の2）。

ウは適切である。訪問販売では消費者にクーリング・オフの権利が与えられているが、販売業者がそのクーリング・オフの行使を妨害する目的で、当該契約ではクーリング・オフは行使できない旨の不実の告知をした場合、消費者を保護するため、消費者は、**当該契約につきクーリング・オフを行使できる旨等を記載した所定の書面等を販売業者から新たに受領してから所定の期間が経過する**までは、当該契約につきクーリング・オフを行使することができる（特定商取引法9条1項）。

エは適切である。通信販売においては、**販売業者が当該商品の広告に商品の返品条件など所定の事項を表示していなかったとき**は、8日以内に限り、通信販売によって商品等を購入した消費者は、無条件で申込みの撤回または契約の解除をすることができるという規定が設けられている（特定商取引法15条の3）。

## 【第3問】

Aは、突然自宅を訪問してきた時計販売業を営むB社の販売員Cから、B社の販売する高級腕時計を購入するよう執拗に勧められたため、断りきれずに、その時計の代金決済のために信販会社であるD社との間でクレジット契約（以下、「本件クレジット契約」という）を締結した上で、B社との間で時計を購入する旨の契約（以下、「本件契約」という）を締結した。そして、AはCからこの時計の引渡しを受けた。現時点でこの時計はAの手元にあるが、Aは本件契約を締結したことを後悔している。この場合に関する次の①〜④の記述のうち、その内容が最も適切でないものを1つだけ選びなさい。なお、本件契約は割賦販売法上の個別信用購入あっせん関係販売契約に該当するものとする。

① 本件契約は、特定商取引法の規制対象であるので、Aは、所定の期間内であればクーリング・オフによって本件契約を解除することができる。

② Aは、所定の期間内であれば、割賦販売法に基づくクーリング・オフによって本件クレジット契約を解除することができる。

③ Cの勧誘行為が長時間にわたったため、Aが退去を求めたのにCが退去せず、Aがやむを得ず本件契約を締結した場合、Aは消費者契約法に基づき、本件契約を取り消すことができる。

④ Cの勧誘行為が民法上の取消事由と消費者契約法上の取消事由の両方の要件を充たす場合、消費者契約法は民法の特別法に当たるので、Aは、消費者契約法に基づいて取り消す必要があり、民法の規定を根拠として取り消すことはできない。

**第3問**

［正　解］④

［解　説］

①は適切である。本問の売買は、**特定商取引法で規制する訪問販売**に該当し、クーリング・オフが認められる。

②は適切である。個別信用購入あっせんを利用した訪問販売であり営業所等以外の場所での取引等では、割賦販売法に基づくクーリング・オフが認められる。

③は適切である。消費者契約法は、消費者が契約等を取り消すことができる事業者の不適切な行為を類型化して定めている（消費者契約法4条）が、その不適切な行為の1つとして**事業者の不退去**が定められており、本肢の**Cの勧誘行為はこの不退去に該当する**。

④は最も適切でない。消費者の意思表示が民法の詐欺や強迫による意思表示に該当し、かつ、消費者契約法の取消要件にも該当する場合、消費者は**いずれの規定によって取り消すこともできる**。

割賦販売法上の個別信用購入あっせんにおけるクーリング・オフについて述べた次のア〜エの記述のうち、その内容が適切なものの組み合わせを①〜⑥の中から1つだけ選びなさい。なお、本問における各書面について、電磁的記録または電磁的方法によるものは考慮しないものとする。

ア．個別信用購入あっせんにおいて、消費者が個別クレジットの立替払契約についてクーリング・オフを行使した場合、商品の販売契約についても解除されたものとされる。

イ．クーリング・オフは、契約書面または申込書面を受領した日のいずれか早い日から一定の期間内に、申込みの撤回または契約の解除をする旨を書面に記載して発信しなければならない。この通知については、到達主義がとられている。

ウ．クーリング・オフが認められるためには、個別信用購入あっせん業者の同意が必要であり、具体的には、消費者のクーリング・オフの通知に対し、個別信用購入あっせん業者からの同意書の送付がなされることによって、クーリング・オフが成立する。

エ．クーリング・オフが行使されると、契約当事者は原状回復義務を負うので、個別信用購入あっせん関係販売業者等は個別信用購入あっせん業者に立替金を返還する義務を負い、個別信用購入あっせん業者は、受領済みの賦払金を消費者に返還しなければならない。

① アイ　　② アウ　　③ アエ　　④ イウ　　⑤ イエ　　⑥ ウエ

　　　　　　　　　　　　　　　　（公式テキストP.133～P.139）

［正　解］③
［解　説］

アは適切である。クレジット契約と販売契約とは別個の契約であるから、本来は
　クレジット契約をクーリング・オフしても販売契約の効力に影響しないはずだ
　が、割賦販売法は、当事者の合理的意思に合致すべく、販売契約について撤回
　または解除されたものとみなすこととしている（割賦販売法35条の3の10第5
　項本文）。

イは適切でない。通常の意思表示については到達主義がとられているが、クーリ
　ング・オフの通知については、**書面を発信した段階で法的効力が生じる発信主
　義**がとられている（割賦販売法35条の3の10第2項）。

ウは適切でない。クーリング・オフは**消費者の一方的な意思表示**で足り、個別信
　用購入あっせん業者等の同意がなくても成立する。

エは適切である。**クーリング・オフがなされると申込みの撤回または契約解除の
　効力が発生するため、契約当事者は原状回復義務を負う。**そのため、消費者が
　商品を受け取っていればそれを返還しなければならず、個別信用購入あっせん
　業者が賦払金を受け取っていればその賦払金を返還しなければならない。さら
　に、消費者が商品を受け取っている場合には、**その返還に要する費用は個別信
　用購入あっせん関係販売業者が負担**しなければならない。

割賦販売法上の個別信用購入あっせん業者である信販会社Aと個別信用購入あっせん関係販売業者である販売業者B、および購入者Cとの間の個別信用購入あっせんにかかわる取引についての次の①～④の記述のうち、その内容が最も適切でないものを1つだけ選びなさい。

なお、本問において「個別信用購入あっせん」、「個別信用購入あっせん関係受領契約」、「個別信用購入あっせん関係販売契約」は、それぞれ次に示すものとする。

・「個別信用購入あっせん」は、販売業者Bがいわゆるクレジットカードなどのカード等を利用することなく購入者Cに商品を販売することを条件として、信販会社Aが、当該商品の代金の全部または一部に相当する金額を販売業者Bに交付するとともに、購入者Cから所定の時期までに当該金額を受領するものである。

・「個別信用購入あっせん関係受領契約」（以下、本問において「立替払委託契約」という）は、個別信用購入あっせんにかかる購入方法により購入者Cが販売業者Bから購入する商品の代金に相当する額の支払いおよび受領について、信販会社Aと購入者Cとの間で結ばれる契約である。

・「個別信用購入あっせん関係販売契約」（以下、本問において「クレジット販売契約」という）は、個別信用購入あっせんにかかる販売方法で商品を販売することを内容として、販売業者Bと購入者Cとの間で結ばれる契約である。

① 信販会社Aは、立替払委託契約に基づいて購入者Cの賦払金の支払義務が履行されないため、Cに対し、割賦販売法に基づき期間を定めてその支払いを書面で催告した。この場合、Aは、その期間内にその義務が履行されないときは、割賦金の支払いの遅滞を理由として、当該契約を解除することができる。

② 販売業者Bは、購入者Cとの間でクレジット販売契約を締結した場合、Cに対し、当該契約の締結後、契約内容等に関する所定の事項を説明する必要があるが、この説明は口頭で行えば足り、当該契約内容を記載した書面を交付等する必要はない。

③ 販売業者BがBの営業所等以外の場所で、購入者Cとの間でクレジット販売契約により、所定の商品の売買契約を締結した場合において、Cは、所定の期間内に、書面により、クーリング・オフを行使した。この場合、Cは、当該契約の申込みの撤回をすることができる。

④ 信販会社Aと購入者Cとの間の立替払委託契約がCの債務不履行により解除された。この場合、AとCとの間に損害賠償額の予定または違約金についての特約があっても、Aは、当該契約にかかる支払総額に相当する額にこれに対する法定利率による遅延損害金の額を加算した金額を超える額の金銭の支払いをCに対して請求することができない。

（公式テキストP.133～P.139）

［正　解］②
［解　説］

①は適切である。信販会社Aは、Cに対し、割賦販売法に基づき期間を定めてその支払いを書面で催告し、その期間内にその義務が履行されなければ、賦払金の支払いの遅滞を理由として、当該契約を解除することができる（割賦販売法35条の3の17）。**直ちに解除することができるのではなく、所定の催告が必要である点に注意を要する。**

②は最も適切でない。販売業者Bは、購入者Cとの間でクレジット販売契約を締結した場合、Cに対し、当該契約の締結後、契約内容等に関する所定の事項を説明する必要があるが、**この説明は口頭の説明では足りず、書面を交付等する必要がある**（割賦販売法35条の3の8・35条の3の22）。

③は適切である。本肢では、販売業者Bが、Bの営業所等以外の場所において、購入者Cとの間で、クレジット販売契約により、所定の商品の売買契約を締結しており、**Cは、所定の期間内に、書面により、クーリング・オフを行使すれば、当該契約の申込みを撤回することができる**（割賦販売法35条の3の10）。

④は適切である。割賦販売法は、遅延損害金について、法定利率以上の金額を請求することはできないと定めている（割賦販売法35条の3の18）。

製造物責任法（PL法）に関する次のア〜エの記述のうち、その内容が適切なものの個数を①〜⑤の中から1つだけ選びなさい。

ア．家電製品の製造販売を業とするA社のエアコンは温度調整機能に欠陥があり、室温が設定温度よりかなり高くなるが、それが原因で健康を害する等、人の身体に悪影響を及ぼしたり、物的な被害が出るには至っていない。この場合には、A社が製造物責任法に基づいて損害賠償責任を負うことはない。

イ．Bは、自転車メーカーC社が製造した自転車用幼児座席を販売店Dから購入した。ある日、Bが自転車の前部に取り付けたこの幼児座席に1歳の子供を乗せて走行していたところ、この幼児座席の設計が適切でなかったため、子供の靴が脱げて右足親指を前輪に挟み、子供は大ケガをした。この場合、Bは、幼児座席が安全性を欠くことを理由に、C社に対して製造物責任法による責任追及ができる。

ウ．Eは、かねてより懇意にしていた住宅の建築販売を業とするF社の勧めもあり、2階建て環境共生住宅の建築を注文した。ところが、階段の建付けが悪く転倒した結果、Eは足首を捻挫し1週間入院した。EはF社に対して製造物責任法による責任追及ができる。

エ．日曜大工が趣味のGは、機械工具の製造を業とするH社のロゴマークがついた電動工具を買い求め、犬小屋を作っていたところ、突然歯がこぼれ手の甲を5針も縫う大ケガを負った。この工具はOEM（相手先商標製品の供給）の形態をとっており、実際に製造したのは同業のI社である。この事故についてGは、H社に対して、製造物責任法による責任追及ができない。

① 0個 ② 1個 ③ 2個 ④ 3個 ⑤ 4個

## 第6問

[正　解] ③

[解　説]

アは適切である。製造物責任は、製造物の欠陥によって人の生命、身体または財産に被害が生じた場合に生じる。**「損害」が当該製造物に限定され拡大損害が生じない場合**は、債務不履行責任や契約不適合責任は生じても、製造物責任は生じない（製造物責任法3条但書）。本肢では拡大損害は生じていない。

イは適切である。製造物責任における「欠陥」とは、当該製造物が通常有すべき安全性を欠いていることである（製造物責任法2条2項）。欠陥には、設計上の欠陥、製造上の欠陥、指示・警告上の欠陥がある。当該自転車の座席が、子供の足が車輪に挟まれやすい構造であり**設計時点で通常有すべき安全性を欠いている場合**には、設計上の欠陥があったといえる。この場合、C社は製造物責任法上の責任を負う。

ウは適切でない。製造物責任の対象とされる**「製造物」に不動産は含まれない。**

エは適切でない。製造物責任法上の「製造業者等」とは、具体的には、ⅰ）当該製造物を業として製造、加工または輸入した者、ⅱ）製造業者として当該製造物にその氏名、商号、商標その他の表示をした者、または当該製造物にその製造業者と誤認させるような氏名等の表示をした者、ⅲ）**当該製造物の製造、加工、輸入または販売その他の事情から当該製造物にその実質的な製造業者と認めることのできる表示をした者**である（製造物責任法2条3項）。H社は、上記ⅲ）に該当すれば、製造物責任法上の責任を負う。

食品の製造販売会社であるX社（上場会社）が小売店等を通じて販売した加工食品を購入した消費者に食中毒の症状が発生した。食中毒の症状が発生した消費者は、いずれもX社の販売する甲食品を食していた。

甲食品は、Y社から原材料の供給を受け（Y社が委託しているZ運送会社が搬送）、当該原材料をX社で加工し販売しているものである。X社の調査の結果、原材料をY社からX社にトラックで搬送する途中でZ社の作業員が荷物を落下させ、その際生じた梱包の破損により原材料が変質し、それが不良製品の発生につながったことが判明した。

この場合に関する次のア～エの記述のうち、その内容が適切なものの組み合わせを①～⑥の中から1つだけ選びなさい。

ア．食中毒は、Z社が搬送時に起こした事故が原因で生じているから、甲食品に問題があったとしても、X社は食中毒の被害を受けた消費者に対して、製造物責任法に基づく損害賠償責任を負わない。

イ．原材料を搬送したZ社は、食中毒被害を被った消費者に対して製造物責任を負う。

ウ．X社が消費者に生じた損害について損害賠償をした場合、X社は当該賠償をしたことを自社の損害としてZ社に対して損害賠償請求することができる。

エ．Y社が、Z社との運送契約に基づきZ社に債務不履行責任を追及する場合、Z社は当該荷物の落下事故の原因が作業員の不注意によることを理由としてその責任を免れることはできない。

①　アイ　　②　アウ　　③　アエ　　④　イウ　　⑤　イエ　　⑥　ウエ

(公式テキストP.140～P.143、3級公式テキストP.91)

**第7問**

[正 解] ⑥

[解 説]

アは適切でない。製造物責任法は、製造物の欠陥によって人の生命、身体等にかかる被害が生じた場合における製造業者等の責任を定めるものである。そして、製造物責任法上の製造物責任を負うのは、**当該製造物を業として製造等した者**である（製造物責任法3条）。本件で、当該製造物を製造したのはX社であるから、製造物に問題が生じた以上、製造物責任を負う主体はX社である。

イは適切でない。製造物責任法上、製造物責任を負う主体として製造業者や加工業者が挙げられているが、**製造物の原材料を搬送しただけの者は、製造物責任法上の製造物責任を負う主体とされていない**（製造物責任法2条3項）。

ウは適切である。X社が製造物責任法に基づき、消費者に対して損害賠償をした場合、X社は、本件損害発生の直接の原因を作ったZ社に対し、債務不履行または不法行為に基づく損害賠償を請求することができる。すなわち**X社は、X社が消費者に支払った賠償金相当額を自社の被った損害としてその賠償をZ社に求めることは可能である。**

エは適切である。債務の不履行が債務者の責めに帰することができない事由によって生じた場合、債務者は債務不履行責任を負わない（民法415条1項但書）。しかし、債務者であるZ社の作業員の不注意が不履行の原因であることは、債務者の責めに帰することができない事由に当たらない。

日用品の製造販売業を営むX社は、同業他社のY社が製造した製品に欠陥があり、その購入者が死亡する事故が発生したとの情報を得て、自社のコンプライアンス態勢を見直し製品事故の防止や事故発生時の対応等を従業員に徹底することとした。次の記述は、製品事故への対応等に関するX社内における甲と乙の会話の一部である。この会話における乙の発言のうち、その内容が適切なものを①～④の中から2つ選びなさい。

① 甲「当社では、現在までのところ、自社製品の欠陥に起因する死亡事故は発生していませんが、Y社が引き起こした死亡事故を教訓とすべきでしょう。Y社では、死亡事故発生後、消費生活用製品安全法に基づく対応に追われたとのことですが、どのような製品が消費生活用製品安全法の適用対象となるのでしょうか。」

　　乙「消費生活用製品安全法は、消費生活用製品の欠陥により一般消費者の生命や身体に生ずる危害の防止を図ることを目的としているため、およそ一般消費者の生活の用に供される製品であれば、一切の例外なく適用されます。したがって、当社が製造する製品は、当然に、消費生活用製品安全法の適用対象となります。」

② 甲「当社の製造する製品を使用した消費者に死傷事故が発生した場合、当社はどのような措置を講じなければならないのでしょうか。」

　　乙「消費生活用製品安全法上の重大製品事故が発生し、消費生活用製品の製造者がこれを知った場合、当該製造者は、発生の事実を知った日から一定の期間内に、消費生活用製品の名称や型式等、一定の事項を内閣総理大臣（消費者庁長官）に報告しなければならないとされています。ですから、当社の製品が原因で、消費者に消費生活用製品安全法上の重大製品事故が発生したときは、まずはその製品の名称や型式等を調査する必要があるでしょう。」

③ 甲「消費生活用製品安全法上の製品事故とは、どのような事故のことをいうのでしょうか。」

　　乙「消費生活用製品安全法は、製品事故を、消費生活用製品の使用に伴い生じた事故のうち、実際に一般消費者の生命または身体に対する危害が発生したものに限ると定めています。消費生活用製品が滅失または毀損しただけの事故は、仮に事故によって一般消費者の生命または身体に危害が発生するおそれがあっても、消費生活用製品安全法上の製品事故に該当しません。」

④ 甲「では、製品事故の発生前は、消費生活用製品安全法に基づいて対応すべきことはありますか。」

　　乙「消費生活用製品のうち、消費生活用製品安全法上の特定製品に該当する製品について、販売規制が課せられています。例えば、特定製品の製造業者は、原則として、製品ごとに主務省令で定めた技術上の基準に適合していることを示す表示であるPSCマークを付さなければ、特定製品を販売し、または販売の目的で陳列してはならないとされています。」

[正　解]　②、④
[解　説]

①は適切でない。消費生活用製品安全法は、消費生活用製品による一般消費者の生命または身体に対する危害の防止を図ることを目的としている点は本肢の通りであるが、その適用対象である消費生活用製品は、主として一般消費者の生活の用に供される製品のうち、食品衛生法や消防法その他の法令で個別に安全規制が図られている一定の製品を除くものをいう（消費生活用製品安全法2条1項）。本肢は、一切の例外なく適用されるとしているが、**適用対象は限定されている。**

②は適切である。消費生活用製品の製造事業者または輸入事業者は、重大製品事故が生じたことを知ったときは、発生の事実を知った日から起算して10日以内に、**当該消費生活用製品の名称や型式等の一定の事項を内閣総理大臣（消費者庁長官）に報告しなければならない**（消費生活用製品安全法35条）。この義務は企業規模を問わず、国内にあるすべての消費生活用製品の製造事業者等が負う。

③は適切でない。消費生活用製品が滅失または毀損しただけの事故であっても、**一般消費者の生命または身体に危害が発生するおそれのあるものは、消費生活用製品安全法上の製品事故に該当する**ため、本肢は適切ではない。

④は適切である。特定製品の製造、輸入または販売の事業を行う者は、原則として、製品ごとに主務省令で定めた**技術上の基準に適合していることを示す表示（PSCマーク）**が付されたものでなければ、特定製品を販売等してはならない（消費生活用製品安全法4条）。

# 情報の管理と活用にかかわる法規制

## 第 5 章

## 【第1問】

個人情報保護法上の個人情報取扱事業者であるX社は、自らの商品を消費者Aに販売するに際し、売買契約の申込書にその氏名および住所を記入させた。この場合に関する次のア～エの記述のうち、その内容が適切なものを○、適切でないものを×としたときの組み合わせを①～⑧の中から1つだけ選びなさい。

ア．X社が、同社のグループ企業であるY社の販売促進に利用するためAの個人データを提供する場合には、必ず事前にAの同意を得なければならない。

イ．X社が情報処理会社Z社に個人データの打込みおよび管理を委託する場合、この委託をすることについてAの同意は不要である。

ウ．Aが当該売買契約を締結後、転居により住所を変更した場合、AはX社に対して、Aの保有個人データの訂正を請求することができる。

エ．Aは、X社にAの保有個人データの利用の停止を請求することは一切認められない。

① アー○　　イー○　　ウー○　　エー○
② アー○　　イー○　　ウー○　　エー×
③ アー○　　イー○　　ウー×　　エー×
④ アー○　　イー×　　ウー×　　エー○
⑤ アー×　　イー○　　ウー○　　エー×
⑥ アー×　　イー×　　ウー○　　エー○
⑦ アー×　　イー×　　ウー×　　エー○
⑧ アー×　　イー×　　ウー×　　エー×

［正　解］⑤

［解　説］

アは適切でない。原則として、事前の同意を得ないで個人データを第三者に提供
することは禁じられるが、オプトアウト（**本人の求めに応じて当該本人が識別
される個人データの第三者への提供を停止することとしている場合であって、
第三者に提供される個人データの項目や提供の方法等一定の事項についてあら
かじめ本人に通知をし、または本人が知り得る状態に置くとともに、個人情報
保護委員会に届け出たとき**）の場合には、個人データを第三者に提供すること
ができる（個人情報保護法27条2項）。したがって、必ず事前に同意が必要と
する本肢は、適切ではない。

イは適切である。個人情報取扱事業者が、**その利用目的の達成に必要な範囲内に
おいて個人データの取扱いの一部を委託する場合には、当該個人データの提供
を受ける者は第三者に該当せず、本人の同意なくして提供が可能である**（個人
情報保護法27条5項1号）。個人データの打込みやその管理などはこの場合の
典型例である。

ウは適切である。本人から、当該本人が識別される保有個人データの内容が真実
ではないという理由でデータの内容の訂正の請求を受けたときは、個人情報取
扱事業者は、**遅滞なく必要な調査を行い、その結果に基づいて内容の訂正を行
わなければならない**（個人情報保護法34条）。したがって、AはX社に対し、
保有個人データの訂正を請求することができる。

エは適切でない。本人から利用目的の範囲外での利用等、**法令違反を理由に保有
個人データの利用停止を請求された場合であって、その請求に理由があると判
明したとき**は、個人情報取扱事業者は一定の場合を除いて遅滞なく利用停止を
しなければならない（個人情報保護法35条）。AがX社に保有個人データの利
用の停止を請求することは一切認められないとする本肢は、適切ではない。

「個人情報の保護に関する法律」（個人情報保護法）に関する次の①～④の記述のうち、その内容が最も適切でないものを1つだけ選びなさい。

① 事業者が、その保有する顧客に関する個人情報を書面に記載して、それを地域毎に分類して一冊のファイルにまとめ、特定の個人情報を容易に検索することができるように整理し、管理している場合であっても、当該ファイルは個人情報保護法上の個人情報データベース等に該当しない。

② 個人情報取扱事業者が、本人の求めに応じて当該本人が識別される個人データの第三者への提供を停止することとしており、かつ、第三者に提供される個人データの項目や提供の方法等、一定の事項について、あらかじめ本人に通知し、または本人が容易に知り得る状態に置くとともに、個人情報保護委員会に届け出た場合、当該個人情報取扱事業者は、あらかじめ本人の同意を得ることなく、その保有する個人データを第三者に提供することができる。

③ 個人情報取扱事業者は、個人情報の取扱いに関する苦情の適切かつ迅速な処理に努め、また、その目的を達成するために必要な体制の整備に努めなければならない。

④ 個人情報保護委員会は、個人情報取扱事業者が個人情報保護法上の一定の義務に違反した場合において、個人の権利利益を保護するため必要があると認めるときは、当該個人情報取扱事業者に対し、当該違反行為の中止その他違反を是正するために必要な措置をとるべき旨を勧告することができる。

（公式テキストP.146〜P.155）

[正　解]　①

[解　説]

①は最も適切でない。パソコンなどで電子化されたデータベースではなく、書面であっても、**個人情報を整理し、これが容易に検索できるように管理されている**のであれば、それは個人情報保護法上の個人情報データベース等に該当する（個人情報保護法16条1項）。

②は適切である。個人情報取扱事業者が、**本人の求めに応じて当該本人が識別される個人データの第三者への提供を停止することとしており、かつ、第三者に提供される個人データの項目や提供の方法等、一定の事項について、あらかじめ本人に通知し、または本人が容易に知り得る状態に置くとともに、個人情報保護委員会に届け出た**場合、当該個人情報取扱事業者は、あらかじめ本人の同意を得ることなく、その保有する個人データを第三者に提供することができる（個人情報保護法27条2項）。この手続を、一般に、オプトアウトという。

③は適切である。個人情報取扱事業者は、個人情報の取扱いに関する**苦情の適切かつ迅速な処理に努め**、また、その目的を達成するために必要な体制の整備に努めなければならない（個人情報保護法40条）。

④は適切である。個人情報保護委員会は、個人情報取扱事業者等が個人情報保護法上の一定の義務に違反した場合において、個人の権利利益を保護するため必要があると認めるときは、当該個人情報取扱事業者等に対し、**当該違反行為の中止その他違反を是正するために必要な措置をとるべき旨を勧告することができる**（個人情報保護法148条1項）。

**不正競争防止法上の営業秘密に関する次のア～エの記述のうち、その内容が適切なものの個数を①～⑤の中から1つだけ選びなさい。**

ア．営業秘密は、不正競争防止法による保護の対象ではあるが、民法など他の法律による保護の対象とはならない。

イ．営業秘密には、いわゆるノウハウのほか、顧客リストなどの営業情報、商品の製造方法などの技術情報があり、これには特許法や実用新案法などの保護の対象となるものも含まれる。

ウ．営業秘密として保護されるための要件として、秘密として管理されていること、事業活動に有用であること、公然と知られていないことが必要とされている。

エ．営業秘密を第三者などに不正に取得され、その結果、営業上の利益が侵害されまたは侵害されるおそれがある者は、その営業上の利益を侵害する者または侵害するおそれのある者に対し、その侵害の停止または予防を請求することができる。

①　0個　　②　1個　　③　2個　　④　3個　　⑤　4個

**第3問**　　　　　　　　　　　　（公式テキストP.159〜P.163）

[正　解]④

[解　説]

アは適切でない。営業秘密については、特許などのように国から独占排他権を得るという形での保護を受けない。しかし、営業秘密も法的な保護を受けるべき利益であるため、不正競争防止法による保護の対象とされている。さらに**不正競争防止法による保護の対象とならない場合であっても、民法の不法行為等による保護の対象となり得る。**

イは適切である。営業秘密とされる技術情報等には、進歩性等が認められないため、特許法や実用新案法の適用対象とならないもののほか、**特許法や実用新案法などの保護の対象となるもの**も重複して含まれる。

ウは適切である。営業秘密として保護されるためには、ⅰ．**秘密として管理されていること**、ⅱ．**事業活動に有用であること**、ⅲ．**公然と知られていないこと**の３つの要件を充たす必要がある（不正競争防止法２条６項）。

エは適切である。本肢の記述の通りである（不正競争防止法３条）。

■ポイント
**（営業秘密として保護されるための要件）**

| ①秘密管理性 | 例えば、秘密情報としてその情報にアクセスする者を限定したり、ファイルにマル秘マークを付し、鍵の付いた棚に保管して特定の者が鍵の管理をしているなどの管理状況にあることを要する。 |
|---|---|
| ②有用性 | 顧客名簿、製造方法、実験データ（失敗した実験データであっても事業活動に有益な情報であれば該当する）などがこれに当たる。 |
| ③非公知性 | たとえ秘密として管理されている情報であっても、公然と知られている場合には、秘密として保護する価値がない。 |

第5章　情報の管理と活用にかかわる法規制

# デジタル社会と法律

# 第 6 章

**インターネットを利用した商品の売買契約に関する次のア～エの記述のうち、その内容が適切なものの組み合わせを①～⑥の中から1つだけ選びなさい。**

ア．インターネットを利用した商品の売買において、消費者が入力した申込みの意思表示のデータがインターネット上の通信トラブルによってデータ化けを起こした結果、当該消費者の意図とはまったく異なる内容の契約の申込みの意思表示が事業者に到達した。この場合、当該消費者は、錯誤を理由に当該申込みの意思表示の取消しを主張することができる。

イ．インターネットを利用した商品の売買において、未成年者である消費者が、法定代理人の同意を得ずに、成年者であると事業者に誤信させるため詐術を用いて申込みの意思表示をし、これを信じた事業者が承諾の意思表示をして売買契約が成立した。この場合、当該消費者は、自己が制限行為能力者であることを理由として当該申込みの意思表示を取り消すことができない。

ウ．インターネットを利用した商品の売買において、消費者は、重大な過失による操作ミスで意図しない商品購入の申込みをしたため、錯誤を理由に申込みの意思表示の取消しを主張した。この場合、事業者は、その商品購入画面上に消費者の申込みの意思の有無を確認するために必要な措置を講じていなかったとしても、消費者に重大な過失があったことを理由に、売買契約を取り消すことはできない旨を主張することができる。

エ．インターネットを利用した商品の売買において、事業者と消費者との間で「消費者が売買代金の支払いを遅延したときは、消費者は、事業者が定めた額の遅延損害金を事業者に支払う」旨の特約がなされた。この場合において、遅延損害金の額が消費者契約法の定める上限を超えるときは、当該売買契約自体が無効となる。

① アイ　　② アウ　　③ アエ　　④ イウ　　⑤ イエ　　⑥ ウエ

［正 解］ ①

［解 説］

アは適切である。**通信トラブルによりデータ化けが生じて内容が解読不能になった場合は契約が不成立であり、データ化けにより内容が全く異なって伝わった場合は錯誤となる。**本肢では、消費者の意図とはまったく異なる内容の契約の申込みの意思表示が事業者に到達したのであるから、錯誤による取消しを主張することができる（民法95条1項）。

イは適切である。未成年者は、法律行為を行うには法定代理人の同意が必要であり、同意を得ずに行った行為は取り消すことができる（民法5条1項2項）が、詐術を用いた場合には取消しができない（民法21条）。したがって、本肢のような場合には、消費者は、自己が制限行為能力者であることを理由として当該申込みの意思表示を取り消すことはできない。

ウは適切でない。「電子消費者契約に関する民法の特例に関する法律」（電子消費者契約法）では、**事業者が消費者の申込みまたは承諾の意思を確認するための措置を講じていない場合には、操作ミスにより行った意図しない申込みなどについて、事業者側から消費者に重過失がある旨の主張はできない**とされている（電子消費者契約法3条）。本肢では、事業者は、その商品購入画面上に消費者の申込みの意思の有無を確認するために必要な措置を講じていなかったのであるから、消費者に重大な過失があったことを主張することはできない。

エは適切でない。電子商取引であっても消費者契約法の適用は排除されず、事業者と消費者との間の契約であれば消費者契約法が適用される。しかし、遅延損害金の上限規定に違反をした場合、当該条項のみが無効になるのであって（消費者契約法9条）、契約全体が無効になるわけではない。

**情報技術（IT）に関連する法律についての次の①～④の記述のうち、その内容が最も適切でないものを1つだけ選びなさい。**

① アクセス管理者がコンピュータにアクセス制御機能を付加して第三者の不正な利用を制限している場合において、当該コンピュータの正当な管理・利用権限を有しない者が、インターネットを通じて、利用権者のIDやパスワードを利用権者に無断で当該コンピュータに入力して利用制限を解除し、当該コンピュータを利用できるようにする行為は、「不正アクセス行為の禁止等に関する法律」（不正アクセス禁止法）により禁止されているが、他人のIDやパスワードをそれらの利用権者およびアクセス管理者以外の者に無断で提供する行為は、同法では禁止されていない。

② インターネットを通じて不特定の者が利用できるウェブサイト上で、個人のプライバシーを侵害する情報が流通し、当該個人に損害が生じたが、当該プライバシー侵害情報の送信を防止する措置を講ずることが技術的に不可能であり、かつ、特定電気通信設備を用いて他人の通信を媒介するプロバイダは、当該情報による権利侵害を知らなかった。この場合、当該プロバイダは、自らが当該情報の発信者である場合を除き、「特定電気通信役務提供者の損害賠償責任の制限及び発信者情報の開示に関する法律」（プロバイダ責任制限法）上、損害賠償責任を負わない。

③ 「電子署名及び認証業務に関する法律」（電子署名法）上、一定の電磁的記録であって情報を表すために作成されたものは、当該電磁的記録に記録された情報について本人による所定の電子署名が行われているときは、真正に成立したものと推定される。

④ 「特定電子メールの送信の適正化等に関する法律」（迷惑メール防止法）上、特定電子メールの送信者は、あらかじめ特定電子メールを送信することに同意する旨を送信者に通知した者に対して特定電子メールを送信する際には、当該送信者の氏名または名称その他の所定の事項を表示しなければならない。

**第2問**

[正　解]　①

[解　説]

①は最も適切でない。不正アクセス禁止法は、本肢のような、いわゆるなりすまし行為だけでなく、**他人の識別符号（IDやパスワード）をそれらの利用権者およびアクセス管理者以外の者に無断で提供する行為も禁止している**（不正アクセス禁止法3条・2条4項1号・5条）。

②は適切である。プロバイダ責任制限法により、本肢のような事例により生じた損害については、**ア）当該プロバイダが権利侵害情報の発信者でなく、イ）送信防止措置を講ずることが技術的に不可能であり、かつ、ウ）当該情報による権利侵害を知らなかったか、または知ることができたと認めるに足りる相当の理由がない場合には、プロバイダ等は損害賠償責任を負わないこととし、その責任範囲を限定している**（プロバイダ責任制限法3条）。

③は適切である。電子署名法により、一定の電磁的記録であって情報を表すために作成されたものは、**本人による所定の電子署名が行われているときは、真正に成立したものと推定される**とし（電子署名法3条）、電子データによる商取引の拡充を図っている。

④は適切である。迷惑メール防止法により、特定電子メールに該当するメールを送信しようとする者は、原則として、**あらかじめ送信に同意をした者以外の者に送信することが禁止されている**（迷惑メール防止法3条）。そして、あらかじめ同意した者等に送信する際にも、**当該送信者の氏名または名称その他の所定の事項**を表示して、送信をしなければならない。

# 広告・表示等に関する法規制

第 7 章

**【第1問】**

家電メーカーであるX株式会社は、新型の液晶テレビ甲を発売することとした。この場合に関する次のア～エの記述のうち、その内容が適切なものを○、適切でないものを×としたときの組み合わせを①～⑧の中から1つだけ選びなさい。

ア．X社は、甲の販売促進のため、甲の購入者を対象として抽選を行い、当選した者にアメリカ旅行を提供することを企画した。この企画内容は、取引に付随して懸賞によって景品を提供するものであり、景品表示法の規制対象となる。

イ．X社は、甲の広告チラシの消費電力の表示欄において、甲の実際の消費電力よりも著しく少ない数値を表示することにより、不当に顧客を誘引し、一般消費者による自主的かつ合理的な選択を阻害するおそれを生じさせた。この場合における当該表示は、不当な表示として景品表示法に違反する。

ウ．X社は、甲の販売促進のためのキャンペーンを展開し、そのキャンペーンチラシに「キャンペーン期間中は、現金5,000円をキャッシュバック（返金）する」旨の表示をして甲を販売した。X社の行うキャッシュバックは、正常な商慣習に照らして値引きと認められる経済上の利益に該当する場合であっても、景品表示法上の景品類に該当する。

エ．X社は、甲の広告チラシに「競合他社の同クラスの製品と比べて、電力消費による温室効果ガスの排出量が約半分である」旨の表示をした。X社は、当該広告チラシの表示について、内閣総理大臣（消費者庁長官）から一定期間内にその裏付けとなる合理的な根拠を示す資料の提出を求められた。X社が当該期間内に合理的な根拠を示す資料を内閣総理大臣（消費者庁長官）に提出しなかった場合、当該広告チラシの表示は、内閣総理大臣（消費者庁長官）の行う措置命令については、不当な表示とみなされる。

① アー○　　イー○　　ウー○　　エー○
② アー○　　イー○　　ウー○　　エー×
③ アー○　　イー○　　ウー×　　エー○
④ アー○　　イー×　　ウー×　　エー○
⑤ アー×　　イー○　　ウー○　　エー×
⑥ アー×　　イー×　　ウー○　　エー×
⑦ アー×　　イー×　　ウー×　　エー○
⑧ アー×　　イー×　　ウー×　　エー×

　　　　　　　　　　（公式テキストP.196〜P.201）

[正　解] ③
[解　説]

アは適切である。取引に付随して懸賞によって景品が提供される場合を一般懸賞といい、景品表示法の規制対象となる。本肢は、甲の購入者を対象として抽選を行い、当選した者にアメリカ旅行を提供するのであるから、一般懸賞に該当し、景品表示法の規制対象となる。

イは適切である。景品表示法は、虚偽または誇大な表示で顧客を誘引する不当表示についても規制をしている。本肢では、甲の実際の消費電力よりも著しく少ない数値を表示することにより、不当に顧客を誘引しているのであるから、景品表示法に違反する。

ウは適切でない。取引に付随して必ず景品が提供されるものを総付景品といい、これも景品表示法の規制対象となるが、**正常な値引きやアフターサービスなどは景品類には該当しない**。本肢では、X社の行うキャッシュバックが、正常な商慣習に照らして値引きと認められる経済上の利益に該当する場合であっても、景品表示法上の景品類に該当するとしており、適切とはいえない。

エは適切である。**合理的な根拠なく優良性を強調する表示は「不実証広告」とされ、内閣総理大臣（消費者庁長官）は、一定期間内にその裏付けとなる合理的な根拠を示す資料の提出を求めることができ、この資料を提出しなかった場合、不当表示とみなされる**ことになる（景品表示法7条2項）。

第7章 広告・表示等に関する法規制

---

■関連知識
**課徴金制度**

優良誤認表示および有利誤認表示を行った事業者は、内閣総理大臣（消費者庁長官）から、これらの行為の開始日からこれらの行為をやめた後6か月以内における当該行為にかかる商品または役務の取引をした最後の日までの期間（上限は3年間）における当該商品または役務の売上額の3％に相当する額の課徴金の納付を命じられる（景品表示法8条）。

# 金融・証券業等に関する法規制

第 8 章

**金融サービス提供法に関する次の①～④の記述のうち、その内容が適切なものを2つ選びなさい。**

① 金融サービス提供法上の金融商品販売業者等とは、預金、信託、保険、証券などの金融商品の販売、代理、媒介行為を業として行う者のことであり、銀行や信託銀行、金融商品取引業者、保険会社などを含むが、リース会社やクレジット会社は含まれない。

② 金融商品販売業者等が金融商品の販売を行う場合には、各種リスクについて金融サービス提供法の要求する説明をしなければならず、この説明を怠った場合にはこれによって顧客に生じた損害を賠償する責任を負う。

③ 金融商品販売業者等が重要事項の説明を怠ったとして損害賠償請求を受ける場合の損害額は、金融サービス提供法上、元本欠損額に限定されており、それ以上の賠償請求は認められない。

④ 金融商品販売業者等は、一定の事項を盛り込んだ勧誘方針を策定し、これを店頭に掲示するか、閲覧に供さなければならない。

　　　　　　　　　（公式テキストP.206～P.209）

［正　解］②、④

［解　説］

①は適切でない。金融商品販売業者等には、銀行、信託銀行、金融商品取引業者、保険会社のみならず、**リース会社やクレジット会社も含まれる**。

②は適切である。金融サービス提供法は、**金融商品販売業者等が広範な説明義務を負う**ことを明確化した上で、この説明義務に違反した場合には損害賠償責任を負わせることで消費者の保護を図っている（金融サービス提供法6条）。

③は適切でない。金融サービス提供法では、**元本欠損額を損害額とする旨の規定**を置いて消費者の立証責任を軽減している（金融サービス提供法7条）が、これはあくまで推定規定であるので、**消費者の側で元本欠損額以上の損害が生じたことを立証して、賠償請求することは差し支えない**。

④は適切である。金融サービス提供法では、本肢の記述のような規定が置かれている（金融サービス提供法10条）。

---

**■ポイント**

**金融商品販売業者等の損害賠償責任**

金融商品販売業者等が重要事項の説明をしなかった場合または断定的判断の提供などを行った場合には、これによって顧客に生じた損害を賠償する責任を負う（金融サービス提供法6条）。

この責任は、不法行為責任であり、使用者責任を介さない業者自体の直接責任であり、無過失責任である。

また、元本欠損額が顧客に生じた損害額であると推定され（金融サービス提供法7条）、これを争う場合には金融商品販売業者等に立証責任がある（立証責任の転換）。

**金融商品取引法に関する次のア～エの記述のうち、その内容が適切なものの組み合わせを①～⑥の中から1つだけ選びなさい。**

ア．金融商品取引業者が顧客に対し、不確実な事項について断定的判断を提供し、または確実であると誤解させるおそれのあることを告げて金融商品取引契約の締結の勧誘をすることは禁止されている。

イ．重要事項に虚偽記載のある有価証券報告書が提供された場合、その提出をした者に刑事罰が科されるのみならず、会社にも両罰規定によって刑事罰が科される場合がある。

ウ．有価証券の取引につき、事前に、損失が発生した場合には補てんする旨を約束する損失保証を行うことは禁止されているが、損失が発生した後にその穴埋めをする損失補てんは、法律上は禁止されていない。

エ．いわゆるインサイダー取引は、金融商品取引の公正を害する行為なので当然禁止され、刑事罰も規定されているが、刑事罰の対象となるのは当該インサイダー取引を行った者であり、会社が両罰規定により刑事罰の対象となることはない。

① アイ　　② アウ　　③ アエ　　④ イウ　　⑤ イエ　　⑥ ウエ

**第2問**

[正　解] ①
[解　説]

アは適切である。金融商品取引は、高度に専門化した複雑な側面を持つので、投資者保護の観点から金融商品取引業者等に対して有価証券売買の勧誘方法につき、一定の規制がなされている。本肢に記述の**断定的判断の提供による勧誘**は禁止されている（金融商品取引法38条 2 号）。

イは適切である。重要事項に虚偽記載のある有価証券報告書等の書類が提出された場合には、その提出をした者に対する刑事罰が規定されているだけでなく、**会社についても両罰規定が定められている**。

ウは適切でない。事前に損失の補てんをすることを約する損失保証だけでなく、事後になって発生した損失の補てんをすることを約する**損失補てんも金融商品取引法上禁止されている**。

エは適切でない。**インサイダー取引についても両罰規定が定められており**、会社にも 5 億円以下の罰金が科される（金融商品取引法197条の 2 ・207条）。

---

**■キーワード**

**インサイダー取引**

インサイダー取引とは、会社の重要な情報に容易に接近し得る会社関係者が、当該情報を知って、それが未だ公表されていない段階で、株式等の有価証券等の売買などを行うことである。金融商品市場の公平性と透明性を害するインサイダー取引は、金融商品取引法により禁じられており、違反者には刑事罰が科されている。

「会社関係者」とは、役員、従業員、帳簿閲覧権を有する株主、許認可権を有する者、会社と契約を締結している弁護士・会計士等をいう。また、禁止される有価証券等の取引は有償の譲渡または譲受けであって、無償の取引（例えば贈与や相続）は対象とはならない。

第8章 金融・証券業等に関する法規制

# 債権の担保

# 第 9 章

Xは、Yに対する金銭債権の担保として、Yの所有する土地とその土地の上の建物のうち、建物のみに抵当権を設定していた。なお、その建物は事務所ビルであり、Yは、Zらに対して賃貸している。この場合に関する次のア〜エの記述のうち、その内容が適切なものの個数を①〜⑤の中から1つだけ選びなさい。

ア．Xが本件建物に対する抵当権を実行し、第三者が競落した場合、その競落人は本件土地に対する法定地上権を取得し得る。

イ．Xは、抵当権に基づく物上代位を根拠としてYのZらに対する賃料債権を差し押えることができる。しかし、Yが本件建物を目的物として付保していた火災保険の火災保険金請求権については、保険金は保険料支払いの対価であり、抵当権の目的物の変形した等価物ではないので、物上代位に基づく差押えはできない。

ウ．Xが物上代位に基づく差押えをすることができる賃料債権は、差押え時に弁済期の到来していないものに限られ、差押え時に弁済期が到来しているものについては、たとえその賃料が未払いであっても、その差押えの効力を及ぼすことはできない。

エ．Xは、本件抵当権を被担保債権とともに譲渡できるほか、本件抵当権のみを被担保債権と切り離して譲渡することもできる。

① 0個　　② 1個　　③ 2個　　④ 3個　　⑤ 4個

（公式テキストP.220〜P.225）

[正　解] ③

[解　説]

アは適切である。法定地上権が成立するには、ⅰ.抵当権設定当時土地の上に建物が存在していたこと、ⅱ.抵当権設定当時同一人がその土地と建物を所有していたこと、ⅲ.両者の一方または双方に抵当権が設定され、競売の結果別々の所有者がそれぞれを所有するに至ったことの要件を充たす必要がある（民法388条）。本肢においては、その要件のいずれをも充たしているので法定地上権が成立する。

イは適切でない。火災保険は、保険料支払いの対価であって、抵当権の目的物の変形した等価物ではないともいい得る。しかし本来、抵当権設定者は、抵当権者に対して目的物の担保価値を維持する義務を負っており、**目的物と経済的関連性を有する保険金請求権について物上代位を認めるのは当事者の合理的意思に合致し、物上代位できる**とされている。

ウは適切でない。**物上代位に基づく差押えは、所有者の受けるべき金銭の払渡し前になされなければならない**（民法372条・304条）。したがって、すでに弁済期が到来しているとしても、払い渡される前に差押えがなされれば、当該債権に対して物上代位の効力を及ぼすことができる。

エは適切である。抵当権の被担保債権を譲渡すると、抵当権の随伴性から抵当権も移転するが、**転抵当や抵当権の譲渡・放棄および抵当権の順位の譲渡・放棄**（民法376条）、**抵当権の順位の変更**（民法374条）のように、**抵当権自体を被担保債権から切り離して処分することも認められている**。

A社は、B社に対して3000万円、C社に対して2000万円、D社に対して2000万円の債務を負っている。B社は、A社所有の甲土地（時価4000万円）および乙土地（時価2000万円）に第一順位の共同抵当権の設定を受けている。また、C社は甲土地に、D社は乙土地に、それぞれ第二順位の抵当権の設定を受けている。この場合に関する次のア〜エの記述のうち、その内容が適切なものを○、適切でないものを×としたときの組み合わせを①〜⑧の中から1つだけ選びなさい。なお、競売による売却価格は、時価の通りとする。

ア．B社が甲土地および乙土地について同時に競売を申し立て、同時に配当を受ける場合、B社は、甲土地から2000万円の配当を受ける。

イ．B社が甲土地および乙土地について同時に競売を申し立て、同時に配当を受ける場合、D社は、乙土地から1000万円の配当を受ける。

ウ．B社が甲土地についてのみ競売を申し立て、その配当がなされた後に、D社が乙土地について競売を申し立てた。この場合、C社は、乙土地から1000万円の配当を受ける。

エ．B社が乙土地についてのみ競売を申し立て、B社が2000万円の配当を受けた。その後、B社が、甲土地について競売を申し立てた場合、D社は、甲土地から配当を受けることができない。

① ア−○　　イ−○　　ウ−○　　エ−○
② ア−○　　イ−○　　ウ−○　　エ−×
③ ア−○　　イ−○　　ウ−×　　エ−×
④ ア−○　　イ−×　　ウ−×　　エ−○
⑤ ア−×　　イ−○　　ウ−○　　エ−×
⑥ ア−×　　イ−×　　ウ−○　　エ−○
⑦ ア−×　　イ−×　　ウ−×　　エ−○
⑧ ア−×　　イ−×　　ウ−×　　エ−×

[正 解] ②

[解 説]

　ある特定の債権を担保するために、複数の不動産の上に1つの抵当権を設定することを、**共同抵当**という。共同抵当について、民法は、共同抵当権者が、抵当不動産の全部について同時に競売を申し立て、その競売代金について同時に配当を受ける**同時配当**と、抵当不動産の1つについて競売を申し立てて配当を受け、被担保債権額が満足しない部分について他の抵当不動産について競売を申し立てて配当を受ける**異時配当**の2つの場合について規定している。このうち、同時配当については、共同抵当権者の被担保債権の負担が1つの不動産に集中すると、各不動産の後順位抵当権者に不公平が生じることから、**各不動産の価額に応じ、按分して債権の負担をする**ものとされている（民法392条1項）。

　これに対し、異時配当の場合、先に競売申立てがされた抵当不動産の競売代金について共同抵当権者が優先弁済を受ければ、この不動産の後順位抵当権者は、支払いを受けられなくなるおそれがあり、抵当権設定が徒労に終わることとなりかねない。そこで、このような場合、**後順位抵当権者は、同時配当の場合に共同抵当権者が他の不動産から配当を受けたであろう金額に達するまで、他の不動産に対する抵当権に代位する**ことができる（民法392条2項）。

アは適切である。B社の被担保債権額は3000万円であるところ、甲土地の価額は4000万円、乙土地の価額は2000万円であるから、B社は、甲土地から2000万円（＝3000万円×4000万円÷6000万円）、乙土地から1000万円（＝3000万円×2000万円÷6000万円）の配当を受ける。

イは適切である。D社は乙土地に第二順位の抵当権の設定を受けている。B社が甲土地および乙土地について同時に競売を申し立て、同時に配当を受ける場合、B社が乙土地から1000万円の配当を受けることとなるため、D社は乙土地の時価2000万円からB社が配当を受けた1000万円を差し引いた1000万円の配当を受けることとなる。

ウは適切である。B社が甲土地についてのみ競売を申し立て、その配当がなされた場合、C社は甲土地から残りの1000万円の配当を受けるが、さらに、**B社の乙土地に対する抵当権に代位して、その抵当権の限度で配当を受ける**。結局、C社は甲土地から1000万円、乙土地から1000万円の配当を受ける。

エは適切でない。B社が乙土地についてのみ競売を申し立て、その配当がなされた場合、B社はまず乙土地から2000万円の配当を受け、残債権については甲土地から1000万円の配当を受け、これでB社の債権は満足する。D社は、もはや乙土地から配当を受けることはできなくなるが、さらに、**B社の甲土地に対する抵当権に代位して、その抵当権の限度で配当を受ける**。結局、D社は乙土地から0円、甲土地から1000万円の配当を受けることができる。

**【第3問】**

Xは、Yとの間に継続的な取引関係を有するが、この継続的な取引関係から生じる XのYに対する不特定の債権を担保するため、XはZ所有の不動産に極度額5000万 円の根抵当権の設定を受けている。この場合に関する次のア〜エの記述のうち、そ の内容が適切なものの組み合わせを①〜⑥の中から1つだけ選びなさい。

ア．本件根抵当権につき、当事者間に元本を確定すべき期日の約定がない場合、 本件根抵当権の元本は、設定の日から3年を経過した日に何らの手続を要する ことなく確定する。

イ．本件根抵当権につき元本が確定する前に、YがXに対する債務を全額弁済す ると、本件根抵当権は何らの手続を要することなく当然に消滅する。

ウ．本件根抵当権の極度額を7000万円に変更しようとする場合において、本件 不動産に後順位抵当権者がいるときには、その者の承諾を得ることが必要であ る。

エ．YまたはZが破産手続開始決定を受けた場合、本件根抵当権の元本は確定する。

①　アイ　　②　アウ　　③　アエ　　④　イウ　　⑤　イエ　　⑥　ウエ

**第3問**　　　　　　　　　　　　　（公式テキストP.225〜P.227）

[正　解]⑥

[解　説]

アは適切でない。当事者間に元本の確定すべき期日の約定がない場合、設定の日から３年経過した後に、**根抵当権設定者からの確定請求等を経て根抵当権の元本が確定する**のであり（民法398条の19第１項）、設定の日から３年を経過した日に当然に確定するわけではない。

イは適切でない。**債務者の弁済等により被担保債権が一時的に全部消滅したとしても、根抵当権は当然には消滅しない**。その後新たに債権が発生すれば、それが根抵当権の担保する範囲に含まれる債権である限り、当該債権は根抵当権によって担保される。

ウは適切である。根抵当権の極度額を大きくすることは、後順位抵当権者の地位に重大な影響を及ぼすことから、**後順位抵当権者の承諾を得ずにこれを行うことはできない**（民法398条の５）。

エは適切である。**被担保債権の債務者または根抵当権設定者が破産手続開始決定を受けた場合、根抵当権の元本が確定する**。

---

**■ポイント**

**（根抵当権の元本確定事由）**

根抵当権の元本は、当事者間で定めた元本確定期日が到来することにより確定する（民法398条の６第１項）。

当事者間で元本確定期日を定めなかった場合は、①根抵当権設定者または②根抵当権者が元本の確定請求をすることができ、それぞれ次の時点で元本が確定する。

| ①根抵当権設定者による確定請求 | 根抵当権の設定から３年を経過した後に確定請求をすることができ、その請求のときから２週間を経過した時点で元本が確定する（民法398条の19第１項）。 |
|---|---|
| ②根抵当権者による確定請求 | いつでも確定請求をすることができ、確定請求をした時点で元本が確定する（民法398条の19第２項）。 |

さらに、次に掲げる法定の確定事由が発生したときにも元本は確定する（民法398条の20第１項）

・根抵当権者が、抵当不動産について、競売や物上代位のための差押え等を申し立てること
・根抵当権者が、抵当不動産に対して、滞納処分による差押えを申し立てること
・根抵当権者が、抵当不動産に対する競売手続の開始または滞納処分による差押えがあったことを知ったときから2週間を経過すること
・債務者または根抵当権設定者が破産手続開始の決定を受けること

第9章　債権の担保

経営状況の悪化したA社は、取引先のB社に支援を求め、運転資金1000万円の融資を受けることにした。B社は、貸金債権を保全するため、A社がその工場内に所有している機械X（時価800万円）およびA社がC社に対して有する売掛金債権のそれぞれに譲渡担保の設定を受けることを検討している。この場合に関する次の①〜④の記述のうち、その内容が適切なものを2つ選びなさい。

① B社が機械Xに譲渡担保の設定を受ける場合、B社がA社から機械Xの引渡しを受けていなくても、A社とB社との間で合意をすれば譲渡担保設定契約は有効に成立する。

② B社が機械Xに譲渡担保の設定を受ける場合、「動産及び債権の譲渡の対抗要件に関する民法の特例等に関する法律」（動産・債権譲渡特例法）による動産譲渡登記を経ることで、B社は、機械Xの譲渡担保権を第三者に対抗することができる。

③ A社が機械Xに譲渡担保を設定した後に、A社の債権者であるD社が、A社に無断でA社の工場に立ち入り、機械Xを持ち去った。この場合、D社が譲渡担保の設定について善意かつ無過失であれば、D社は機械Xを即時取得するため、B社は機械Xについて譲渡担保を実行することはできない。

④ B社が、A社がC社に対して有する売掛金債権に譲渡担保の設定を受ける場合、A社、B社およびC社の三者を契約当事者として譲渡担保設定契約を締結しなければならない。

[正　解]　①、②

[解　説]

①は適切である。譲渡担保は債務者にその目的物を利用させながら担保を設定できるところにそのメリットがある。B社がA社から機械Xの引渡しを受けていなくても、A社とB社との間で合意をすれば譲渡担保設定契約は有効に成立するとする本肢の記述は適切である。

②は適切である。譲渡担保の対抗要件については、「動産及び債権の譲渡の対抗要件に関する民法の特例等に関する法律」（動産・債権譲渡特例法）が整備されているので、これを利用して**動産譲渡登記**（動産・債権譲渡特例法３条）を経ることで、B社は、機械Xの譲渡担保権を第三者に対抗することが可能である。無論、従来のように引渡しにより対抗要件を備えることも可能である。

③は適切でない。即時取得が成立するためには、**取引行為に基づいて所有権を取得する必要がある**（民法192条）。本肢では、D社は、A社に無断で勝手にA社の工場に立ち入り、機械Xを持ち去ったにすぎず、取引行為により機械Xを取得していない。したがって、即時取得が成立する余地はなく、D社は、善意かつ無過失であっても所有権を取得することはない。

④は適切でない。譲渡担保の目的物が債権であったとしても、譲渡当事者間で譲渡担保設定の合意があればよく、第三債務者を契約当事者とする必要はない（ただ、第三者に対して対抗要件を備えるためには、債権譲渡の場合と同様の措置をとる必要がある）。本肢では、A社がC社に対して有する売掛金債権に譲渡担保の設定を受ける場合、A社、B社およびC社の三者を契約当事者としなければならないとしているが、A社とB社との間で設定契約を締結すればよいので、適切な記述であるとはいえない。

第
9
章

債権の担保

A社がB銀行から融資を受けるに際し、A社の関連会社であるC社は、B銀行のA社に対する貸金債権について、B銀行との間で、連帯保証契約を締結することとした。この場合に関する次の①～④の記述のうち、その内容が最も適切でないものを1つだけ選びなさい。

① B銀行とC社の連帯保証契約は、民法上、B銀行とC社との間で合意をするだけでは足りず、その合意が書面または電磁的記録でなされなければその効力を生じない。

② B銀行とC社が連帯保証契約を締結した後、B銀行は、A社に貸金の返済を請求することなく、C社に保証債務の履行を請求した。この場合、連帯保証人であるC社は、まずA社に対して請求するようB銀行に主張することはできない。

③ C社は、A社の委託を受けて連帯保証をした場合であっても、A社に対する事前の求償権は認められない。

④ B銀行がA社に対して有する貸金債権について、C社のほかにも連帯保証人となった者がいる場合であっても、連帯保証人は分別の利益を有しないため、C社は、B銀行から主たる債務の全額について保証債務を履行するよう請求を受けたときは、これを拒むことができない。

[正　解]　③
[解　説]

①は適切である。**保証契約は書面または電磁的記録でしなければその効力は生じない**（民法446条2項3項）。保証契約は重大な責任を生じさせるものであり、より慎重に意思の確認をするためである。したがって、連帯保証契約について、B銀行とC社との間で合意をするだけでは足りず、その合意が書面または電磁的記録でなされなければその効力を生じない。

②は適切である。保証人が請求を受けた場合に、まず主たる債務者に催告をするよう請求できる権利のことを催告の抗弁権といい、通常の保証では保証人はこの催告の抗弁権を有している（民法452条）が、**連帯保証契約では、連帯保証人に催告の抗弁権は与えられていない**（民法454条）。したがって、連帯保証人であるC社は、まずA社に対して請求するようB銀行に主張することはできない。

③は最も適切でない。保証人に事前の求償権が与えられるか否かについては、主たる債務者の委託を受けて保証人になったか否かで違いがある。主たる債務者から委託を受けていないのに保証人になり、事前の求償権を行使できるとすると、主たる債務者の預かり知らないところで突然第三者から事前の求償権が行使されることになってしまうからである。しかしながら、本肢では、**委託を受けて連帯保証をした場合**であるから、上記のような弊害はなく、**事前の求償権が認められる**（民法460条）。

④は適切である。通常の保証人には分別の利益がある（民法456条・427条）が、**連帯保証人には分別の利益はない**。したがって、C社は、B銀行から主たる債務の全額について保証債務を履行するよう請求を受けたときは、これを拒むことができない。

A社は、個人事業を営んでいるBとの間で、継続的に融資を行うことを内容とする基本契約を締結するに際して、Bに対して保証人を要求した。そこで、Bは、自己の親族であるCに保証人となるよう依頼したところ、Cはこれを承諾したことから、A社は、Cとの間で、Bの借入金債務を主たる債務とする民法上の個人貸金等根保証契約を締結することとした。この場合に関する次のア～エの記述のうち、その内容が適切なものを○、適切でないものを×としたときの組み合わせを①～⑥の中から1つだけ選びなさい。

ア．A社がCとの間で個人貸金等根保証契約を締結する場合、当該個人貸金等根保証契約は書面または電磁的記録でなされなければその効力を生じない。

イ．A社がCとの間で個人貸金等根保証契約を締結する際に、極度額の定めをしなかった場合には、当該個人貸金等根保証契約はその効力を生じない。

ウ．Cは、A社に対して保証債務を履行したとしても、Bに求償権を行使することはできない。

エ．A社とCが個人貸金等根保証契約を締結した後に、Bに対し債権を有するDが、Bの所有する不動産に設定を受けた抵当権の実行の申立てをし、その手続が開始した。この場合、A社とCとの間の個人貸金等根保証契約における主たる債務の元本は確定する。

① ア－○　　イ－○　　ウ－○　　エ－○
② ア－○　　イ－○　　ウ－○　　エ－×
③ ア－○　　イ－○　　ウ－×　　エ－○
④ ア－×　　イ－×　　ウ－○　　エ－×
⑤ ア－×　　イ－×　　ウ－×　　エ－○
⑥ ア－×　　イ－×　　ウ－×　　エ－×

### 第6問

[正　解] ③

[解　説]

アは適切である。個人貸金等根保証契約も保証契約であることに変わりはなく、**その締結は、書面またはこれに代わる電磁的記録でなされなければ、その効力を生じない**（民法446条2項3項）。

イは適切である。**個人貸金等根保証契約は、個人根保証契約の一種であるから、極度額を定めなければ、その効力を生じない**（民法465条の2第2項）。個人貸金等根保証契約において保証人は、主たる債務の元本、主たる債務に関する利息、違約金、損害賠償その他その債務に従たるすべてのものおよびその保証債務について約定された違約金または損害賠償金について、その全部にかかる極度額を限度として、その履行をする責任を負う（民法465条の2第1項）。

ウは適切でない。保証人Cが保証債務を履行すれば、主たる債務者Bに対し、当然に**求償権を行使**することができる（民法459条）。この点は、個人貸金等根保証契約であっても、通常の保証契約と相違はない。

エは適切である。**主たる債務者Bの財産について担保権の実行が申し立てられたので、A社とCの間の個人貸金等根保証契約の元本が確定する**（民法465条の4）。この場合、個人貸金等根保証契約において元本確定期日が定められているか否かにかかわらず、元本が確定する。

# 債権の回収

# 第 10 章

Xは、Yに対して150万円の債権を有していたが、Yは支払期限を経過しても資金繰りがつかないため支払うことができなかった。そこで、Xは、YがAに対して有する100万円の金銭債権につき債権譲渡を受けることとした。他方、Yに対して金銭債権を有するZも、同じYのAに対する金銭債権の譲受けによって自らの債権を回収しようと考えていた。なお、Aは、Yに対して債務を負担するだけでなく、Yに対する80万円の金銭債権を有している。この場合に関する次のア〜エの記述のうち、その内容が適切なものの組み合わせを①〜⑥の中から1つだけ選びなさい。

ア．YのAに対する債権をYからXに譲渡する場合には、YとXとの合意によって行うことができ、Aの同意を得ることは要しない。

イ．YがAに対する債権をXに譲渡した場合、Xが当該債権譲渡をAに対抗するには、XがAに対して債権譲渡の通知を行うことが必要である。

ウ．Yは、自己のAに対する債権をXに譲渡し、Aはこれに対して口頭の承諾をした。その後、Yが同一の債権をZに譲渡し、YはAに対して確定日付ある証書で通知をした。この場合、Zは、民法上、Xに対して債権譲渡を対抗することができる。

エ．AはYに対して80万円の金銭債権を有しているので、YがXに債権譲渡することができるのは、100万円から80万円を差し引いた20万円に限定される。

①　アイ　　②　アウ　　③　アエ　　④　イウ　　⑤　イエ　　⑥　ウエ

（公式テキストP.242〜P.244）

［正 解］②

［解 説］

アは適切である。**債権譲渡は、譲渡人と譲受人との合意によって行うことができ、譲渡の対象となる債権の債務者の同意を得ることは要しない。**もっとも、その譲渡の効果を債務者に対抗するためには、民法上、債務者に対する通知または債務者の承諾が必要となる（民法467条1項）。

イは適切でない。債権譲渡の対抗要件たる通知は、**譲渡人から債務者に対して**行わなければならず、本問の場合には、YからAに対して通知を行わなければならない。

ウは適切である。**複数の債権譲渡がなされた場合、その優劣は、第三者対抗要件である債務者に対する確定日付ある証書による通知の到達または確定日付ある証書による債務者の承諾**（民法467条2項）**の先後によって定められる**のが民法の原則である。本件では、YからXへの債権譲渡についてはAの口頭による承諾しかないので、確定日付ある証書による通知を備えたZは、Xに対して債権譲渡の効力を対抗することができる。

エは適切でない。仮に、債務者から譲渡人に対する反対債権があり、相殺可能な状態にあっても、**債権額全額について有効に債権譲渡を行うことは可能**である。もっとも、この場合、債務者の相殺をする権利は譲渡債権に付着したままの状態となる。

A社は、B社に対して有する貸金債権の弁済に代えて、B社がC社に対して有する売掛金債権を譲り受ける旨の契約をB社との間で締結した。しかし、その後、B社は、D社に対しても当該売掛金債権を二重に譲渡していることが判明した。この場合に関する次の①〜④の記述のうち、その内容が適切なものを2つ選びなさい。

① B社は、A社への債権譲渡については確定日付のある証書によらない通知を、D社への債権譲渡については確定日付のある証書による通知を、それぞれC社に対して発送し、A社への債権譲渡についての通知が先にC社に到達した。この場合、A社は、自社への売掛金債権の譲受けをD社に対抗することができない。

② B社は、A社への債権譲渡についてもD社への債権譲渡についても、ともに確定日付のある証書による通知をC社に対して発送し、D社への債権譲渡についての通知が先にC社に到達した。この場合、A社は、自社への売掛金債権の譲受けをD社に対抗することができない。

③ B社は、A社への債権譲渡について債権譲渡登記がなされた後に、D社への債権譲渡について確定日付のある証書による通知を行い、その通知がC社に到達した。その後、A社は登記事項証明書をC社に交付し、本件売掛金債権がB社からA社に譲渡された旨を通知した。この場合、A社は、自社への売掛金債権の譲受けをD社に対抗することができない。

④ C社が、B社からA社への債権譲渡について確定日付のある証書によらない承諾をした後、B社が、B社からD社への債権譲渡について確定日付のある証書による通知をC社に対して行い、その通知がC社に到達した。この場合、A社は、自社への売掛金債権の譲受けをD社に対抗することができる。

**第2問**

[正　解]　①、②

[解　説]

①は適切である。**確定日付のある証書により債権譲渡の通知をすることにより、**債権譲渡を第三者に対抗することができる（民法467条2項）。B社は、A社への債権譲渡については確定日付のある証書によらない通知をC社へ送付しているので、A社は第三者に対する対抗要件を備えることはできず、A社は、自社への売掛金債権の譲受けをD社に対抗することができない。

②は適切である。債権譲渡についてA社およびD社の双方ともに確定日付のある証書による通知を得た場合、**その優先順位は到達の先後による。**本肢では、D社への債権譲渡についての通知が先にC社に到達しているので、この場合、A社は、自社への売掛金債権の譲受けをD社に対抗することはできない。

③は適切でない。**債権譲渡登記ファイルに記録することにより、第三者について、民法467条の規定による確定日付のある証書による通知があったものとみなされ対抗要件が具備される**（動産・債権譲渡特例法4条1項）。本肢では、B社は、A社への債権譲渡について債権譲渡登記がなされた後に、D社への債権譲渡について確定日付のある証書による通知を行っているので、A社はD社へ債権譲渡を対抗できる。A社は、自社への売掛金債権の譲受けをD社に対抗することができないとする本肢の記述は適切でない。

④は適切でない。債務者の承諾も第三者への対抗要件となるが、確定日付のある証書により承諾がなされなければならない（民法467条2項）。本肢では、C社が、B社からA社への債権譲渡について確定日付のある証書によらない承諾をしているので、A社はD社に対し債権譲渡を対抗することはできない。

第10章

債権の回収

**【第3問】**

A社は、B社に商品Xを売却する契約を締結し、商品XをB社に引き渡したが、B社は、買掛金債務の履行期が到来したにもかかわらず、これを履行していない。この場合に関する次のア〜エの記述のうち、その内容が適切なものを○、適切でないものを×としたときの組み合わせを①〜⑧の中から1つだけ選びなさい。

ア．B社はA社に対して貸金債権を有しているが、当該貸金債権の弁済期は到来していない。この場合、A社は、B社に対して有する売掛金債権とB社がA社に対して有する貸金債権を、対当額で相殺することはできない。

イ．A社は、B社に商品Yを売却する契約を締結したが、履行期が到来したにもかかわらず、商品YをB社に引き渡していない。この場合、A社は、B社に対して有する商品Xについての売掛金債権とB社がA社に対して有する商品Yの引渡請求権を相殺することができる。

ウ．A社はB社からの依頼で増資を引き受け、B社が発行する株式を引き受けたが、まだ金銭をB社に払い込んでいない。この場合、A社は、B社に対して有する売掛金債権とB社がA社に対して有する株式払込請求権を、対当額で相殺することができる。

エ．B社はA社に対し貸金債権を有しているが、当該貸金債権がB社の債権者であるC社によって差し押さえられた。この場合、A社は、当該差押えがなされる前にB社に対する売掛金債権を取得していれば、当該売掛金債権とB社がA社に対して有する貸金債権を、対当額で相殺することができる。

① アー○　イー○　ウー○　エー○
② アー○　イー○　ウー○　エー×
③ アー○　イー○　ウー×　エー×
④ アー○　イー×　ウー×　エー○
⑤ アー×　イー○　ウー○　エー×
⑥ アー×　イー×　ウー○　エー○
⑦ アー×　イー×　ウー×　エー○
⑧ アー×　イー×　ウー×　エー×

**第3問**

［正　解］⑦

［解　説］

アは適切でない。本肢においてB社がA社に対して有する貸金債権の**期限の利益**はA社にあるので、A社がこれを放棄して対当額で相殺することは可能である（民法136条）。

イは適切でない。売掛金債権と引渡請求権を相殺することはできない。相殺の対象となる対立する債権は、同種の債権であることを要する（民法505条1項本文）。

ウは適切でない。**株式会社に対する債権と株式の払込請求権の相殺については、資本充実の観点から相殺が禁止される**（会社法208条3項）。

エは適切である。本肢の通り差押えがなされる前にB社に対する売掛金債権を取得していれば、A社は当該売掛金債権とB社がA社に対して有する貸金債権を、対当額で相殺することができる（民法511条）。

---

■**キーワード**

（相殺適状）

| ①債権が対立していること | 相互に相手方に対する債権を有することを要し、原則として他人の有する債権を自働債権として相殺することはできない。 |
| --- | --- |
| ②双方の債権が同種の目的を有する債権であること | 例えば、金銭の支払いを目的とする債権と、商品の引渡しを目的とする債権とを相殺することはできない。 |
| ③双方の債務が弁済期にあること | 民法上、自働債権と受働債権の双方とも弁済期が到来していることが必要である。<br>ただし、自働債権の弁済期が到来していれば、受働債権の弁済期が未到来であっても、受働債権の債務者（相殺しようとしている側）は、期限の利益を放棄することによって、期限到来前でも弁済することができるため、相殺が可能である |

**XはYに対する金銭債権を有しており、YもXに対して金銭債権を有しており、いずれの金銭債権の弁済期も到来している。この場合に関する次のア～エの記述のうち、その内容が適切なものの組み合わせを①～⑥の中から1つだけ選びなさい。**

ア. YのXに対する金銭債権がAから譲り受けたものである場合において、AとXとの間に相殺禁止特約があるときは、その特約についてYの善意・悪意にかかわらず、Yは常に相殺することができない。

イ. YのXに対する金銭債権がAから譲り受けたものである場合において、YがAから金銭債権を譲り受けるより前にBがXのYに対する金銭債権を差し押さえていたときには、Yから相殺することはできない。

ウ. YのXに対する金銭債権がXがYの身体を侵害したことによる損害賠償債権である場合、Yから相殺することはできない。

エ. Yから相殺しようとする場合には、YからXに対して相殺する旨の意思表示をすればよく、相殺についてXが同意することは要しない。

① アイ　　② アウ　　③ アエ　　④ イウ　　⑤ イエ　　⑥ ウエ

**第4問**　　　　　　　　　　　　　　　（公式テキストP.247〜P.248）

［正　解］⑤
［解　説］

アは適切でない。**相殺禁止特約は善意・無重過失の第三者に対しては対抗することができないので**（民法505条2項）、Yが相殺禁止特約について善意・無重過失であるときは、他の要件を充たしている限り、Yは相殺することができる。

イは適切である。差押えを受けた債権の債務者は、当該差押えの前に取得した債権を自働債権として相殺することはできるが、**差押え後に取得した債権を自働債権として相殺することはできない**（民法511条）。

ウは適切でない。**悪意による不法行為に基づく損害賠償債権ないし生命または身体の侵害による損害賠償債権を受働債権とする相殺は認められないが**（民法509条）、これらの損害賠償債権を自働債権とする相殺については禁止されていない。

エは適切である。相殺は、相殺をしようとする者の一方的な意思表示のみによって行うことが可能であり（民法506条）、**意思表示を受ける側の同意は不要である**。なお、実務的には、この意思表示は、配達証明付内容証明郵便によって行うことが望ましい。

A社は、B社との売買契約に基づきB社に対し継続的に商品Xを供給し、B社は、商品XをC社に販売していた。ところが、B社の経営状況の悪化により、A社への商品Xの代金の支払いが遅延し、その未払残高が500万円（商品X500個分）に達している。A社がB社の資産状況を調査したところ、B社は、その倉庫に商品X100個を保管するほか、絵画Y（時価500万円相当）と、C社に販売した商品X400個分の売掛金債権（400万円）を有していることが判明した。この場合に関する次のア〜エの記述のうち、その内容が適切なものの個数を①〜⑤の中から1つだけ選びなさい。

ア．A社は、B社倉庫に保管されている商品X100個については、B社の同意を得ることなくB社倉庫から持ち出し、自社に持ち帰ることができる。

イ．A社は、B社がC社に対して有する売掛金債権をB社との合意により譲り受けた場合、C社が当該譲受けの事実をまったく認識していなくても、C社から当該売掛金債権を回収することができる。

ウ．A社は、動産売買の先取特権に基づく物上代位権を行使して、商品Xの売掛金がC社からB社に支払われる前にB社のC社に対する売掛金債権を差し押さえ、当該売掛金からA社がB社に対して有する商品Xの代金債権の弁済を受けることができる。

エ．B社が、A社に対して負う商品Xの代金債務の弁済に代え、絵画YをA社に引き渡すことで当該代金債務を消滅させたい旨をA社に申し出た場合、A社はこれを拒むことはできず、当該代金債務は消滅する。

①　0個　　②　1個　　③　2個　　④　3個　　⑤　4個

　　　（公式テキストP.241、P.242〜P.244、
[正　解] ②　　　　　　　　　　　　3級公式テキストP.302〜P.303）
[解　説]

アは適切でない。**自力救済は原則として禁止**されており、A社は、代金が未払い
であるからといって、B社の同意を得ることなく、B社倉庫に保管されている
商品Xを持ち出すことはできない。

イは適切でない。A社とB社との間で、B社がC社に対して有している売掛金債権
をB社がA社に譲渡をしたとしても、これを債務者であるC社に対抗するため
には、譲渡人（B社）からC社への通知か、あるいは、債務者（C社）の承諾
が必要である（民法467条１項）。通知と承諾のいずれがなされても、C社が債
権譲渡の事実を認識することになるため、「C社が当該譲受けの事実をまった
く認識していなくても、C社から当該売掛金債権を回収することができる」と
する本肢の記述は適切ではない。

ウは適切である。本事例のように**動産の売買が行われた場合、売主は、民法上、
動産売買の先取特権を有する**（民法321条）。これは、売主が有する売買代金債
権を保護するために認められた権利である。B社がA社から購入した商品XをC
社に転売した場合、その商品は売掛金債権に転化したことになり、A社は、物
上代位に基づき、商品Xの売掛金がC社からB社に支払われる前にB社のC社に
対する売掛金債権を差し押さえ、当該売掛金からA社がB社に対して有する商
品Xの代金債権の弁済を受けることができる（民法304条）。

エは適切でない。B社が、A社に対して負う商品Xの代金債務の弁済に代え、絵
画YをA社に引き渡すことで当該代金債務を消滅させるという行為は、法律上
は代物弁済と評価されるが、**代物弁済は当事者間の合意がなければ成立しない**
（民法482条）。代物弁済の申出について、「A社はこれを拒むことはできず、当
該代金債務は消滅する」とする本肢の記述は適切でない。

オフィス機器メーカーA社は、オフィス機器の販売会社であるB社に代金支払期日を20XX年5月31日として500万円分のオフィス機器を販売し引き渡したが、同年11月1日の時点で、その代金はまだ支払われていない（以下、本問においてこの代金債権を甲債権という）。A社が調査した結果、B社は、C社に対し、オフィス機器（既にC社に引渡済み）の販売代金600万円の売掛金債権（以下、本問において乙債権という。なお、乙債権の弁済期日は同年9月30日である）を有しているが、他には100万円程度の預金があるのみであることが判明した。この場合に関する次のア～エの記述のうち、その内容が適切なものの組み合わせを①～⑥の中から1つだけ選びなさい。

ア．A社が債権者代位権を行使して、C社に対して乙債権の弁済を請求する場合、その請求は、裁判上行わなければならない。

イ．A社がB社に対して販売したオフィス機器がB社の手元にある場合、A社は、そのオフィス機器に対して動産売買の先取特権を行使することができる。

ウ．A社とB社との間で、乙債権の取立てをA社に委任する旨の代理受領の合意がなされた。この場合、C社が当該代理受領の存在を知らずにB社に対して債務を弁済しても、C社は有効な弁済をしたことにはならず、A社からの取立てに応じなければならない。

エ．B社は、A社との間で、A社に対する代金債務の支払いに代えて、乙債権をA社に譲渡することによって甲債権を消滅させる旨の契約を締結した上で、乙債権をA社に譲渡しC社に対して当該債権譲渡について通知をした。この場合、甲債権は、代物弁済によって消滅する。

① アイ　　② アウ　　③ アエ　　④ イウ　　⑤ イエ　　⑥ ウエ

**第6問**
[正　解] ⑤
[解　説]
（公式テキストP.240〜P.244、P.249〜P.250、
3級公式テキストP.302〜P.303）

アは適切でない。**債権者代位権の行使は裁判外でも裁判上でも可能である**（民法423条）。

イは適切である。動産売買の先取特権がA社にはあり、当該動産がB社の手元にあるので、A社は動産売買の先取特権を行使することができる（民法321条）。

ウは適切でない。**A社とB社との間で代理受領の契約が結ばれたとしても、それを知らないC社に対してまでその効力を及ぼすことはできない**。C社がB社に支払った場合、C社が善意無過失であれば、C社の弁済は有効な弁済として免責される。したがって、C社は有効な弁済をしたことにはならずA社からの取立てに応じなければならないとする本肢は、適切ではない。

エは適切である。債務者が債権者との間の契約により、契約等により生じた債務に基づく本来の給付に代えて他の給付をしたときは、弁済と同一の効力が認められる（民法482条）。B社が行った本肢に記載の行為は有効な代物弁済となり、甲債権は消滅する。

■キーワード
**動産売買の先取特権**
動産の売主は、その売買代金および利息について、売却した当該動産に先取特権が認められる（民法321条）。
ただし、債務者である買主が目的動産を第三取得者に引き渡した場合、先取特権はその目的動産に効力を及ぼし得ない（民法333条）。

第10章　債権の回収

A社は、Bに対して1000万円の金銭債権を有しており、その弁済期はすでに到来しているが、Bは弁済しようとしない。この場合に関する次の①〜④の記述のうち、その内容が最も適切なものを1つだけ選びなさい。

① Bは、その所有する唯一の資産である甲土地をCに時価で売却した。この場合、不動産を費消しやすい金銭に換えたとしても、時価による売却は詐害行為に当たらないため、A社は、Bが行った甲土地の売買契約について、裁判上、詐害行為取消権を行使することができない。

② Bは、その所有する唯一の資産である甲土地をDに廉価で売却し登記を移転した。その後、Dは、甲土地を第三者であるEに譲渡し登記を移転した。この場合、A社は、甲土地の所有権は転得者であるEに移転している以上、裁判上、詐害行為取消権を行使することはできない。

③ Bは、Fに500万円を贈与したため無資力となった。この場合、A社は、詐害行為取消権を行使するには、Fが詐害の事実を知っていたことを立証しなければならない。

④ Bは、Gに500万円を贈与したため無資力となった。その後Bがその資力を回復し無資力でなくなったときは、A社は、Bが行った贈与について、裁判上、詐害行為取消権を行使することができない。

　　　　　　　　　　　（公式テキストP.250〜P.251）

[正　解]　④
[解　説]
①は適切でない。**相当価格の不動産の売却であっても、金銭への換価等により、隠匿等の処分をするおそれを現に生じさせるものであることなど、一定の条件を充たす場合**、詐害行為は成立し得る（民法424条の2）。

②は適切でない。転得者に対しても、その要件を充たす限り、詐害行為取消権を行使することは可能である（民法424条の5）。

③は適切でない。**受益者の悪意については、詐害行為取消権を行使しようとする者が立証をする必要はなく、受益者がその善意を立証しなければならない**（民法424条1項）。

④は最も適切である。詐害行為取消権は、債務者の責任財産の保全のために認められるものであるから、**詐害行為の時点だけでなく、詐害行為取消権を行使している時点でも、債務者が無資力であることが必要**である。債務者であるBが資力を回復すれば、本肢の通り、裁判上、詐害行為取消権を行使することはできなくなる。

---

**■ポイント**
**（詐害行為取消権行使の要件のポイント）**

| ①詐害行為 | 債務者が債権者を害する法律行為をしたこと<br>「債権者を害する」とは、債務者が債務超過（無資力）になることである。 |
|---|---|
| ②債務者の悪意 | 債務者が詐害の事実を知っていること |
| ③受益者・<br>　転得者の悪意 | 受益者（詐害行為によって利益を受けた者）は詐害の事実を知っていること<br>転得者（受益者に移転した財産を転得した者）がいる場合は受益者と転得者が詐害の事実を知っていること |

第10章　債権の回収

**仮処分に関する次の①～④の記述のうち、その内容が最も適切でないものを1つだ
け選びなさい。**

① 金銭債権につき、債務者の財産の現状を維持しておかないと、後日、強制執
　行が不能または困難となるおそれがある場合に、その執行保全の目的で債務者
　の財産の処分を禁じる暫定的処置を仮差押えという。

② 争いがある権利関係について、債権者に生じる著しい損害または急迫の危険
　を避けるために、暫定的な権利関係を定めるものを仮の地位を定める仮処分と
　いう。

③ 債権者が債務者に対し特定物についての給付請求権を有し、かつ、目的物の
　現在の物理的または法律的状態が変わることにより将来における権利実行が不
　可能または著しく困難となるおそれがある場合に、目的物の現状を維持するの
　に必要な暫定措置をする手続を係争物に関する仮処分という。

④ 例えば、無効な株主総会の決議によって選任された取締役がその職務の執行
　にあたることによって、著しい損害を生ずるおそれがある場合に、その取締役
　の職務の執行を停止し、代行者を選任するのは、係争物に関する仮処分にあた
　る。

（公式テキストP.251～P.253）

［正　解］④
［解　説］

①は適切である。金銭債権につき、債務者の財産を維持しておかないと後日強制
　執行が不能または困難となるおそれがある場合に、**執行保全の目的で債務者の
　財産の処分を禁じる暫定的措置を「仮差押え」という**（民事保全法20条）。

②は適切である。**「仮の地位を定める仮処分」**は、債権の執行保全というより、
　権利関係について現実に生じている著しい損害を避けもしくは切迫した危険を
　防いで債権者の保護を図るための制度である（民事保全法23条2項）。

③は適切である。仮処分のうち**「係争物に関する仮処分」**は、債権の執行保全手
　続として仮差押えに対比される概念である。**金銭債権以外の債権（動産の引渡
　請求権や建物の明渡請求権等）の強制執行を保全する**ために、債権の目的物を
　現在の債務者の下にとどめて、現状を維持するべく対象となる財産の処分・移
　転を禁止するものである（民事保全法23条1項）。

④は最も適切でない。仮の地位を定める仮処分は、あらゆる紛争の解決に認めら
　れており、本問のように取締役の職務の執行を停止し代行者の選任をする仮処
　分や建築禁止の仮処分、商品引渡しの仮処分などがその例である。

第10章
債権の回収

Xは、Yに対して金銭債権を有していたが、Yが弁済期を過ぎてもいっこうに支払いをせず、また、Yの経営状態がよくないといううわさを耳にしたことから、Yの不動産およびYがZに対し有している売掛金債権に対して仮差押えを申し立てた。ところが、仮差押え以前に不動産にはAの抵当権が設定され、その旨の登記がなされていた。この場合に関する次のア～エの記述のうち、その内容が適切なものを○、適切でないものを×としたときの組み合わせを①～⑥の中から1つだけ選びなさい。

ア．YのZに対する債権に仮差押えの執行がなされた後に、ZがYに対して債務を弁済した。この場合、X自身がZに対して仮差押えをした旨の通知をしていなければ、ZはXに対して自己の弁済を対抗することができる。

イ．Yの不動産に対する仮差押えによって、XはAの抵当権に対しても優先する。

ウ．Xは、仮差押えに基づいてYの不動産について直ちに競売を申し立てることができるのが原則である。

エ．仮に、XのYに対する債権が条件付きの債権で条件がまだ成就していない場合、Xは仮差押えを行うことはできない。

① アー○　　イー○　　ウー○　　エー○
② アー○　　イー○　　ウー○　　エー×
③ アー○　　イー○　　ウー×　　エー○
④ アー×　　イー×　　ウー○　　エー×
⑤ アー×　　イー×　　ウー×　　エー○
⑥ アー×　　イー×　　ウー×　　エー×

（公式テキストP.251〜P.253）

［正　解］⑥

［解　説］

アは適切でない。債権に対して仮差押えがなされた場合、当該債権の債務者（第三債務者）に対しては、裁判所からの通知がなされる（すなわち仮差押えは裁判所によって発令されるものである）。**この通知が第三債務者の下に到達した後に、第三債務者がなした当該債権の債権者に対する弁済は仮差押債権者に対抗できない**（民事保全法50条1項、民法481条）。

イは適切でない。**仮差押えには優先弁済効はなく、先順位の抵当権に対して劣後**する。

ウは適切でない。仮差押えのみしか得ていない債権者が、当該仮差押えに基づいて対象物件につき**競売を申し立てることはできない**。

エは適切でない。仮差押えを行うためには被保全債権の存在が必要であるが、被保全債権は、金銭債権であることが必要である。この場合、**条件付債権も被保全債権たり得る**。

Xは、資産として不動産とYに対する金銭債権を有しているが、現在は、いずれについてもXの債権者Zから差押えを受けている（なお、Zは、担保権者ではない）。また、Aも、Xに対して売掛金債権を有している債権者である。この場合に関する次のア〜エの記述のうち、その内容が適切なものを○、適切でないものを×としたときの組み合わせを①〜⑧の中から1つだけ選びなさい。

ア．AとX間の売買契約を執行認諾文言付公正証書にしていた場合、Aは、XのYに対する金銭債権を差し押さえることは可能であるが、Xの不動産を差し押さえることはできない。

イ．Aが、Xに対する売掛金債権について確定判決を取得した場合、Aは、Xの不動産を差し押さえることはできるが、XのYに対する金銭債権については、既にZの差押えがあるので二重に差し押さえることはできない。

ウ．Aが、Xに対する売掛金債権について確定判決を取得した場合、Aは、Zの差し押えた不動産に対して配当要求をすることによって弁済を受けることができるが、その場合Zが弁済を受けた残額から弁済を受け得るにすぎない。

エ．AのXに対する売掛金債権の弁済期限が未到来であっても、AがXのYに対する金銭債権を仮差押えすることができる場合がある。

① アー○　　イー○　　ウー○　　エー○
② アー○　　イー○　　ウー○　　エー×
③ アー○　　イー○　　ウー×　　エー×
④ アー○　　イー×　　ウー×　　エー○
⑤ アー×　　イー○　　ウー○　　エー×
⑥ アー×　　イー×　　ウー○　　エー○
⑦ アー×　　イー×　　ウー×　　エー○
⑧ アー×　　イー×　　ウー×　　エー×

## 第10問

（公式テキストP.251〜P.256）

[正　解] ⑦

[解　説]

アは適切でない。債務名義が執行認諾文言付の公正証書の場合、それによって強
　制執行できるのは**金銭債権等に限られるが、執行の目的物が限定されるわけで
　はない**。

イは適切でない。本件不動産および金銭債権に対しては、別の債権者であるZに
　よる差押えがすでになされているが、**すでに差し押えられている不動産や債権
　に対して別の債権者がさらに差押えを行うこと（二重差押え）も認められてい
　る**（民事執行法125条において動産についてのみ二重差押えが禁じられている）。

ウは適切でない。Aが債務名義を有する債権者である場合、Zの差押財産に対し
　て配当要求をすることによって配当を受けることができる（民事執行法87条1
　項2号・51条）。本事例では、Zは、担保権者ではない一般債権者である。**一
　般債権者同士の順位は同等であり、配当に充てる金銭の額がAの債権とZの債
　権とを全額弁済するに足りない場合には、按分して配当を受ける**。

エは適切である。期限未到来の債権であっても、**保全の必要性が認められれば、
　仮差押えをすることは可能である**。

# 債務者の倒産への対応

# 第 11 章

## 【第1問】

Xは、Yに対して金銭債権を有していたが、Yが弁済期を過ぎてもいっこうに支払いをしないため、Yの不動産およびYがZに対し有している売掛金債権に対して仮差押えを申し立てた。ところが、仮差押え以前に不動産にはAの抵当権が設定され、その旨の登記がなされていた。その後Yは破産手続開始決定を受け、破産管財人Bが就任した。この場合に関する次のア〜エの記述のうち、その内容が適切なものの組み合わせを①〜⑥の中から1つだけ選びなさい。

ア．手続が進行中である本件仮差押えは、破産手続開始決定によりその効力を失う。

イ．Xは、不動産に対して仮差押えをしているので、別除権者として扱われ、破産手続において債権届出をしなくても、配当を受けることができる。

ウ．破産手続上、抵当権は別除権とされているので、仮にAが抵当権に基づいて競売の申立てをしていた場合、その競売手続は破産手続開始決定によって影響を受けることはない。

エ．YのZに対する債権が破産手続開始決定前にYの債権者Cに対する代物弁済として譲渡されていた場合には、破産手続開始決定がなされても、その債権譲渡の効力を破産管財人Bによって否認される可能性はない。

①　アイ　　②　アウ　　③　アエ　　④　イウ　　⑤　イエ　　⑥　ウエ

## 第1問

（公式テキストP.258〜P.267）

［正　解］②

［解　説］

アは適切である。破産手続開始決定によって、破産財団を構成する財産に対してなされていた強制執行や仮差押えなどの手続は、破産手続との関係では効力を失う（破産法42条）。

イは適切でない。破産債権者は、破産手続において債権届出をしなければ自らの権利を行使することはできない。**破産手続開始決定前に、破産財団を構成する財産に仮差押えをしていても、それによって、破産債権者が別除権者等の特別な地位を取得することにはならないので、債権届出をしなければ破産手続において自らの権利を行使することはできない。**

ウは適切である。**別除権者は、破産手続に関係なく自らの権利を行使してその債権を回収することができる**（破産法65条1項）。**そして、抵当権も別除権とされている。**したがって、破産手続開始決定前に抵当権に基づき競売の申立てをしていた場合、債務者に対して破産手続開始決定がなされたとしても、競売手続の進行には何ら影響はない。

エは適切でない。破産手続開始決定前になされていた債権譲渡は、その対価や時期等によっては破産財団を減少させ、破産債権者を害するものである可能性がある。**仮に、破産債権者を害するものと認められる場合には、破産管財人は否認権を行使して、当該債権譲渡の効力を否定することができる。**

X社とY社は、X社の商品をY社に販売する契約を締結した。その後、X社の商品の引渡義務およびY社の代金の支払義務がともに何ら履行されないうちに、Y社が破産手続開始の決定を受け、ZがY社の破産管財人に就任した。この場合に関する次の①～④の記述のうち、その内容が適切なものを2つ選びなさい。

① 破産法上、X社が相当の期間を定めて、Zに対し、契約の解除か債務の履行のいずれかを選択するよう催告し、期間内に確答がなかった場合、Zは債務の履行を選択したものとみなされる。

② X社がZからの商品引渡請求に応じて商品を引き渡した場合、X社のY社に対する売買代金債権は財団債権とされ、X社は、破産財団から随時弁済を受けることができる。

③ Zが破産法に基づき本件売買契約を解除したことにより、X社が損害を被った場合、X社は、破産債権者として、Y社に対する損害賠償請求権を行使することができる。

④ Y社が破産手続開始決定を受けた後に、X社がY社に対して金銭債務を負った場合、X社は、破産手続によらずに相殺権を行使して、商品の売買代金債権を優先的に回収することができる。

**第2問**　（公式テキストP.258〜P.267）

[正　解] ②、③

[解　説]

①は適切でない。**相手方から相当の期間を定めて契約の解除か履行のいずれかを選択するよう催告を受けたにもかかわらず、破産管財人が、期間内に確答をしなかった場合、契約の解除を選択したものとみなされる**（破産法53条2項）。「債務の履行を選択したものとみなされる」とする本肢は、適切ではない。

②は適切である。**双方未履行の双務契約について破産管財人が履行を選択した場合は、相手方の反対債権は財団債権となる**（破産法148条1項7号・53条1項）。さもなければ、契約の相手方が保護されなくなってしまうからである。

③は適切である。**破産管財人が契約を解除したことにより相手方が損害を被った場合は、相手方は損害賠償を請求できる。ただし、この請求権は破産債権となるにすぎない**（破産法54条1項）。

④は適切でない。**破産手続開始決定を受けた後に、X社がY社に対して金銭債務を負った場合は、開始決定後に債務を負ったのであるから、X社は相殺をすることができない**（破産法71条）。この場合に相殺を許せば、破産財団の増殖を図ることが極めて困難となるからである。

**破産手続に関する次のア～エの記述のうち、その内容が適切なものの組み合わせを①～⑥の中から1つだけ選びなさい。**

ア．債務者が、その債務につきその財産をもって完済することができない状態、すなわち、債務超過である場合、当該債務者が法人であるか自然人であるかにかかわらず、当該債務者は破産手続開始の申立てをすることができる。

イ．債権者が破産手続開始の申立てをする場合には、あらかじめ、債務者の同意を得なければならない。

ウ．裁判所は、破産手続開始の申立てがあった場合、必要があると認めるときは、利害関係人による申立てまたは職権により、破産手続開始の申立てについて決定があるまでの間、原則として、債務者の財産に対して行われている強制執行などの手続の中止を命じることができる。

エ．破産手続開始の時において、破産者の特定の財産に対して特別の先取特権を有する債権者は、原則として、破産手続によらずにこれを実行して債権の回収を図り得る。

① アイ　　② アウ　　③ アエ　　④ イウ　　⑤ イエ　　⑥ ウエ

**第3問**　　　　　　　　　　　　　　(公式テキストP.258〜P.267)

[正　解] ⑥
[解　説]

ア は適切でない。**債務超過は法人特有の破産原因である**。本肢は、債務超過である場合、当該債務者が法人であるか自然人であるかにかかわらず、当該債務者は破産手続開始の申立てをすることができるとしている点において適切とはいえない。

イ は適切でない。**債権者も破産申立権者になることができ**、その場合、債務者の同意を得なければならないという規定は存在しない。本肢は、債権者が破産手続開始の申立てをする場合には、あらかじめ、債務者の同意を得なければならないとしている点において適切ではない。

ウ は適切である。破産法28条１項は「裁判所は、破産手続開始の申立てがあった場合には、利害関係人の申立てにより又は職権で、破産手続開始の申立てにつき決定があるまでの間、債務者の財産に関し、**その財産の処分禁止の仮処分その他の必要な保全処分を命ずることができる**」と規定している。

エ は適切である。破産法65条１項は「別除権は、破産手続によらないで、行使することができる」と規定している。別除権の典型例は抵当権であるが、**先取特権も別除権に該当する**ので、本肢の通り、破産者の特定の財産に対して特別の先取特権を有する債権者は、原則として、破産手続によらずにこれを実行して債権の回収を図り得る。

**【第4問】**

Xが自身について民事再生手続開始の申立てを行い、開始決定を得た。A～Dは、各々Xに対して1000万円の債権を有しているが、AはX所有の不動産に抵当権の設定を受けており、Bは取引先としてXに商品を納入しており、CはXに対して500万円の債務を負担しているのに対し、DはXに対する担保も債務もない一般債権者である。この場合に関する次のア～エの記述のうち、その内容が適切なものを○、適切でないものを×としたときの組み合わせを①～⑧の中から1つだけ選びなさい。

ア．Aは、随時抵当権を実行して自らの債権の回収を図ることができるのが原則であるが、民事再生法では、抵当権の実行を中止したり、場合によっては抵当権を消滅させることができる制度が用意されている。

イ．Bが納入した商品がXの倉庫内に残存している場合、BはXの協力が得られなくても、自らその商品を強制的に回収して売却し、その商品の売却代金から自らの債権の回収を図ることができる。

ウ．会社更生の場合と同様に、Cは債権届出期間が経過した後も相殺の意思表示をすることができる。

エ．Dは再生計画に従った弁済を受けるしかないが、再生計画の可決要件は、債権者集会への出席者または書面投票をした議決権者の過半数かつ議決権総額の2分の1以上の賛成とされている。

① ア－○　イ－○　ウ－○　エ－○
② ア－○　イ－○　ウ－○　エ－×
③ ア－○　イ－○　ウ－×　エ－×
④ ア－○　イ－×　ウ－×　エ－○
⑤ ア－×　イ－○　ウ－○　エ－×
⑥ ア－×　イ－×　ウ－○　エ－○
⑦ ア－×　イ－×　ウ－×　エ－○
⑧ ア－×　イ－×　ウ－×　エ－×

　　　　　　　　　　　　　　　　（公式テキストP.268〜P.275）

［正　解］④

［解　説］

アは適切である。**民事再生法上、抵当権者は別除権者とされており、再生手続に
かかわりなく随時その権利を行使することができるのが原則である**（民事再生
法53条）。しかし、その権利行使が再生債務者の再生に差し障ることも想定さ
れるので、**一定の要件の下で、抵当権の実行を中止し**（民事再生法31条）、**あ
るいは抵当権を消滅させることができる制度**（民事再生法148〜153条）**が設け
られている。**

イは適切でない。Bは、自らが納入した商品に対して動産売買の先取特権を有し
ており、この動産売買の先取特権も別除権とされるが、**動産売買先取特権には、
それに基づいて強制的に対象動産を回収して売却する権限はない。**したがって、
Bが、商品を強制的に差し押さえて売却することができるとする本肢は、適切で
はない。

ウは適切でない。民事再生法上、**相殺の意思表示は、債権届出期間末日までに行
わなければならない**（民事再生法92条）。なお、会社更生法においても、相殺
については同様の期間制限がある（会社更生法48条）。

エは適切である。Dは、担保権も反対債権も有していないので、再生債権者とし
て再生計画に従って弁済を受けるよりほかない。**再生計画の可決要件は、債権
者集会への出席者または書面投票をした議決権者の過半数かつ議決権総額の2
分の1以上の賛成である**（民事再生法172条の３）。

# 法的紛争等の
# 予防と対応

# 第 12 章

**法的紛争の予防に関する次のア～エの記述のうち、その内容が適切なものの組み合わせを①～⑥の中から1つだけ選びなさい。**

ア．企業間の取引においては、合意ができた段階で「覚書」等の書面を作成して交わしておき、後日正式な契約書を交わす際に、覚書との効力関係を明らかにする条項を入れることが重要である。

イ．契約の相手方の業績や資産状況の調査は、継続的な取引先については信頼関係を損なうおそれがあるので、なるべく新規取引先にとどめておくべきである。

ウ．企業は自然人と異なり、情報、ノウハウ、資本が蓄積しているため、他社との利害対立が紛争にまで発展することを予定する必要はない。

エ．契約書を作成する場合は、紛争となり易い部分について相手に自由な解釈を許さないため、弁護士などに意見を求めたり、いったん作成した契約書の雛型も常時実務に照らし、不備な点があれば手直しを加えていく努力をすべきである。

① アイ　② アウ　③ アエ　④ イウ　⑤ イエ　⑥ ウエ

　　　　　　　　　　　　　　（公式テキストP.280～P.281）
[正　解]　③
[解　説]
アは適切である。実務上、口頭での約束が成立しているか等をめぐる紛争が多く
　見られる。そこで、合意に達した内容について「覚書」等の書面を作成して取
　り交わしておくことは有効な方法である。
イは適切でない。取引においては、相手方に対する自己の債権を確実に回収する
　ため、契約を締結する前に相手方の業績や資産状況等の調査を行うことが重要
　である。**このような調査は、新規取引先だけでなく、継続的な取引先に対して
　も必要である。**
ウは適切でない。広範な経済活動を行う企業は、自然人と比べ、**より大規模で複
　雑な利害対立が生じやすく、それが紛争にまで発展することも多くみられる。**
　紛争が発生すると、その処理のため多大なエネルギーと人的・物的資源が必要
　となる。
エは適切である。契約書を作成する際には、弁護士等の専門家の意見を参考にし、
　特に紛争となりやすい部分については、**一方当事者が自由な解釈をする余地の
　ない条項**を作成することが必要である。また、日常使用する契約書の雛型も、
　実務に照らし不備な点を発見すれば手直しを加えていく努力が必要となる。

Xは、Aタクシー会社の運転手Yが運転するタクシーに乗っていたが、Yが運転を誤り、オートバイで走行していたZに衝突した。Zはこの事故で怪我を負うとともに、Zの乗っていたオートバイは大破し、使用不可能になった。この場合におけるZの請求に関する次の①〜④の記述のうち、その内容が適切なものを2つ選びなさい。

① Zは、Yに対して不法行為に基づく損害賠償請求を行うことが可能であるが、通常、Xに対して不法行為に基づく損害賠償請求を行うことはできない。

② Zは、A社に対して自動車損害賠償保障法上の運行供用者責任を追及することは可能であるが、同法による場合は、オートバイの損傷についての損害賠償は請求することができない。

③ Zは、A社に対して使用者責任に基づき損害賠償請求をすることは可能であるが、使用者責任を追及し得る場合には、Yに対して損害賠償請求をすることはできない。

④ ZがA社に対して使用者責任に基づく損害賠償を請求する場合は、Zは直接の加害者であるYの不法行為の成立要件を立証する必要はない。

**第2問** （公式テキストP.282〜P.288、3級公式テキストP.147〜P.160）

[正　解] ①、②

[解　説]

① は適切である。本件事故は、Yの過失によって生じたものであるといえるが、Xは単にYの運転するタクシーに客として同乗していただけであるから、通常、不法行為責任を負うことはない。

② は適切である。自動車損害賠償保障法上の運行供用者責任に関する規定は、**対人事故にのみ適用され、物損は適用対象外とされている**（自動車損害賠償保障法3条）。

③ は適切でない。不法行為者の使用者に対して使用者責任を追及する場合でも、**併せてあるいは別個に**不法行為者自身に対して不法行為に基づく損害賠償請求をすることは可能である。

④ は適切でない。使用者責任の成立要件は、**被用者等が事業の執行につき不法行為を行ったこと**であり（民法715条1項）、Yに対して不法行為責任を追及する場合の成立要件（Yが「不法行為を行った」こと）を立証する必要がある。

**■キーワード**

**運行供用者の責任**

運行供用者（自己のために自動車を運行の用に供する者）は、自動車の運行によって他人の生命・身体を害したときは、これによって生じた損害を賠償する責任を負う（自動車損害賠償保障法3条）。「他人の生命・身体を害したとき」とあるように、運行供用者責任は対人事故においてのみ生じ得る。

運行供用者がその責任を免れるには、次の3つの要件をすべて証明しなければならない。

| ① | 自己および運転者が自動車の運行に関し注意を怠らなかったこと |
|---|---|
| ② | 被害者または運転者以外の第三者に故意または過失があったこと |
| ③ | 自動車の構造上の欠陥または機能上の障害がなかったこと |

161

X社は、X社が所有するビル内で有料の展示会を行い、多数の来客を集めていたが、天井から照明が落下し、複数の怪我人が出るとともに、混乱の中、従業員の誘導に適切を欠き、外に逃げようとした人の中からも何人かの怪我人が出た。また、来客だけでなく、展示会場で仕事を行っていたX社の従業員にも怪我人が出ている。この場合に関する次の①〜④の記述のうち、その内容が最も適切でないものを1つだけ選びなさい。

① X社は、損害が発生するのを防止するために必要な注意を果たしたことを証明すれば、来客に対する土地工作物責任を免れることができる。

② 従業員が適切な誘導を怠ったことにつき、当該従業員に故意・過失が認められる場合には、当該従業員だけでなく、X社も不法行為責任を負うことがある。

③ X社は、来客に対し、事故の発生を防止するために必要な注意義務を負っていることを理由に、怪我をした来客に対して、債務不履行責任を負うことがある。

④ 来客が展示会で購入した商品が事故の混乱の中で毀損した場合、X社はその損害を賠償する責任を負うことがある。

## 第3問
（公式テキストP.282〜P.288）

［正　解］①

［解　説］

①は最も適切でない。損害防止のため必要な注意を果たしたことを証明することによって土地工作物責任を免れるのは占有者である。**自社ビルの所有者であるX社は、損害防止のため必要な注意を果たしたことを証明しても、土地工作物責任を免れることはできない**（民法717条1項但書）。

②は適切である。**従業員が、故意または過失によって来客の誘導に適切を欠き、そのことが原因で来客に怪我をさせた場合には、当該従業員は民法709条の不法行為責任を負う可能性が高い。**この場合、**当該従業員の使用者であるX社は、民法715条の使用者責任を負う可能性が高い。**

③は適切である。X社は、自社の施設である自社ビルの施設の用法に伴う業務遂行にあたり、施設利用者に対して、**事故の発生を防止するために必要な注意義務**を負うことがあり、この業務遂行に起因して損害が発生した場合には債務不履行責任が発生することがある（民法415条1項）。

④は適切である。**不法行為に基づく損害賠償の対象は、物に対する損害も含まれる**のが原則であり、商品の損害について不法行為の成立要件が充足されていれば、X社がその損害賠償責任を負う可能性がある。

**【第4問】**

**不法行為に関する次の①～④の記述のうち、その内容が適切なものを1つだけ選び なさい。**

① Aは、Bの運転する自転車に歩道上で追突され、負傷した。AがBを被告とし て不法行為に基づく損害賠償請求訴訟を提起した場合、Bが自らの損害賠償責 任を免れるためには、自らに故意または過失がなかったことを主張し証明しな ければならない。

② A（3歳）は、母親Bが目を離した隙に歩道から車道に飛び出し、第三者Cの 運転する乗用車との接触事故で負傷した。Aを原告としCを被告として提起さ れた不法行為に基づく損害賠償請求訴訟において、裁判所は、Bの過失を被害 者側の過失として考慮し、損害賠償額を算定することができる。

③ Aは、隣人Bが放し飼いにしていた犬にかみつかれ、負傷した。Aが傷害保 険に加入しており、当該負傷について傷害保険金を受け取った場合、当該傷害 保険金の額は損益相殺の対象となる。

④ Aは、B、CおよびDから暴行を受け、負傷した。B、CおよびDの行為が民 法の共同不法行為に該当する場合、Aが被った損害全部の賠償をBに対して請 求しても、Bは、CおよびDに弁済の資力があることを証明すれば、損害賠償 責任を負わない。

**第4問** （3級公式テキストP.147〜P.160）

［正　解］②

［解　説］

①は適切でない。一般の不法行為においては、**被害者の側において、加害者の故意または過失があったことを主張・立証しなければならない**（民法709条）。

②は最も適切である。過失相殺が認められるためには、過失相殺能力として、**責任能力より程度の軽い事理弁識能力を備えていることが必要である**。Aは3歳であり過失相殺能力があるとはいえないため、A自身の過失を根拠に過失相殺を認めることはできない。ただし、判例上、**被害者本人と身分上・生活関係上一体をなすとみられるような関係にある者の過失については、被害者側の過失として、過失相殺の際にこれを考慮することができる**。BはAの母親であり監督者であるから、Aと身分上・生活関係上一体をなすと認められ、Bの過失を被害者側の過失として考慮することができる。

③は適切でない。**損益相殺とは、不法行為の被害者がその不法行為により利益を受けた場合に、損害額からその利益を控除することをいう**。これは、損害が重複しててん補されたのでは被害者が損害以上に利益を得ることになるため、公平の観点から、被害者の得る利得が二重とならないよう調整するものである。任意の傷害保険は保険料の対価であり、これに当たらない。

④は適切でない。**数人が共同の不法行為によって他人に損害を加えたときは、各自が連帯してその損害を賠償する責任を負う**（民法719条1項前段）。この場合の連帯関係を不真正連帯債務といい、債務者（加害者）のいずれも損害の全額について責任を負い、一人の債務者が弁済すると他の債務者に対しても効力が及ぶ。また、他の債務者の資力は責任の有無と関係がない。

■キーワード

（過失相殺と損益相殺）

| 過失相殺<br>（民法722条2項） | 不法行為に際して、被害者にも過失があって、それが損害の発生や拡大の一因になった場合に、損害額から被害者の過失割合に相当する額を差し引いて損害額を決定すること。 |
| --- | --- |
| 損益相殺 | 被害者が不法行為によって損害を受ける一方で何らかの利益を受けた場合に、その利益額を損害額から差し引いて損害額を決定すること |

X社は、取引先であるY社に事業資金として1000万円を貸し付けたが、弁済期限が到来した後、X社が再三にわたり貸金の返済を催促したにもかかわらず、Y社は返済しない。そこで、X社は、Y社を相手方として甲地方裁判所に貸金返還請求訴訟を提起した。この場合に関する次のア～エの記述のうち、その内容が適切なものの個数を①～⑤の中から1つだけ選びなさい。

ア．Y社が、X社の訴状に対する答弁書を提出していたとしても、第一口頭弁論期日に甲裁判所に出頭しなかった場合、Y社はX社が提出した訴状記載の請求を認めたものとして扱われ、X社の請求を容認する判決が下される。

イ．X社およびY社は、攻撃防御の方法を本件訴訟の適切な時期に提出しなければならず、時機に後れた攻撃防御方法は、甲裁判所に却下されることがある。

ウ．甲裁判所は、X社の提出した証拠方法の取調べで得た証拠資料を、Y社に有利な事実の認定の基礎として用いることができる。

エ．Y社が、口頭弁論期日においてX社が主張する事実を認め、裁判上の自白が成立した場合、X社は当該事実を証明することを要せず、また甲裁判所も当該事実に反する事実を認定することができない。

①　0個　　②　1個　　③　2個　　④　3個　　⑤　4個

**第5問** （公式テキストP.289〜P.305）

［正　解］④

［解　説］

アは適切でない。口頭弁論は、原則として両当事者が出席して行われる（民事訴訟法148条以下参照）。ただし、第一回期日については、原告が欠席すると訴状がそのまま陳述されたものとして取り扱われ、**被告が欠席すると、答弁書が事前に提出されている限りはその答弁書を陳述したものと取り扱われる**（民事訴訟法158条）。これに対し、被告が答弁書を提出せずに口頭弁論に欠席すると、訴状記載の請求を認めたものとして取り扱われ、口頭弁論が終結して、原告の請求を認容した判決が出される。

イは適切である。訴訟当事者は、攻撃防御の方法を訴訟の適切な時期に提出しなければならず（適時提出主義、民事訴訟法156条）、**時機に後れた攻撃防御方法は、裁判所に却下されることがある**（民事訴訟法157条1項）。本肢の記述の通りである。

ウは適切である。裁判所の事実認定は、口頭弁論の全趣旨および証拠調べの結果を斟酌して、自由な心証により行われる（民事訴訟法247条）。これを**自由心証主義**という。この自由心証主義の下では、事実認定のための資料をどのように評価するかは、個々の裁判官の自由な判断に任されている。そのため、裁判所は、原告が提出した証拠であっても、**被告に有利な事実の認定の基礎として用いることができる**。また、その逆も可能である（証拠共通の原則）。

エは適切である。裁判上の自白が成立した場合、仮にこれが真実と異なっているとしても、裁判所はこれに拘束され、**裁判所は当該事実に反する事実を認定することはできない**。

## 【第6問】

東京在住のXは、大阪在住のYを被告として、300万円の貸金返還請求訴訟を提起しようと考えている。この場合に関する次のア〜エの記述のうち、その内容が適切なものの組み合わせを①〜⑥の中から1つだけ選びなさい。

ア．本件訴訟を提起する場合には、簡易裁判所ではなく、地方裁判所に提起しなければならない。

イ．XY間で管轄についての合意がない場合には、Yの居住地を管轄する裁判所で本件訴訟を提起しなければならず、Xの居住地を管轄する裁判所で本件訴訟を提起することはできない。

ウ．本件訴訟に関しXの提出した訴状に、所定の収入印紙の貼付がない場合には、直ちに、訴状が却下される。

エ．Yが所在不明の場合には、書記官が送達書類を保管し、名宛人が出頭すれば送達書類を交付する旨を裁判所に提示するという公示送達を行うことによってYを被告として本件訴訟を提起することができる。

① アイ　　② アウ　　③ アエ　　④ イウ　　⑤ イエ　　⑥ ウエ

（公式テキストP.289〜P.298）

## 第6問

[正 解] ③

[解 説]

アは適切である。**事物管轄については、訴額が140万円以下のものについては簡易裁判所が、それを超えるものについては地方裁判所が管轄権を有する**（裁判所法24条1号・33条1項1号）。本件訴訟は、訴額が300万円であり、140万円を上回っているので、地方裁判所が管轄する。

イは適切でない。土地管轄は、相手方住所地にも認められるが（民事訴訟法4条1項）、義務履行地にも認められる（民事訴訟法5条1号）。**金銭債権は、特約がない限り持参債務とされており、債権者の住所が義務履行地である**ため（民法484条1項）、この場合には債権者Xの住所地である東京でも訴訟を提起することができる。

ウは適切でない。訴状に収入印紙が貼付されていないなどの形式的な不備がある場合には、まず、裁判長が補正命令を出し、これに対して**原告から補正がされない場合に初めて訴状が却下される**（民事訴訟法137条2項）。

エは適切である。訴状の送達が不能な場合には、命令により訴状が却下される（民事訴訟法138条2項）ことから、**行方不明となっている者に対する送達方法として公示送達が規定されている**（民事訴訟法110条）。公示送達の具体的内容は本肢の記述の通りである。

Aは、Bに対して、書面によらない金銭消費貸借契約に基づく80万円の貸金債権を有しているが、Bはその返済をしようとしない。そこで、Aは、Bを相手方として、80万円の貸金返還請求訴訟を提起した。この場合に関する次のア〜エの記述のうち、その内容が適切なものを○、適切でないものを×としたときの組み合わせを①〜⑧の中から1つだけ選びなさい。

ア．Aは、貸金返還請求訴訟に対してBが応訴し、口頭弁論が開始した後は、たとえBの同意を得ても、口頭弁論終結前に、訴えを取り下げることはできない。

イ．Bは、貸金返還請求訴訟において、Aから80万円を借り入れたことはない旨を主張した。この場合、Bは、Aから80万円を借り入れていない旨を証明する責任を負う。

ウ．裁判所は、貸金返還請求訴訟の事実認定にあたり、Aの申出により採用した証拠については、Bに有利な事実を認定するための基礎として用いてはならない。

エ．Bは、口頭弁論期日において、Aが主張する事実を知らない旨の答弁をした。この場合、Bはその事実を自白したものと推定される。

① アー○　　イー○　　ウー○　　エー○
② アー○　　イー○　　ウー×　　エー×
③ アー○　　イー×　　ウー○　　エー○
④ アー○　　イー×　　ウー×　　エー○
⑤ アー×　　イー○　　ウー○　　エー×
⑥ アー×　　イー○　　ウー×　　エー×
⑦ アー×　　イー×　　ウー○　　エー○
⑧ アー×　　イー×　　ウー×　　エー×

**第7問**　　　　　　　　　　　　　　　　　　　（公式テキストP.289～P.305）

[正　解] ⑧
[解　説]

アは適切でない。**口頭弁論開始後は、相手方の同意があれば訴えを取り下げること とは可能である**（民事訴訟法261条2項）。

イは適切でない。80万円を貸し付けた事実については、原告であるAが主張証明 責任を負う。被告であるBがAから80万円を借り入れていない旨を証明する責 任を負うとする本肢の記述は適切ではない。

ウは適切でない。**裁判所は、一方の当事者が提出した証拠方法の取調べで得た証 拠資料を、相手方当事者に有利な事実の認定の基礎として用いることも可能で ある**（証拠共通の原則）。

エは適切でない。請求原因に対する答弁は、各請求原因事実一つ一つに「認める」 「不知」「否認」「争う」のうちいずれかで答える。「不知」の答弁をした場合、 その事実を争ったものと推定される（民事訴訟法159条2項）。本肢では、Bは、 口頭弁論期日において、Aが主張する事実を知らない旨の答弁をしているので、 「不知」の答弁をしたと考えられ、Bはその事実を争ったものと推定される。

AはBに書面によらずに200万円を貸し付けたが、Bは支払期日を経過しても借入金をAに返済しようとしない。そこで、Aは、Bを被告として貸金返還請求訴訟を提起しようとしている。この場合に関する次の①〜④の記述のうち、その内容が最も適切なものを1つだけ選びなさい。

① AがBを被告として貸金返還請求訴訟を提起し、Bが応訴して口頭弁論が開始された。この場合、Aは、Bの同意を得なくても、口頭弁論終結前に、訴えを取り下げることができる。

② AがBを被告として提起した貸金返還請求訴訟において、Bは、Aから200万円を受領した事実は認めるが、それはBの事業への出資として受けたものであり、借り受けたものではない旨を主張した。この場合、Bは、Aから出資を受けた事実について証明責任を負う。

③ AがBを被告として提起した貸金返還請求訴訟において、Bは、Aから200万円を借り受けた事実は認めるが、すでに全額を返済した旨を主張した。この場合、Bは、借入金を全額返済した事実について証明責任を負う。

④ Bが口頭弁論の期日においてAの請求を認諾した場合であっても、貸金返還請求訴訟は、直ちに終結せず、口頭弁論の終結後、判決の言渡しにより終結する。

**第8問**　　　　　　　　　　　　　　　　　　（公式テキストP.289〜P.305）

［正　解］③

［解　説］

①は適切でない。口頭弁論開始後であっても、**被告の同意を得れば、訴えの取下げは可能である**（民事訴訟法261条2項）。したがって、Aは、Bの同意を得れば、口頭弁論終結前に、訴えを取り下げることができる。「Bの同意を得なくても、……訴えを取り下げることができる」とする本肢は、適切ではない。

②は適切でない。本肢の事例では、**消費貸借契約が成立したか否かが問題となり、出資を受けたか否かは立証の対象ではない**。「Bは、Aから出資を受けた事実について証明責任を負う」とする本肢は、適切ではない。

③は最も適切である。**返済の事実は抗弁であり、これについては被告が証明責任を負う**。「Bは、借入金を全額返済した事実について証明責任を負う」とする本肢は、適切である。

④は適切でない。**請求の認諾があった場合、民事訴訟は判決によらずに終結する**ため、判決の言渡しは行われない（民事訴訟法267条参照）。「貸金返還請求訴訟は、……判決の言渡しにより終結する」とする本肢は、適切ではない。

**即決和解および調停に関する次のア〜エの記述のうち、その内容が適切なものの組み合わせを①〜⑥の中から1つだけ選びなさい。**

ア．どちらの手続も必ず簡易裁判所に申し立てなければならない。

イ．どちらの手続も成立した結果作成される調書につき、債務名義としての効力が認められる。

ウ．即決和解が金銭の支払請求権のみをその対象としているのに対し、調停の対象は、金銭の支払請求権に限定されておらず、不動産の明渡しなどもその対象とすることが可能である。

エ．どちらの手続も話合いを前提とする手続であるが、調停は申立て後、調停委員が両当事者の主張を聴き、調整しながら解決を図っていく手続であるのに対し、即決和解は、実務上あらかじめ当事者間で話をまとめた上で申し立て、1回の期日で終わらせることが多い。

① アイ　　② アウ　　③ アエ　　④ イウ　　⑤ イエ　　⑥ ウエ

**第9問** （公式テキストP.306〜P.307）

[正　解] ⑤

[解　説]

アは適切でない。即決和解も調停も、ともに当事者が話合いによって紛争を解決する手続であり、またその結果作成される調書は債務名義となる。もっとも、両者は申立て先が異なる。すなわち、**即決和解は簡易裁判所に対して申し立てる手続であり、調停は、家事事件については家庭裁判所に申し立て、また、一般事件であっても当事者間で予め合意をすれば地方裁判所にも申し立てることができる。**

イは適切である。アの解説で述べたように、**即決和解も調停も、成立した場合に作成される調書は債務名義となる。**すなわち即決和解では成立の際に和解調書が作成され、調停では成立の際に調停調書が作成される。

ウは適切でない。即決和解や調停はいずれも、特にその対象が限定された手続ではなく、基本的にいかなる紛争についても利用することができる手続である。ちなみに、**金銭の支払請求権などに対象が限定され、不動産の明渡しなどをその対象とすることができないのは、強制執行認諾文言付公正証書である。**

エは適切である。即決和解も調停も当事者の話合いを前提とする手続であるが、調停は、両当事者の言い分を第三者である調停委員の介在のもと解決策を模索していく手続であり、申立て後に解決を図っていく。これに対し、即決和解は、実務上は、実質的には解決してから申し立てる点で違いが見られる。

**【第10問】**

甲社は、乙に金銭を貸し付けたが、乙が返済しないので、支払督促を申し立てることとした。この場合に関する次のア〜エの記述のうち、その内容が適切なものを○、適切でないものを×としたときの組み合わせを①〜⑥の中から1つだけ選びなさい。

ア．甲社は、乙の住所地を管轄する簡易裁判所の裁判所書記官に、支払督促の申立てをしなければならない。

イ．甲社からの支払督促の申立てを受理した裁判所書記官は、債務者である乙に対し審尋をすることなく、支払督促を発することができる。

ウ．甲社からの申立てにより支払督促が発せられた場合において、当該支払督促に対して乙が督促異議を申し立てると、支払督促の申立ての時に所定の裁判所に訴えを提起したものとみなされる。

エ．甲社からの申立てに基づき発せられた支払督促に仮執行宣言が付された場合において、乙が督促異議を申し立てずに、支払督促が確定したとしても、当該支払督促は債務名義とはならない。

① アー○　　イー○　　ウー○　　エー○
② アー○　　イー○　　ウー○　　エー×
③ アー○　　イー×　　ウー○　　エー○
④ アー×　　イー○　　ウー×　　エー×
⑤ アー×　　イー×　　ウー×　　エー○
⑥ アー×　　イー×　　ウー×　　エー×

**第10問**　(公式テキストP.307〜P.308)

[正　解] ②

[解　説]

アは適切である。支払督促の申立ては、**相手方の住所地を管轄する簡易裁判所の裁判所書記官**に対して行う（民事訴訟法383条1項）。

イは適切である。支払督促においては、**債務者に対する審尋は行われない**（民事訴訟法386条1項）。

ウは適切である。**債務者が支払督促に対して異議を申し立てると、支払督促の申立ての時に所定の裁判所に訴えを提起したものとみなされる**（民事訴訟法395条）。

エは適切でない。仮執行宣言付支払督促が確定した場合、**当該支払督促は、強制執行が可能な債務名義となる**（民事訴訟法396条、民事執行法22条4号）。

**■ポイント**
**（支払督促手続）**

| | |
|---|---|
| ①支払督促の申立て | 債権者が**債務者の所在地**を管轄する簡易裁判所の裁判所書記官に申し立てる。 |
| ②支払督促 | 申立てが適法であり、すべての要件を充たしている場合に、債務者の審尋なしに支払督促が発せられる。 |
| ③仮執行宣言 | 債務者が支払督促の送達を受けた日から2週間以内に支払いをせず、または督促異議の申立てをしないときは、裁判所書記官は債権者の申立てにより仮執行宣言を付さなければならない。 |
| ④確定（債務名義） | 債務者が仮執行宣言付支払督促を受け取った日から2週間以内に異議を申し立てない場合に確定する。 |

**X社とY社との間における民事上の法的紛争を民事訴訟以外の方法で解決する場合に関する次の①～④の記述のうち、その内容が最も適切なものを1つだけ選びなさい。**

① X社は、取引先であるY社の従業員Zが製品を搬入する際にX社の倉庫を破損したため、その修理費用を支出した。この場合、X社は、Y社に対し、支払督促により、当該修理費用の支払いを請求することはできない。

② X社は、Y社に対し、賃貸していた建物の明渡しを求めていたが、「Y社は3か月の明渡猶予期間が経過した後にX社に建物を明け渡す」旨の即決和解がY社との間で成立した。この場合、X社は、Y社が当該猶予期間を経過した後に建物の明渡しをしなかったとしても、当該和解により作成された和解調書を債務名義として、建物の明渡しの強制執行を申し立てることはできない。

③ X社は、Y社との間の取引に関する民事上の法的紛争について調停の申立てをしたが、Y社が調停に応じず出頭しなかった。この場合、直ちにX社の主張を全面的に認める調停調書が作成される。

④ X社は、Y社に貸し付けた金銭について約定通りの返済がないため、Y社との間で、Y社から分割して返済を受ける旨の和解を成立させた。X社およびY社は、当該和解の内容について執行認諾文言付きの公正証書を作成する場合、分割された借入金の返済をY社が一度でも怠れば、X社が当該公正証書を債務名義として残債務の全額について強制執行をすることができる旨を定めることができる。

（公式テキストP.306〜P.309）

[正　解]　④

[解　説]

①は適切でない。**支払督促は金銭の支払請求書であれば利用可能**である（民事訴訟法382条）。本肢では、X社は、Y社に対し、修理費用の支払いを請求することを検討しているので、支払督促を利用することができる。

②は適切でない。**即決和解の和解調書は裁判所において作成されるものであり、債務名義となる**ため（民事執行法22条7号、民事訴訟法267条）、これをもって強制執行することが可能である。なお、債務名義には強制執行認諾文言付公正証書もあるが（民事執行法22条5号）、公正証書中の執行認諾文言によって強制執行できるのは、金銭の一定額の支払い、または代替性のある物の引渡しであり、土地や建物のような特定物の引渡しは強制執行できない。本肢に関しては、その点も注意しておきたい。

③は適切でない。訴訟においては、被告が答弁書を提出せずに期日に出頭しなければ、原告の請求を認めるいわゆる欠席判決がなされるが、調停においてはこのようなことはなく、本肢のように、Y社が調停に応じずに出頭しなかったとしても、X社の主張を全面的に認める調停調書が作成されることはない。

④は最も適切である。公正証書において、どのような場合に期限の利益が喪失するかは当事者間の合意により自由に定めることができる。本肢のように、借入金の分割払いを一度でも怠れば、期限の利益が失われ、残債務の全額について強制執行をすることができる旨を定めることも可能である。

**ビジネスや企業活動についての犯罪に関する次のア～エの記述のうち、その犯罪に関与した個人だけでなく、法人についても処罰され得るものの組み合わせを①～⑥の中から1つだけ選びなさい。**

ア．会社の部課長など文書を保管する権限を有する者が、当該文書を会社から無断で持ち出し処分する行為。

イ．金融機関の融資担当役員が、回収不能となることが十分予想されるにもかかわらず、十分な担保等を取らずに融資をし会社に損害を与える行為。

ウ．証券会社の従業員が証券取引によって損害を被った顧客に対して、その損失を補てんする行為。

エ．金融商品取引業者が監督当局に提出する事業報告書に虚偽の記載をする行為。

① アイ　　② アウ　　③ アエ　　④ イウ　　⑤ イエ　　⑥ ウエ

（公式テキストP.313～P.318）

[正　解] ⑥

[解　説]

ア　は法人が処罰され得るものに該当しない。**会社の文書を保管する権限を有する者**が、当該文書を会社から無断で持ち出し処分する行為は業務上横領罪を構成する（刑法253条）が、これは個人のみが処罰される犯罪である。

イ　は法人が処罰され得るものに該当しない。金融機関の融資担当役員が、回収不能となることが十分に予想されるにもかかわらず、十分な担保等をとらずに融資を実行する行為は特別背任罪に該当し得るが（会社法960条）、これは**会社の取締役等の個人のみ**が処罰される犯罪である。

ウ　は法人が処罰され得るものに該当する。証券会社の従業員が証券取引によって損害を被った顧客に対してその損失を補てんする行為は処罰されるが、**その雇用主である会社も両罰規定により罰金が科され得る**（金融商品取引法198条の3・207条）。

エ　は法人が処罰され得るものに該当する。金融商品取引業者が監督当局に提出すべき事業報告書等に虚偽の記載をして提出する行為は処罰され得るが、**これはその行為を行った個人だけでなく、両罰規定により、その雇用主である会社にも罰金が科され得る**（金融商品取引法198条の6・199条・207条）。

公益通報者保護法に関する次のア～エの記述のうち、その内容が適切なものを○、適切でないものを×とした場合の組み合わせを①～⑧の中から1つだけ選びなさい。

ア．労働者が公益通報をすることができる相手方は、通報対象事実について処分または勧告等をする権限を有する行政機関に限られており、これ以外の者に通報しても公益通報者保護法による保護を受けることはできない。

イ．公益通報者保護法では、公益通報を行ったことを理由とする解雇や労働者派遣契約の解除が無効とされているほか、降格や減給、派遣労働者の交代を求めるなどの不利益な取扱いが禁止されている。

ウ．公益通報者保護法上の公益通報者には、公益通報をした労働者のほか、事業者の行為により、その身体または財産に損害を被ったことについて通報をした消費者が含まれる。

エ．労働者が、自己を使用している事業者の法令違反事実について処分または勧告等をする権限を有する行政機関に通報した場合において、当該労働者が公益通報者保護法による保護を受けるには、通報の目的が不正の目的ではないことのほか、通報対象事実が生じ、またはまさに生じようとしていると信ずるに足りる相当の理由がある場合であること、または通報対象事実が生じ、もしくはまさに生じようとしていると思料し、かつ、所定の事項を記載した書面等を提出する場合であることが必要である。

① アー○　イー○　ウー○　エー○
② アー○　イー○　ウー○　エー×
③ アー○　イー×　ウー○　エー×
④ アー○　イー×　ウー×　エー○
⑤ アー×　イー○　ウー○　エー×
⑥ アー×　イー○　ウー×　エー○
⑦ アー×　イー×　ウー×　エー○
⑧ アー×　イー×　ウー×　エー×

　　　　　　　　　　　　　　（公式テキストP.318〜P.319）

[正　解] ⑥

[解　説]

アは適切でない。通報先ごとに保護要件は異なるが、**役務提供先等、行政機関、役務提供先等以外の報道機関、消費者団体、労働組合等に公益通報をすることができる**（公益通報者保護法3条）。通報先について行政機関に限られるとする本肢は適切でない。

イは適切である。**公益通報者保護法では、公益通報を行ったことを理由とする不利益処分を禁止している。**本肢の記述の通りである。

ウは適切でない。消費者はそもそも事業者との間に雇用関係等がなく不利益処分を受ける可能性がないので、公益通報者保護法により特別の保護をする必要がなく、その対象外である。

エは適切である。行政機関に通報する場合の保護要件については、本肢の記述の通りである。

■ポイント

**（公益通報者保護法の規制）**

| 公益通報をしたことを理由として事業者が行った行為 | 規制内容 |
|---|---|
| ・解雇（公益通報者保護法3条）<br>・労働者派遣契約の解除（公益通報者保護法4条） | 無効 |
| ・その他の不利益な取扱い（降格、減給、派遣労働者の交替を求めること等）（公益通報者保護法5条） | 禁止 |

# 株式会社の組織と運営

## 第 13 章

## 【第1問】

Xは、知人とともに発起人となって、発起設立の方法によりY株式会社を設立する準備を進めている。この場合に関する次のア〜エの記述のうち、その内容が適切なものを○、適切でないものを×としたときの組み合わせを①〜⑧の中から1つだけ選びなさい。

ア．Xら発起人は、会社法所定の事項を記載して書面により定款を作成し、発起人の全員がこれに記名押印をした。この場合、当該定款は、公証人の認証を受けなければ、その効力を生じない。

イ．Xは、Y社の株式の発行にかかる払込みについて、払込取扱銀行から金銭を借り入れ、その借入金を完済するまでは払込金の引出しをしない旨を約束した上で、借入金により株式の払込みをするという、払込みの仮装（預合い）を行った。この場合、Xは、Y社に対しこれにより生じた損害を賠償する責任を負うだけでなく、刑事罰を科される可能性がある。

ウ．Xは現物出資をし、当該現物出資について検査役の調査がなされた。この場合、Y社の成立時における現物出資の目的財産の価額が定款に記載された価額に著しく不足するときは、Xは、その不足額をY社に支払う義務を負う。

エ．Y社は、設立手続の過程で社団としての実体が形成された時点で設立し、本店所在地における設立の登記は、Y社の設立を第三者に対抗するための対抗要件である。

① アー○　イー○　ウー○　エー○
② アー○　イー○　ウー○　エー×
③ アー○　イー×　ウー○　エー×
④ アー○　イー×　ウー×　エー○
⑤ アー×　イー○　ウー○　エー×
⑥ アー×　イー○　ウー×　エー○
⑦ アー×　イー×　ウー×　エー○
⑧ アー×　イー×　ウー×　エー×

## 第1問

（公式テキストP.324〜P.329）

［正　解］②

［解　説］

アは適切である。定款は、**公証人の認証を受けなければその効力を生じない**（会社法30条）。

イは適切である。**発起人や設立時発行株式の引受人が、株式会社の設立に際し、払込取扱機関と通謀して、払込金を借り入れてそれを払い込み、その借入金が返済されるまでは会社から払込金の返還を求めない旨約する行為を預合い**という。預合いは、現実に金銭の移動がない仮装の払込みであるため禁止されており、これに違反した場合は、預合いを行った者もこれに応じた者も刑事罰の対象となる（会社法965条）。

ウは適切である。株式会社の成立の時における現物出資財産の価額が定款に記載された価額に著しく不足するときは、**発起人および設立時取締役は、会社に対し、連帯して、その不足額を支払う義務を負う**（会社法52条1項）。なお、検査役の調査を経た場合にはその責任を負わないとの免責規定もあるが（会社法52条2項1号）、**現物出資をした本人については免責規定の適用は除外されている。**

エは適切でない。株式会社の設立時期は、その本店の所在地において**設立の登記をした時**である（会社法49条）。設立の登記は単なる対抗要件ではない。

---

### ■ポイント
### （株式会社設立の手続〜発起設立と募集設立）

| 発起設立<br>（会社法25条1項1号） | 発起人（1人でもよい）が会社の設立に際して発行する株式の総数を引き受けて、会社を設立する方法 |
|---|---|
| 募集設立<br>（会社法25条1項2号・62条） | 発起人（1人でもよい）が会社の設立に際して発行する株式の一部を引き受け、残りの株式については株主となる者を募集して会社を設立する方法 |

次の文章は、会社法上の公開会社における発起人および取締役の責任について述べたものである。この文章中の下線部ア～エの記述のうち、その内容が適切なものの組み合わせを①～⑥の中から1つだけ選びなさい。

設立中の会社の執行機関である発起人および成立後の株式会社の業務を執行する取締役は、その職責に鑑み、様々な責任を課されている。

発起人は、設立中の会社の執行機関として任務を遂行するにあたり、善管注意義務を負っており、この任務を怠って会社に損害を与えた場合、発起人は会社に対し連帯して責任を負わなければならない。ア) 任務懈怠を理由とする発起人の会社に対する責任は、会社の設立という公的な側面にかかわるものであるから、株式会社の設立後、総株主の同意があったとしても免除されない。

株主が会社債務について直接責任を負わない株式会社においては、全社財産を維持するための資本充実責任が重要であり、イ) 発起人のうち出資を履行しない者がいる場合、会社法上、他の発起人は、連帯してその出資を履行しなければならない。

株式会社設立後の業務執行機関である取締役も、善管注意義務を負っており、その任務を怠り会社に損害を与えた場合には、会社に対し損害賠償責任を負う。ウ) 任務懈怠を理由とする取締役の会社に対する損害賠償責任は、会社の実質的な所有者である株主全員の同意があればすべて免除される。

また、取締役は、会社の機密を知り得る立場にあるため、競業避止義務を課され、利益相反取引が制限される。取締役会設置会社の取締役が競業取引を行ったり、利益相反取引を行う場合には、取締役会への報告義務を課され、その承認を得なければならない。エ) 取締役が、取締役会において、競業取引や利益相反取引について重要な事実を開示し、承認を得たとしても、その承認を得た取引によって会社に損害が生じれば、当該取引をした取締役は、その損害を賠償する責任を負い、責任を免れるためには、別途責任免除のための手続を経る必要がある。

① アイ　　② アウ　　③ アエ　　④ イウ　　⑤ イエ　　⑥ ウエ

　　　　　　　　（公式テキストP.327〜P.329、P.342〜P.344）

［正　解］⑥
［解　説］

アは適切でない。**任務懈怠を理由とする発起人の会社に対する責任については、総株主の同意があれば免責される**（会社法55条・53条1項）。

イは適切でない。**発起人が出資を履行しない場合、その者が株主になることができないだけであって**（会社法36条参照）、他の発起人が連帯してその出資を履行しなければならないということはない。

ウは適切である。**任務懈怠を理由として取締役が会社に対して負う損害賠償責任は、会社の実質的な所有者である株主全員の同意があれば免責される**（会社法424条・423条1項）。

エは適切である。競業取引や利益相反取引について、取締役会において当該取締役が重要な事実を開示し承認を得たとしても、それによって取締役の責任が免除されるわけではない。責任を免れるためには、別途責任免除の手続を経る必要がある（会社法424条・423条）。

第13章　株式会社の組織と運営

**株式および株主の権利に関する次の①〜④の記述のうち、その内容が適切なものを2つ選びなさい。**

① 株主に認められる権利のうち、剰余金の配当を受ける権利および残余財産の分配を受ける権利については、定款の定めによっても、株主からそれらの権利の全部を奪うことはできない。

② 責任追及等の訴えの提起を請求する権利は、総株主の議決権の一定割合または一定数の議決権を有する株主だけが行使できる権利である。

③ 公開会社でない株式会社においては、定款の定めによって、株主の持株数にかかわらず、株主1人につき1議決権とすることや株主全員の配当を同額にすることができる。

④ 公開会社だけでなく公開会社でない株式会社においても、議決権制限株式の数が発行済株式総数の2分の1を超えた場合には、直ちにこれを2分の1以下にするための必要な措置をとらなければならない。

**第3問**　　　　　　　　（公式テキストP.329〜P.330、P.334〜P.337）

[正　解]　①、③

[解　説]

①は適切である。**剰余金の配当を受ける権利および残余財産の分配を受ける権利は、株主の本質的な権利であり、定款の定めによっても、株主からそれらの権利の全部を奪うことはできない**（会社法105条2項）。

②は適切でない。責任追及等の訴え（株主代表訴訟）の提起を請求する権利は、単独でも行使し得る**単独株主権**である（会社法847条）。

③は適切である。株主平等原則は、その有する株式の内容および株式数に応じて平等に取り扱わなければならないとする原則であるが、**公開会社でない株式会社については、定款の定めにより、株主の基本的権利について株主ごとに異なる取扱いをすることができるという例外が認められている**（会社法109条2項）。これにより、1人1議決権や株主全員同額配当等を定めることも可能である。

④は適切でない。**公開会社においては、議決権制限株式の数が発行済株式総数の2分の1を超えた場合には、直ちにこれを2分の1以下にするための必要な措置をとらなければならないが**（会社法115条）、非公開会社にはそのような定めはない。

**自己株式に関する次の①～④の記述のうち、その内容が最も適切なものを1つだけ選びなさい。**

① 自己株式の取得は、実質的に出資の払戻しであり、資本維持の原則に反するため、会社法上、株式会社は、取得の理由の如何にかかわらず、一定の期間内に自己株式を処分しなければならない。

② 自己株式を有する株式会社は、株式の消却や、自己株式を引き受ける者を募集することにより、自己株式を処分することができる。

③ 株式会社が特定の株主から自己株式を取得することは、取得の対価等の条件によっては株主平等原則に反することになるため、会社法上、禁止されている。

④ 株式会社が無償で自己株式を取得することは、株価に影響を与えるおそれがあるため、会社法上、禁止されている。

[正 解] ②

[解 説]

①は適切でない。会社は取得した自己株式を処分する義務はなく、そのまま保有することができる。いわゆる**金庫株**である。

②は最も適切である。自己株式については、本肢の通り、取締役の決定（取締役会設置会社においては取締役会の決議）で、株式の消却を行うか(会社法178条)、募集株式の発行により（会社法199条参照）処分することができる。

③は適切でない。株式会社が特定の株主から自己株式を取得することは、取得の対価等の条件によっては株主平等原則に反する危険性があるが、禁止されているわけではなく、**厳格な手続のもとに取得することは可能である**（会社法160条以下参照）。

④は適切でない。自己株式を無償で取得することは、**禁止されているわけではない**（会社法155条13号）。

取締役会設置会社であるA株式会社における株主総会に関する次のア～エの記述の
うち、その内容が適切なものを○、適切でないものを×とした場合の組み合わせを
①～⑥の中から1つだけ選びなさい。

ア．A社の株主総会は、会社法に規定する事項および定款で定めた事項に限り、
　　決議をすることができる。

イ．A社は、株主総会を開催する場合において、書面または電磁的方法による議
　　決権行使を認めることとしたときは、株主総会の招集通知を会日の2週間前ま
　　でに発しなければならず、この期間を短縮することはできない。

ウ．A社の取締役Bが、株主総会の目的である事項について提案をした場合にお
　　いて、当該提案につきA社の株主の全員が書面または電磁的記録により同意の
　　意思表示をしたときは、当該提案を可決する旨の株主総会の決議があったもの
　　とみなされる。

エ．A社において株主総会を開催する場合における普通決議は、議決権を行使す
　　ることができる株主の議決権の過半数を有する株主が出席しなければ行うこと
　　ができず、A社は、定款の定めによっても、この過半数という要件を変更する
　　ことはできない。

| ① | アー○ | イー○ | ウー○ | エー○ |
| ② | アー○ | イー○ | ウー○ | エー× |
| ③ | アー○ | イー× | ウー○ | エー○ |
| ④ | アー× | イー○ | ウー× | エー× |
| ⑤ | アー× | イー× | ウー× | エー○ |
| ⑥ | アー× | イー× | ウー× | エー× |

**第5問**

［正　解］②

［解　説］

アは適切である。株主総会の決議事項は取締役会設置会社とそうでない会社とで異なり、本肢では取締役会設置会社の株主総会決議事項が問われている点に注意を要する。経営の専門家である**取締役会を設置した会社では株主総会の決議事項は制限され、会社法に規定する事項および定款で定めた事項に限り、決議をすることができる**（会社法295条2項）。

イは適切である。株主総会の招集手続は、一定の範囲内で簡素化することが可能であるが、書面または電磁的方法による議決権行使を認めることとしたときは、株主に十分な検討をする余裕を与える必要があり、株主総会の招集通知を会日の2週間前までに発しなければならず、この期間を短縮することはできない（会社法299条1項）。

ウは適切である。会社法319条は、株主総会の開催自体の省略手続を認めており、同条は、**取締役または株主が、株主総会の目的である事項について提案をした場合において、当該提案につき株主の全員が書面または電磁的記録により同意の意思表示をしたときは、当該提案を可決する旨の株主総会の決議があったものとみなす**としている。これにより、株主総会の開催自体を省略することも可能である。

エは適切でない。会社法309条は、株主総会の決議について、議決権を行使することができる株主の議決権の過半数を有する株主が出席することを要求し、定足数を設けているが、**定足数は定款により変更することが可能である**。現実にも、非常に多くの株主が存在する大会社などでは、定足数要件を充たすことが困難なため、定足数を排除する旨を定款で定めていることも珍しくない。本肢は、定款の定めによっても、過半数という定足数要件を変更することはできないとしており、この点において適切ではない。

第13章 株式会社の組織と運営

A・B・Cは公開会社であるX株式会社の株主であり、Aは発行済株式総数の40％、B・Cはそれぞれ発行済株式総数の30％を、1年前から引き続き有している。この場合のX社株主総会（A・B・Cとも出席）に関する次の①～④の記述のうち、その内容が最も適切でないものを1つだけ選びなさい。

① BとCが取締役3人を選任する議案について意を通じても、定款に別段の定めがない限り、Aは累積投票制度により、少なくとも1人は自らの意向に沿う者を取締役とすることができる。

② 累積投票制度によって選任されたある取締役を解任する議案において、BとCが賛成したとしても、Aが反対すれば当該取締役を解任することはできない。

③ Aは単独で株主総会に議題または議案を提出することができる。

④ 第三者割当てにより募集株式を発行する場合には、時価で発行するか否かにかかわらず株主総会の特別決議が必要であるため、Aが反対すれば募集株式を発行することはできない。

**第6問**　　　　　　　　　（公式テキストP.337〜P.341、P.364〜P.365）

[正　解] ④

[解　説]

①は適切である。取締役の選任については、**累積投票制度**が認められている（会
社法342条）。すなわち、**定款に別段の定めがない限り、株主に取締役候補の数
と同数の議決権を認め、例えばそのすべての議決権を1人に対して投票するこ
とができる**。したがって、Aは、3人分の議決権のすべてを1人に投票するこ
とによってAの意向に沿った取締役を選任することができる。

②は適切である。**累積投票制度によって選任された取締役の解任のためには、出
席株主の議決権の3分の2以上の賛成が必要である**ので（通常の取締役の解任
は過半数でよい）（会社法309条2項7号）、BとCが賛成をしてもAが反対をす
れば3分の2以上の賛成を得ることはできない。

③は適切である。公開会社における株主の**議題提案権**は、6か月前より引き続き
総株主の議決権の100分の1以上または300個以上の議決権を有していれば行使
可能な権利であり（会社法303条）、**議案提案権**は単独株主権であるから、Aは、
単独で議題または議案を提案することができる（会社法304条）。

④は最も適切でない。公開会社における募集株式の発行は取締役会の決議事項で
あり（会社法201条）、原則として株主総会の決議は不要である。もっとも、**株
主割当て以外の募集株式の発行であって特に有利な価額で発行する場合には、
株主総会の特別決議が必要である**（会社法309条2項5号・199条2項）。した
がって、時価で発行するか否かにかかわらず特別決議が必要であるとする本肢
は、適切ではない。

**A株式会社の株主Bは、その保有する株式の半分を第三者Cに譲渡しようと考えている。この場合に関する次のア～エの記述のうち、その内容が適切なものを○、適切でないものを×としたときの組み合わせを①～⑧の中から1つだけ選びなさい。**

ア．A社が公開会社である場合、BからCへの株式の譲渡は原則として自由に行うことができる。この場合、株式譲渡の意思表示とともに株券発行会社については株券の交付を行うことが必要である。

イ．株式譲渡制限規定は原始定款で定めておかなければならないので、A社の原始定款で株式の譲渡制限について定めていない場合には、後から株式譲渡制限規定を加えても株式の譲渡制限を行うことはできない。

ウ．A社の定款に株式譲渡制限規定がある場合、BはA社に対してCに対する譲渡を承認するよう求めることができる。

エ．A社の定款に株式譲渡制限規定がある場合、A社がBのCに対する株式譲渡を認めない場合には、Bは、A社に対して他に譲渡の相手方を指定することを求めることができる。

① アー○　　イー○　　ウー○　　エー○
② アー○　　イー○　　ウー○　　エー×
③ アー○　　イー×　　ウー○　　エー○
④ アー○　　イー×　　ウー×　　エー○
⑤ アー×　　イー○　　ウー○　　エー×
⑥ アー×　　イー○　　ウー×　　エー×
⑦ アー×　　イー×　　ウー×　　エー○
⑧ アー×　　イー×　　ウー×　　エー×

（公式テキストP.332〜P.333）

[正　解]　③

[解　説]

アは適切である。定款に株式譲渡制限規定がない場合、株主は、原則として自由に株式を譲渡することができる。この場合、**株式の譲渡は、原則として譲渡の意思表示とともに株券発行会社については株券の交付によってなされる**（会社法128条）。ただし、株券発行会社でない会社の株式の譲渡においては、株券の交付は不要である。

イは適切でない。**株式譲渡制限規定は、原始定款に定めておく場合のほか、会社設立後に定款を変更して定めることもできる。**すなわち、原始定款に譲渡制限規定がなかったとしても、**株主総会の特殊決議**、つまり当該株主総会で議決権を行使することができる株主の半数以上でかつ当該株主の議決権の3分の2以上の賛成によって定款変更を行い、譲渡制限規定を設けることができる（会社法107条2項・309条3項等）。

ウは適切である。定款に株式譲渡制限規定がある場合、株主が株式を第三者に譲渡するためには、当該株式会社の承認を得る必要がある。**株主は、当該株式会社に対してその譲渡を承認するよう求めることができる。**したがって、BはA社に対してCに対する譲渡を承認するよう求めることができる。

エは適切である。定款に株式譲渡制限規定がある場合、株主が会社に対して承認を求めたにもかかわらず、その譲渡を承認しない場合には、当初想定していた相手に株式を譲渡することはできないが、その代わり、**会社は譲渡の相手方を指定することができる。**したがって、譲渡等承認請求者は会社にその旨を請求することができる。

**会社が株主の権利の行使に関して利益を供与した場合に関する次のア～エの記述の うち、その内容が適切なものの組み合わせを①～⑥の中から1つだけ選びなさい。**

ア．利益供与をした場合の会社側の処罰対象は、会社法上、取締役、監査役など の役員に限られ、会社の使用人は含まれない。

イ．株主の権利の行使に関して利益の供与を受けた場合だけでなく、利益の供与 を要求した場合も処罰の対象とされる。

ウ．株主の権利の行使に関して利益を供与しても、会社がそれに対する対価を受 領する場合には、利益供与に該当することはない。

エ．利益供与を行った取締役は、供与した利益の価額について会社に弁済する義 務を負う。

① アイ　　② アウ　　③ アエ　　④ イウ　　⑤ イエ　　⑥ ウエ

**第8問** (公式テキストP.314、P.340〜P.341)

[正　解] ⑤

[解　説]

アは適切でない。会社法上の利益供与罪の処罰対象として、会社側では取締役、監査役等の役員のほか、**支配人等の使用人も含まれている**（会社法970条）。

イは適切である。利益供与を要求した段階で処罰することは可能である（会社法970条3項）。

ウは適切でない。仮に利益供与が対価の授受を伴うものであっても、そうした取引の機会を与えること自体を利益と捉えることもできるので、**対価の授受があることのみをもって利益供与に該当しないとすることはできない。**

エは適切である。利益供与の禁止に違反して利益を供与した場合には、取締役は供与した利益の価額につき会社に対して支払う義務を負う（会社法120条）。

**■ポイント**

| 犯罪 | 要件 |
|---|---|
| 利益供与罪<br>（会社法970条1項） | ①取締役・会計参与・監査役・執行役、支配人（会社法960条1項3号〜6号）その他の使用人が<br>②株主の権利の行使に関し<br>③当該株式会社またはその子会社の計算において<br>④財産上の利益を供与すること |
| 利益供与要求罪<br>（会社法970条3項） | ①株主の権利の行使に関し<br>②財産上の利益を<br>③自己または第三者に供与することを要求すること |

A社は、衣料品の販売を主たる事業とする株式会社であり、Bはその取締役である。
この場合に関する次のア〜エの記述のうち、その内容が適切なものの個数を①〜⑤
の中から1つだけ選びなさい。なお、A社は取締役会設置会社であるものとする。

ア．Bは、A社の取締役に在任したまま、個人事業主として衣料品の販売業を開
　始しようと考え、A社の取締役会において、当該衣料品の販売業につき重要な
　事実を開示してその承認を受けた。この場合、Bは、当該衣料品の販売業を開
　始した後に、当該衣料品の販売業につき重要な事実をA社の取締役会に報告し
　なければならない。

イ．A社は、その定款において、会社の目的として、衣料品の販売のほかに食品
　の販売も記載しているが、実際には食品の販売を行っておらず、今後も行う予
　定はない。この場合において、Bは、A社の取締役に在任したまま、個人事業
　主として食品の販売業を開始しようとするときは、A社の取締役会において当
　該食品の販売業につき重要な事実を開示してその承認を受ける必要はない。

ウ．Bが、自己のために、第三者Cから金銭を借り入れるにあたり、Bの借入金
　債務を主たる債務としてA社がCとの間で連帯保証契約を締結する場合、Bは、
　A社の取締役会において、当該連帯保証契約につき重要な事実を開示してその
　承認を受けなければならない。

エ．Bは、A社の取締役会において承認を受けることなく、自己のために、自己
　の所有する土地をA社に売却した。この場合、A社は、Bとの間の土地の売買
　契約の無効を主張することができる。

①　0個　　②　1個　　③　2個　　④　3個　　⑤　4個

（公式テキストP.342～P.343）

[正　解] ⑤

[解　説]

アは適切である。**取締役会で事前に承認を受けたからといって、その後の報告義務まで免除されるものではない**（会社法365条2項）。本肢において、Bは、衣料品の販売業を開始した後に、当該衣料品の販売業につき重要な事実をA社の取締役会に報告しなければならない。

イは適切である。取締役が競業避止義務を負う競業取引とは、会社が実際に行う事業と競合し、利益の衝突を来すおそれのある取引を広く含むと解されているが、**たとえ会社の定款に記載されていたとしても、会社が行う準備をまったくしていない事業などは競業取引には当たらない**。したがって、本肢の記述の通り、Bは、A社の取締役会において当該食品の販売業につき重要な事実を開示してその承認を受ける必要はない。

ウは適切である。本肢の事例は利益相反取引に該当するので、本肢の記述の通り、**Bは、A社の取締役会において、当該連帯保証契約につき重要な事実を開示してその承認を受けなければならない**（会社法356条1項3号・365条）。

エは適切である。本肢の事例は利益相反取引に該当する。しかし、Bは、A社の取締役会において承認を受けることなく当該行為に及んでいる。したがって、**A社は、Bとの間の土地の売買契約の無効を主張することができる**。なお、利益相反取引をした取締役、株式会社が当該取引をすることを決定した取締役、および当該取引に関する取締役会の承認決議に賛成した取締役は任務を怠ったものと推定され、会社に対し損害賠償責任を負う（会社法423条1項3項）。

第13章 株式会社の組織と運営

不動産業を営む甲株式会社は、X市が遊休土地の売却を行うとの情報を得たため、この一部を買い受けて宅地として分譲する旨の事業計画を検討している。甲社は取締役会設置会社であり、その取締役A、BおよびCのうちAが代表取締役に選定されており、監査役としてDが選任されている。この場合に関する次のア〜エの記述のうち、その内容が適切なものの組み合わせを①〜⑥の中から1つだけ選びなさい。

ア．甲社は、本件事業計画に必要な資金を調達するため、乙銀行からの借入れを検討している。この場合、当該借入れは、その金額の多寡にかかわらず、甲社の取締役会で決議すべき事項には当たらない。

イ．甲社は、取締役会において本件事業計画の実施を決定するにあたり、取締役会の招集通知をA、B、CおよびDに発しなくても、A、B、CおよびDの全員の同意があるときは、招集の手続を経ることなく、取締役会を開催することができる。

ウ．Dは、原則として、本件事業計画に関する取締役会に出席し、必要があると認めるときは、意見を述べなければならない。

エ．甲社では、取締役会を開催することなく、Aが本件事業計画について提案をして、当該提案につきBおよびCが書面により同意の意思表示をした。この場合、会社法上、甲社では、いわゆる持ち回り決議を認める旨の定款の定めの有無にかかわらず、当該提案を可決する旨の取締役会の決議があったものとみなされる。

① アイ　　② アウ　　③ アエ　　④ イウ　　⑤ イエ　　⑥ ウエ

**第10問**　　　　　　　　　（公式テキストP.345〜P.346、P.349〜P.351）

[正　解]　④

[解　説]

アは適切でない。**多額の借財は、取締役会の決議事項である**（会社法362条4項2号）。本肢では、乙銀行からの借入れについて、その金額の多寡にかかわらず、甲社の取締役会で決議すべき事項には当たらないとしているが適切ではない。

イは適切である。取締役会は、機動的な開催が要請されるものであり、**全員の同意があるのであれば、招集手続を省略することができる**（会社法368条2項）。本肢では、A、B、C、Dの全員の同意があるので、招集の手続を経ることなく、取締役会を開催することができる。

ウは適切である。**監査役には、取締役会の出席および意見陳述義務がある**（会社法383条）。監査役であるDは、原則として、取締役会に出席し、必要があると認めるときは、意見を述べなければならない。

エは適切でない。取締役会では、経営の専門家たる取締役が、議論を尽くして意思決定をすることが求められており、**いわゆる持ち回り決議が認められるのは、定款で定めがある場合に限られる**（会社法370条）。本肢では、持ち回り決議を認める旨の定款の定めの有無にかかわらず、当該提案を可決する旨の取締役会の決議があったものとみなされるとしており、適切ではない。

**A株式会社では、代表取締役を選定しようとしている。この場合に関する次の①〜④の記述のうち、その内容が最も適切でないものを1つだけ選びなさい。**

① A社が取締役会設置会社である場合、A社は、取締役会決議により、取締役の中から代表取締役を選定しなければならない。

② A社の取締役Bが代表取締役に選定された場合、Bは、任期の満了、辞任、株主総会決議による解任などにより取締役の資格を喪失したときは、代表取締役の地位も喪失する。

③ A社は、代表取締役ではない取締役Cに副社長の肩書きの使用を認めており、Cは、A社の代表者と称してD社との間で商品の売買契約を締結した。この場合、Cの代表権の有無は商業登記により確認できる事項であるため、A社は、Cが代表権を有すると誤信したD社に対し、当該売買契約に基づく責任を負うことはない。

④ A社では、社内規程で、代表取締役全員が共同してしなければ会社を代表することができない旨を定めている。A社の取締役であるEおよびFが代表取締役に選定された場合において、Eが、当該社内規程について善意のG社との間で、単独で商品の売買契約を締結した。この場合、A社は、代表取締役の代表権の制限をG社に対抗することができない。

## 第11問

[正　解]　③

[解　説]

①は適切である。**取締役会設置会社においては、取締役会決議により、取締役の中から代表取締役を選定しなければならない**（会社法362条3項）。

②は適切である。**代表取締役の地位は取締役の地位を前提としている**ため（会社法349条3項参照）、取締役の任期の満了、辞任、株主総会決議による辞任などにより取締役の資格を喪失した場合には、代表取締役の地位も当然に喪失する。

③は最も適切でない。株式会社は、**代表取締役以外の取締役に社長、副社長その他株式会社を代表する権限を有するものと認められる名称を付した場合には、当該取締役がした行為について、善意の第三者に対してその責任を負う**（会社法354条）。これは表見代表取締役といわれる制度である。社長、副社長といった名称は、あくまでも会社内部における名称にすぎず、法律上の地位を表すものではないが、一般的に見れば、こうした名称を付された取締役は代表権がある取締役と捉えられやすいため、実際に代表権がないがこうした名称を付された取締役と取引をした第三者を保護する制度である。

④は適切である。代表取締役は、株式会社の業務に関する一切の裁判上または裁判外の行為をする権限を有し（会社法349条4項）、**その権限に制限を加えても、善意の第三者に対抗することができない**（会社法349条5項）。代表取締役全員が共同してしなければ会社を代表することができないとする社内規程は、代表取締役が各自会社を代表するという権限を制限するものであるから、善意のG社に対してこの制限を対抗することはできない。

**X株式会社には、代表取締役社長であるAのほか、複数の取締役がいるが、このうちB取締役には「副社長」という肩書が付与されている。この場合に関する次のア〜エの記述のうち、その内容が適切なものを○、適切でないものを×としたときの組み合わせを①〜⑧の中から1つだけ選びなさい。**

ア．Bは、当然にX社の代表権を有しているとは限らない。

イ．Bが代表権を有している場合には、当然にAとBは共同してのみX社を代表することができる。

ウ．Bが代表権を有している場合、その代表権の範囲を取締役会決議で制限したとしても、その制限は善意の第三者に対しては対抗することができない。

エ．Bに代表権がない場合には、BがX社の代表者と称して行った行為の効果が直接X社に及ぶことはない。

① アー○　　イー○　　ウー○　　エー○
② アー○　　イー○　　ウー○　　エー×
③ アー○　　イー○　　ウー×　　エー×
④ アー○　　イー×　　ウー○　　エー×
⑤ アー×　　イー○　　ウー×　　エー○
⑥ アー×　　イー×　　ウー○　　エー○
⑦ アー×　　イー×　　ウー×　　エー○
⑧ アー×　　イー×　　ウー×　　エー×

　　　　　　　　　（公式テキストP.346〜P.348）

[正　解] ④

[解　説]

　代表取締役は、取締役会設置会社では取締役の中から取締役会で選定する（会社法362条3項）。それ以外の会社では、定款、定款の定めに基づく取締役の互選または株主総会の決議によって定めることができる（会社法349条3項）。

ア は適切である。取締役が会社の代表権を有しているかどうかは、肩書きで決まるわけではない。**すなわち代表取締役その他会社を代表する者を定めていれば、その者が、そうでなければ取締役各自が代表権を持つ**（会社法349条1項）。代表権のない取締役に社長または副社長という肩書を与えても、その取締役は会社を代表する権限を持つようになるわけではない。

イ は適切でない。複数の代表取締役が選定されている場合、原則として**各自が単独**で会社を代表する（会社法349条）。

ウ は適切である。代表取締役の代表権を取締役会で制限することは可能であるが、その制限は、**善意の第三者に対しては対抗できない**とされている（会社法349条5項）。

エ は適切でない。Bに代表権がない場合であっても、Bは「副社長」という肩書きを有していることから、表見代表取締役（会社法354条）と認められる場合がある。**取引の相手方がその取締役に代表権があると信じて取引をした場合には、当該取締役が行った行為の効力が直接会社に及ぶことがある。**

**株式会社の監査役および会計監査人に関する次の文章中の下線部①～④の記述のうち、その内容が適切なものを2つ選びなさい。**

監査役と会計監査人は、ともに株式会社に関する監査をその職責とするが、両者には次のような差異がある。

①会社法上、監査役は、会社の役員であり、取締役および会計参与の職務執行等、会社の業務全般について監査することをその職責とするが、会計監査人は、会社の役員ではなく、その職責は、会社の計算書類およびその附属明細書等の監査をすることである。

監査役の監査権限は、経営の当不当については及ばないとされており、また、②一定の要件を充たす会社においては、監査役の監査の範囲を会計監査に限定することが認められる。

監査役と会計監査人は、その職務が専門的であることから、③取締役については就任にあたって特定の資格を有していることがその要件とはされていないのに対し、監査役と会計監査人は、公認会計士の資格を有する者に限り就任することができる。

会計監査人は、会社の外部の機関であり、会社から独立して職務を行っていることから、④会計監査人は、株主からの責任追及等の訴えにより会社に対する責任を追及されることはない。

　　　　　　　　　　　（公式テキストP.349〜P.351、P.352）

[正　解] ①、②

[解　説]

①は適切である。本肢の通り、監査役は、取締役および会計参与の職務執行等、会社の業務全般について監査することをその職責としているが（会社法381条参照）、会計監査人は、会社の計算書類およびその附属明細書等の監査をすることをその職責としている（会社法396条1項参照）。

②は適切である。**公開会社でない株式会社（監査役会設置会社および会計監査人設置会社を除く）においては、監査役の監査の範囲を会計監査に限定することができる**（会社法389条）。

③は適切でない。本肢では、監査役は、公認会計士の資格を有する者に限り就任することができるとしているが、そのような制限はない（会社法335条1項）。

④は適切でない。**会計監査人は、株式会社の役員ではないが**、選任・解任（会社法329条・339条）、会社との関係（会社法330条）、報酬の決定（会社法399条）、責任追及等の訴え（株主代表訴訟、会社法847条）、登記（会社法911条）等において、株式会社の役員に準じた扱いを受ける。

**株式会社の機関に関する次のア～エの記述のうち、その内容が適切なものの組み合わせを①～⑥の中から1つだけ選びなさい。**

ア．代表取締役が選定されている取締役会設置会社においては、重要な業務執行の決定を代表取締役に委任することはできず、取締役会が自らこれを決定しなければならないが、重要な財産の処分および譲受けは重要な業務執行に当たらず、代表取締役にその決定を委任することができる。

イ．会計参与は、いつでも、会計帳簿等の閲覧および謄写をし、または執行役および取締役ならびに支配人その他の使用人に対して会計に関する報告を求めることができる。

ウ．公開会社の監査役は、取締役が当該会社の目的の範囲外の行為その他法令もしくは定款に違反する行為をしている場合において、その行為によって当該会社に著しい損害が生ずるおそれがあるときは、当該取締役に対し、その行為をやめることを請求することができる。

エ．会計監査人は、株式会社の計算書類およびその附属明細書等の監査を行う機関であるが、株主からの責任追及等の訴えにより会社に対する責任を追及されることはない。

① アイ　　② アウ　　③ アエ　　④ イウ　　⑤ イエ　　⑥ ウエ

## 第14問　　　　　　　　　　　　　（公式テキストP.342〜P.352）

[正　解] ④

[解　説]

アは適切でない。**重要な財産の処分および譲受け**は、取締役会が決定すべき重要な業務執行である（会社法362条4項1号）。代表取締役が選定されている取締役会設置会社において、重要な財産の処分および譲受けの決定を代表取締役に委任することはできず、取締役会が自らこれを決定しなければならない。

イは適切である。会計参与は、取締役と共同して、会社の計算書類等を作成することをその職務とする、会社の役員である（会社法374条1項）。そこで、会計参与には、会計帳簿等の閲覧・謄写権があり（会社法374条2項前段）、また、会計参与は、執行役、取締役、支配人、その他の使用人に対して会計に関する報告を求めることができる権限を有する（会社法374条2項後段）。

ウは適切である。公開会社の監査役には、取締役の行為に対する差止請求権が認められる。すなわち、**取締役が違法行為によって当該会社に著しい損害が生ずるおそれがあると認められるときは、公開会社の監査役には、当該取締役に対し、その行為をやめることを請求することができる**（会社法385条）。

エは適切でない。会計監査人は、会社の役員には当たらないが、選任・解任・会社との関係など、役員に準じた扱いを受け、株主からの責任追及等の訴え（株主代表訴訟）についても、その対象になり得る（会社法847条）。

**取締役会設置会社であるA株式会社は、分配可能額を超えて、同社の株主に剰余金の配当を行った。この場合に関する次のア〜エの記述のうち、その内容が適切なものを○、適切でないものを×としたときの組み合わせを①〜⑥の中から1つだけ選びなさい。**

ア．A社は配当を受け取った株主に対してその返還を請求することができる。

イ．A社の取締役は、取締役会において剰余金を配当する旨の議案を提案する等、当該配当に関与したか否かを問わず、A社に対して違法配当額を弁済する責任を負う。

ウ．剰余金の配当を受け取ったA社の株主が、違法配当額を弁済した取締役から求償されることはあり得ない。

エ．違法配当は会社の存続自体を危うくするおそれがあるので、たとえ総株主の同意があっても、当該配当について取締役が負う責任をその一部でも免除することはできない。

① アー○　　イー○　　ウー○　　エー○
② アー○　　イー○　　ウー○　　エー×
③ アー○　　イー×　　ウー×　　エー×
④ アー×　　イー○　　ウー○　　エー○
⑤ アー×　　イー×　　ウー×　　エー○
⑥ アー×　　イー×　　ウー×　　エー×

## 第15問 （公式テキストP.359〜P.360、3級公式テキストP.246）

[正　解] ③

[解　説]

アは適切である。分配可能額を超えて剰余金の配当が行われた場合、会社は、配当を受領した株主に対し、違法配当額の返還請求をすることができる（会社法462条）。

イは適切でない。**違法配当に関する責任は、当該違法配当議案を株主総会・取締役会に提案した取締役等が負い、当該配当に関与していない取締役は責任を負わない**（会社法462条1項6号）。

ウは適切でない。違法配当につき悪意の株主は本肢の求償権を行使される（会社法463条1項）。

エは適切でない。違法配当に関する取締役の責任は、**総株主の同意があれば、行為時における分配可能額を限度として免除することができる**（会社法462条3項）。

---

## ■ポイント

### （違法配当が行われた場合の責任）

| 責任主体 | 責任の内容 | 責任の性質 | 免責等 |
|---|---|---|---|
| 株主 (注1) | 会社に対して、連帯して、会社が交付した金銭等の帳簿価額に相当する金銭を支払う義務を負う。 | | 善意の株主は業務執行者等からの求償請求に応じる義務を負わない。 |
| 業務執行者（取締役・執行役等）(注2) | | 過失責任 職務を行うについて注意を怠らなかったことを証明したときは義務を負わない。 | 総株主の同意があれば支払義務を免除することができる。ただし、行為時における分配可能額を限度とする。 |
| 議案提案取締役 (注3) | | | |

（注1）違法配当により金銭等の交付を受けた株主
（注2）違法配当の行為に関する職務を行った業務執行者
（注3）株主総会・取締役会において違法配当に関する議案を提案した取締役等

**株式会社の計算に関する次のア～エの記述のうち、その内容が適切なものの組み合わせを①～⑥の中から1つだけ選びなさい。**

ア．株式会社は、事業年度ごとに計算書類を作成しなければならない。

イ．株式会社の計算書類は、原則として取締役会の承認を受ければ足り、株主総会の承認を受ける必要はないが、会計監査人設置会社の場合には、取締役会の承認に加えて株主総会の承認も受けなければならない。

ウ．株式会社は、会社法上、計算書類等の一定の情報を開示すべき義務を負うが、金融商品取引法においても会社法とは別に開示義務が定められている。

エ．株式会社の情報開示はあくまで個別企業ごとの開示であり、法律上、親子会社等の企業集団としての財務情報の開示義務を定めた規定はない。

① アイ　　② アウ　　③ アエ　　④ イウ　　⑤ イエ　　⑥ ウエ

[正　解] ②
[解　説]

アは適切である。会社法は、事業上の財産および損益の状況を明らかにするため、株式会社に対して会計帳簿の作成を求めている（会社法432条1項）。特に**株式会社については、事業年度ごとに計算書類を作成しなければならない**（会社法435条）。ここでいう計算書類とは、①貸借対照表、②損益計算書、および③法務省令で定めるもの(株主資本等変動計算書および個別注記表がこれに当たる)である。

イは適切でない。計算書類は、原則として、定時株主総会に提出してその承認を得なければならない。ただし、会計監査人設置会社については、監査役等の監査を受ける（会社法436条）ことによって、**計算書類の内容を株主総会に報告すれば足りる**（会社法439条）。

ウは適切である。会社法は、会社に対し、株主や債権者に対して一定の情報を開示することを要求している。また、金融商品取引法は、金融商品取引における投資者保護の観点から投資者への十分な情報開示を求めている。

エは適切でない。資本関係につながりのある企業集団は、経済的には一体のものと見られるので、企業情報の開示も個別企業ごとではなく企業集団を連結したものでなければ意味がない。そこで、**金融商品取引法は、一定の企業集団については、個別企業ごとの情報とともに連結財務諸表をもって企業集団全体の財務情報を開示することとしている。会社法にも連結計算書類の作成について定めた規定がある**（会社法444条）。

**【第17問】**

パソコンメーカー甲株式会社は、これまで重要戦略部門であった液晶事業部門を乙株式会社に事業譲渡し、PC事業部門に経営資源を集中させる計画を立案した。この場合に関する次のア～エの記述のうち、会社法上、その内容が適切なものの個数①～⑤の中から1つだけ選びなさい。
なお、甲社および乙社は取締役会設置会社であるものとする。

ア．本事例における事業譲渡が有効であるためには、原則として甲社の取締役会の決議が必要である。

イ．本事例における事業譲渡が有効であるためには、原則として乙社の取締役会の決議が必要である。

ウ．本事例における事業譲渡が有効であるためには、甲社の株主総会の特別決議を経なければならない場合がある。

エ．本事例における事業譲渡が有効であった場合、甲社の液晶事業部門の従業員の雇用契約は当然に乙社に引き継がれる。

① 0個 ② 1個 ③ 2個 ④ 3個 ⑤ 4個

**第17問**　　　　　　　　　　　　　　（公式テキストP.367〜P.369）

[正　解] ④

[解　説]

アは適切である。**譲渡会社にとっても譲受会社にとっても、事業譲渡は取締役会設置会社の場合は取締役会の決議事項である**から、甲社の取締役会の決議が必要である（会社法362条4項・416条4項18号）。

イは適切である。アで述べた通り、譲渡・譲受会社両方とも取締役会設置会社の場合は取締役会の決議が必要であるから、乙社の取締役会の決議も必要である。

ウは適切である。**譲渡対象が譲渡会社の事業の重要な一部である場合には、譲渡会社においては、原則として、株主総会の特別決議が必要である**（会社法309条2項・467条1項）。したがって、甲社は特別決議を経なければならない可能性がある。

エは適切でない。事業譲渡は組織化された有機的一体としての機能財産を移転させるものであり、従業員と譲渡会社との雇用関係もその対象ではあるが、**譲渡会社と従業員との雇用契約は従業員の承諾がなければ譲受会社に譲渡できない**（民法625条1項）。したがって、当然に雇用関係が引き継がれるとする本肢は、適切ではない。

---

**■ポイント**

**事業譲渡における株主総会の特別決議（簡易な事業譲渡・略式事業譲渡の場合を除く）**（会社法467条1項・309条2項11号）

| 事業の全部を譲渡する場合 | 譲渡会社および譲受会社の双方で特別決議による承認が必要 |
|---|---|
| 事業の重要な一部を譲渡する場合 | 譲渡会社における特別決議による承認が必要 |

**建設業を営むA株式会社は、同業のB株式会社との合併を検討している。この場合に関する次の①〜④の記述のうち、その内容が最も適切なものを1つだけ選びなさい。**

①　A社とB社の吸収合併によりA社が存続会社となる場合、A社がB社の株主に交付する合併の対価は、A社の株式でなければならず、金銭やA社の親会社の株式を合併の対価とすることはできない。

②　A社とB社が新設合併によりC株式会社を設立する場合、A社が取得していた建設業の許可は、当然にC社に承継される。

③　会社法上、A社は、B社との合併に際し締結した合併契約について、A社の取締役会の承認を受ければ、A社の株主総会の承認を受ける必要はない。

④　A社とB社との合併に反対するA社の反対株主Dは、A社に対し、原則として、自己の有するA社の株式を公正な価格で買い取ることを請求することができる。

　　　　　　　　　　　　　　　　（公式テキストP.369～P.371）

[正　解] ④

[解　説]

①は適切でない。合併の対価については、**金銭、存続会社の親会社の株式・持分等**とすることが認められている（会社法749条1項）。

②は適切でない。新設合併がなされた場合、**合併当事会社が取得していた官庁の営業許認可は、原則として、新設会社には承継されず**、同様の営業許可であっても改めて申請しなければならない。

③は適切でない。合併は、会社の組織を変更し、株主の利害に大きく影響することから、合併を行うためには、原則として**株主総会の特別決議**が必要である（吸収合併消滅会社について会社法783条1項、吸収合併存続会社について会社法795条1項、新設合併消滅会社について会社法804条1項。会社法309条2項12号により特別決議となる）。

④は最も適切である。合併に反対する株主は、会社に対し、**自己の有する株式を公正な価格で買い取ることを請求することができる**（吸収合併消滅会社について会社法785条1項、吸収合併存続会社について797条1項、新設合併について806条1項）。

**A株式会社は、自社の甲事業部門について、会社分割を行うことを計画している。この場合に関する次の①〜④の記述のうち、その内容が最も適切でないものを1つだけ選びなさい。**

①　A社が、会社分割により同業他社であるB株式会社に甲事業部門を承継させる場合において、甲事業部門の承継に対しB社がA社に交付する対価の価額の合計額が、B社の純資産額に対し会社法所定の割合を超えないときは、B社では、原則として、株主総会の特別決議による吸収分割契約の承認を受ける必要はない。

②　A社が、C株式会社の発行済株式のすべてを保有する特別支配会社である場合において、会社分割によりC社に甲事業部門を承継させるときは、C社では、原則として、株主総会の特別決議による吸収分割契約の承認を受ける必要はない。

③　A社の株主Dは、A社が会社分割を行う場合において会社分割に反対するときは、会社法所定の手続を経て、自己の所有するA社の株式を買い取ることをA社に請求することができる。

④　A社が会社分割を行う場合、甲事業部門に主として従事する労働者Eは、分割契約等において労働契約を承継する旨の定めがあるか否かを問わず、A社に対して書面で異議を申し出ることができる。

## 第19問　　　　　　　　　　　　　　　　　　（公式テキストP.373〜P.376）

[正　解]　④

[解　説]

①は適切である。会社法は、一定の場合に、その要件を緩和して会社分割をすることができる**簡易な会社分割**の制度を設けており（会社法784条2項・796条2項・805条）、本肢の通り、甲事業部門の承継に対しB社がA社に交付する対価の価額の合計額が、B社の純資産額に対し会社法所定の割合を超えないときは、B社では、原則として、株主総会の特別決議による吸収分割契約の承認を受ける必要はない。

②は適切である。**特別支配会社である場合には略式会社分割の制度が認められている**（会社法784条1項・796条1項）。略式会社分割の制度により、本肢の通り、C社では、原則として、株主総会の特別決議による吸収分割契約の承認を受ける必要はない。

③は適切である。**会社分割に反対する株主を保護するため、株式買取請求権が認められている**。本肢の通り、A社の株主Dは、会社分割に反対するときは、会社法所定の手続を経て、自己の所有するA社の株式を買い取ることをA社に請求することができる。

④は最も適切でない。甲事業部門に主として従事する労働者Eは、分割契約等において労働契約を承継する旨の定めがある場合は、異議を申し出ることはできない（労働契約承継法4条1項参照）。本肢では、承継する旨の定めがあるか否かを問わず、書面で異議を申し出ることができるとしており、適切ではない。

**株式会社の資金調達に関する次のア～エの記述のうち、その内容が適切なものを○、適切でないものを×とした場合の組み合わせを①～⑧の中から1つだけ選びなさい。**

ア．取締役会設置会社は、取締役会の決議によって一事業年度の途中において1回限り中間配当をすることができる旨を、定款で定めることができる。

イ．株式会社における募集株式の発行が法令に違反する場合において、株主が不利益を受けるおそれがあるときは、当該株主は、当該会社に対し、当該募集株式の発行をやめることを請求することができる。

ウ．会社法上の公開会社は、原則として、取締役会決議によって新株予約権を発行することができる。

エ．会社法上、社債を発行することができるのは、株式会社に限られない。

① アー○　イー○　ウー○　エー○
② アー○　イー○　ウー○　エー×
③ アー○　イー○　ウー×　エー×
④ アー○　イー×　ウー×　エー○
⑤ アー×　イー○　ウー○　エー×
⑥ アー×　イー×　ウー○　エー○
⑦ アー×　イー×　ウー×　エー○
⑧ アー×　イー×　ウー×　エー×

**第20問**

［正　解］①

［解　説］

アは適切である。**中間配当は、1事業年度の途中において1回限りである**（会社法454条5項）。

イは適切である。株主には募集株式の発行等差止請求権が認められている（会社法210条）。したがって、本肢の通り、**募集株式の発行が法令に違反する場合において、株主が不利益を受けるおそれがあるときは、当該株主は、会社に対し、当該募集株式の発行をやめることを請求することが可能**である。

ウは適切である。会社法上の公開会社は、原則として、取締役会決議によって新株予約権を発行することができる（会社法238条2項・309条2項6号・240条1項）。

エは適切である。**株式会社以外の持分会社も社債を発行することができる**（会社法676条・2条1号）。

**株式会社の清算に関する次のア～エの記述のうち、その内容が適切なものの組み合わせを①～⑥の中から1つだけ選びなさい。**

ア．清算株式会社は、清算の目的の範囲内において、清算が結了するまでは存続するものとみなされる。

イ．代表清算人は、裁判所の指名により選定され、株主総会や清算人会の決議で選定することはできない。

ウ．株式会社が清算手続を開始しても、取締役は、その地位を失わず、清算人とともに清算株式会社の業務を執行し、清算株式会社を代表する。

エ．清算人は、清算事務が終了したときは、遅滞なく決算報告を作成し、これを株主総会に提出または提供し、その承認を受けなければならない。

① アイ　　② アウ　　③ アエ　　④ イウ　　⑤ イエ　　⑥ ウエ

[正　解] ③

[解　説]

アは適切である。株式会社が清算手続に入っても直ちに法人格が消滅することは
なく、**清算の目的の範囲内において、清算が結了するまでは存続する**ものとみ
なされる（会社法476条）。

イは適切でない。代表清算人は、清算人が複数いる場合に、定款、定款の定めに
基づく清算人の互選、株主総会の決議、裁判所または清算人会の決議により、
清算人の中から選任される（会社法483条・489条）。

ウは適切でない。会社が清算手続に入ると取締役はその地位を失う（会社法482
条・483条参照）。

エは適切である。**清算人は、清算事務が終了したときは、遅滞なく決算報告を作
成し、これを株主総会に提出または提供し、その承認を受けなければならない**
（会社法507条）。

第13章　株式会社の組織と運営

# 企業と従業員の
# 関係

# 第 14 章

**労働組合法に関する次のア～エの記述のうち、その内容が適切なものを○、適切でないものを×とした場合の組み合わせを①～⑧の中から1つだけ選びなさい。**

ア．使用者が労働組合に対し、たとえ最小限の広さとはいえ組合事務所を供与する行為は、労働組合の運営経費に対する経理上の援助であり、不当労働行為となる。

イ．政治活動を主たる行動目的として労働者が自主的に組織する団体は、その活動により間接的に労働者の経済的地位の向上に役立つ可能性があれば、労働組合と認められる。

ウ．労働協約は、3年を超える有効期間の定めをすることはできないので、有効期間を5年とする労働協約は無効である。

エ．1つの事業場に常時使用される同種の労働者の4分の3以上が1つの労働協約の適用を受けるときは、当該事業場に使用される他の同種の労働者も同協約の適用を受ける。

① アー○　イー○　ウー○　エー○
② アー○　イー○　ウー○　エー×
③ アー○　イー○　ウー×　エー×
④ アー○　イー×　ウー○　エー×
⑤ アー×　イー○　ウー×　エー○
⑥ アー×　イー×　ウー○　エー○
⑦ アー×　イー×　ウー×　エー○
⑧ アー×　イー×　ウー×　エー×

**第1問**

[正　解]　⑦

[解　説]

アは適切でない。不当労働行為とは、使用者が労働組合および組合員に対して行ってはならない行為のことである（労働組合法7条）。不当労働行為には、a）正当な組合活動を理由とする不利益取扱いおよび黄犬契約の締結、b）正当な理由がない団体交渉の拒否、c）労働組合の結成・運営に対する支配介入および労働組合の運営経費に対する経理上の援助、d）労働委員会の手続に関与したことを理由とする不利益取扱いがある。労働組合に対する経費援助は上記c）に該当し、原則として許されないが、**最小限の広さの組合事務所の供与は、不当労働行為には当たらないとされている。**

イは適切でない。労働組合とは、労働者が主体となって自主的に労働条件の維持改善その他経済的地位の向上を図ることを主たる目的として組織する団体または連合団体である（労働組合法2条）。**政治活動を主たる行動目的とする団体は、その活動により間接的に労働者の経済的地位の向上に役立つ可能性があっても、労働組合とは認められない。**

ウは適切でない。労働協約とは、労働組合と使用者が労働条件等について結んだ協定である（労働組合法14条）。労働協約は、期間の定めのない協約を除き、3年を超える有効期間の定めをすることはできず、3年を超える期間を定めても有効期間は3年とされる（労働組合法15条）。したがって、**有効期間を5年とする労働協約は、3年の有効期間の定めをしたものとみなされるのであり、協約が無効となるのではない。**

エは適切である。**1つの事業場に常時使用される同種の労働者の4分の3以上が1つの労働協約の適用を受けるときは、当該事業場に使用される他の同種の労働者も同協約の適用を受ける。**これを労働協約の一般的拘束力という（労働組合法17条）。

第14章　企業と従業員の関係

次の①～④の記述のうち、労働組合法上の不当労働行為に当たらないものを1つだけ選びなさい。

① A社では、求人広告に応募してきたBを採用するにあたり、労働組合に加入しないことおよび万一加入した場合には解雇することを採用の条件とし、Bは承諾した。それにもかかわらず、入社後Bが労働組合に加入したため、A社はBを解雇した。

② C社の新たな会社イメージ向上計画の策定にあたり、C社労働組合がその中に労働組合の意見を反映させることを求めて、使用者に団体交渉を要求してきたのに対し、C社は交渉を拒否した。

③ 従来、D社には労働組合が存在しなかったが、このたび同社の従業員Eが中心となって労働組合を結成しようとしている。このことを知ったD社では労働組合が結成されることにより、これまでの使用者側と労働者との円満な関係が破壊されるおそれがあるとして、Eに転勤を命じた。

④ 労働組合の存在しなかったF社では、従業員の経済的地位の向上に配慮して、使用者主導のもとに従業員Gが中心となって労働組合を結成することにした。

**第2問**　　　　　　　　　　　　　　　　（公式テキストP.384〜P.386）

［正　解］②

［解　説］

①は不当労働行為に当たる。**労働組合に加入しないことまたは労働組合から脱退することを雇用条件とすることを黄犬契約という。**黄犬契約は、不当労働行為として禁止されている（労働組合法7条1号）。

②は不当労働行為に当たらない。正当な理由がない団体交渉の拒否は、不当労働行為に当たる（労働組合法7条2号）。しかし、労働組合は労働者の経済的地位の向上を図ることを目的として組織される団体であるから、**経済的地位の向上と直接結びつかない事項について、労働組合から団体交渉の申入れがなされても、使用者は拒否することができ、仮に拒否しても不当労働行為には当たらない。**本肢の会社イメージ向上計画の策定は、直接には労働者の経済的地位の向上と結びつかないので、団体交渉を拒否しても不当労働行為には当たらない。

③は不当労働行為に当たる。**労働組合を結成しようとしたことを理由に転勤等の取扱いをすることは、**不当労働行為に該当する（労働組合法7条1号）。

④は不当労働行為に当たる。労働組合は、労働者が自主的に組織する団体であり、その結成にあたり使用者は介入してはならない（労働組合法7条3号）。これを認めると、労働組合の自主性が損なわれるおそれがあるからである。したがって、**使用者主導で労働組合を結成することは、不当労働行為に該当する。**

## 【第3問】

労働者災害補償保険（労災保険）に関する次のア〜エの記述のうち、その内容が適切なものを○、適切でないものを×とした場合の組み合わせを①〜⑥の中から1つだけ選びなさい。

ア．労災保険の適用のある労働者とは、労働基準法所定の事業に労働者として使用され、労働の対償として賃金を受け取っている者をいうから、アルバイトやパートのように通常の労働者とは雇用形態の異なる者は、原則として労災保険の適用対象とならない。

イ．通勤災害として労災保険による補償を受けるためには、通勤経路・通勤方法が合理的であり、通勤行動を途中で中断しないことが必要であるから、帰宅途中で日用品を購入する場合であっても通常の通勤経路を多少なりとも逸脱すれば、その後、通常の通勤経路に復した後に発生した災害について労災保険が適用されることはない。

ウ．労災保険は、業務遂行中あるいは通勤途中などにおける労働者の負傷、疾病、死亡等に対して必要な保険給付等を行う制度であるから、取締役等のいわゆる法人の役員は原則として労災保険の適用対象とならない。

エ．工場相互間の交流・親睦を深める目的で、毎年、全社員の参加が強制されるスポーツ大会を会社主催で開催しており、これに参加しない労働者は欠勤扱いとされる場合において、参加した労働者が当該スポーツ大会中に負傷したとしても、それは業務上の負傷とはいえないので、労災保険の適用対象となることはない。

① ア−○　　イ−○　　ウ−○　　エ−○
② ア−○　　イ−○　　ウ−×　　エ−○
③ ア−○　　イ−×　　ウ−×　　エ−×
④ ア−×　　イ−○　　ウ−○　　エ−○
⑤ ア−×　　イ−×　　ウ−○　　エ−×
⑥ ア−×　　イ−×　　ウ−×　　エ−×

**第3問** （公式テキストP.387～P.390）

[正　解] ⑤

[解　説]

アは適切でない。労災保険の適用を受ける事業に使用される労働者には、**アルバイト・パート等も含まれる。**

イは適切でない。通勤災害と認定されるための要件の1つに、合理的な方法であって途中で通勤行動を中断しないことがある。ただし、**日常生活上必要な行為を行うためのものであって、かつやむを得ない必要最小限の逸脱・中断の場合は、例外的にその後の往復が通勤として取り扱われる**（労災保険法7条3項）。

ウは適切である。取締役等の法人の役員は、原則として労災保険の適用対象とならない。

エは適切でない。本肢のようなスポーツ大会で生じた負傷が業務上の負傷といえるためには、ⅰ）労働者を出場させることが、社会通念上、事業の運営に必要と認められること、ⅱ）労働者を出場させることが事業主の積極的特命によってなされることという要件を充たすことが必要である。本肢の場合、2つの要件を充たしていると考えられる。

---

**■キーワード**

**業務災害**

業務災害とは、労働者の業務上の負傷、疾病、障害または死亡をいう。業務災害に関しては、労災保険法に基づき保険給付が行われる（労災保険法7条）。業務災害と認められるためには、ⅰ）業務遂行性およびⅱ）業務起因性の要件を充たすことが必要である。

**通勤災害**

通勤災害は、往復の通勤途上における災害である。労災保険法上、通勤とは、労働者が就業に関し、所定の移動を、合理的な経路および方法により行うことをいい、業務の性質を有するものは除かれている。

次の①〜④の記述は、労働者災害補償保険法（労災保険法）についてA社で話し合われた際の、労災保険の適用に関する発言の一部である。これらの発言のうち、その内容が最も適切なものを1つだけ選びなさい。

① 「労災保険法は、業務上の事由、複数事業労働者（事業主が同一でない2以上の事業に使用される労働者）の2以上の事業の業務を要因とする事由または通勤による労働者の負傷、疾病、障害、死亡等に対して迅速かつ公正な保護をするため、必要な保険給付を行うこととしています。労働者を使用する事業は、原則として労災保険法の適用事業とされ、その保険料は、労働者を使用する事業主がその全額を負担します。」

② 「労災保険法が適用される事業に使用される労働者については、雇用形態、勤続年数などを問わず労災保険法が適用され、また、法人の役員も原則として労働者と扱われ、労災保険法の適用の対象となります。例えば、株式会社の代表取締役が取締役会に出席するため、その事業所内を移動中に階段で転倒し負傷した場合、その負傷は、業務上の災害として労災保険法に基づく保険給付の対象となります。」

③ 「労災保険法上、労働者が労働契約に基づき事業主の支配下にある状態であれば、業務に従事している間だけでなく、休憩期間中のように業務に従事していない間に被った災害についても「業務遂行性」が認められます。例えば、休憩時間中に事業場外の飲食店で昼食を摂った労働者が、その食材の瑕疵が原因で食中毒に罹り入院した場合でも業務遂行性が認められるため、その療養について労災保険法に基づき保険給付が行われます。」

④ 「労災保険法上、労働者の通勤による負傷、疾病、傷害または死亡は、通勤災害として保険給付の対象となります。労災保険法では、通勤とは、労災保険法所定の移動行為を合理的な経路および方法により行うものをいうと定められており、当該移動行為を中断し、または移動経路を逸脱しても、それが日常生活上必要な行為を行うためである場合は、これを通勤と認めています。例えば、労働者が、業務終了後、就業の場所から自宅への帰宅途中に、入院している家族の見舞いのために病院に立ち寄った際に、病院内の廊下で転倒し負傷した場合、その負傷は通勤災害として労災保険法に基づく保険給付の対象となります。」

　　　　　　　　　　（公式テキストP.387～P.390）

[正　解]　①

[解　説]

①は最も適切である。労災保険法の趣旨は本肢の記述の通りであり、**その保険料は、労働者を使用する事業主がその全額を負担する。**

②は適切でない。本肢は法人の役員も労働者と扱われるとしているが、**原則として法人の役員は労災保険の対象とはならない。**

③は適切でない。休憩時間中における事業場外の事故については、**業務遂行性が認められないので、**労災保険法の対象外である。

④は適切でない。**逸脱または中断が、日常生活上必要な一定の行為をやむを得ない事由により行うための最小限度のものである場合、当該逸脱または中断の間を除き、その後合理的な経路に復せば通勤として取り扱われる**（労災保険法7条3項但書）。本肢の負傷は逸脱・中断中に生じたものであるから、労災保険法に基づく保険給付の対象となるとはいえない。

第
14
章

企業と従業員の関係

**X株式会社は、その事業場で常時50名の労働者を使用している。また、X社の事業場には、その労働者の過半数である30名で組織するY労働組合が存在する。この場合に関する次のア〜エの記述のうち、その内容が適切なものの個数を①〜⑤の中から1つだけ選びなさい。**

ア．労働組合法上、Y労働組合の理事の過半数は、X社の取締役でなければならない。

イ．X社とY労働組合との間で労働協約が締結された場合、労働組合法上、Y労働組合に加入していない労働組合も含め、X社のすべての労働者が当該労働協約の適用を受ける。

ウ．X社において、業務上の災害が発生した場合、労働者災害補償保険法（労災保険法）に基づく保険給付を受けることができる労働者は、Y労働組合に加入している組合員に限られる。

エ．X社は、労働者に、休憩時間を除き、1週間について40時間、1日について8時間を超えて労働させるには、Y労働組合との間で、所定の事項について書面による労使協定を締結し、これを厚生労働大臣に届け出なければならない。

① 0個　　② 1個　　③ 2個　　④ 3個　　⑤ 4個

［正　解］①
［解　説］

アは適切でない。本肢で述べられているような、労働組合の理事の過半数は、株式会社の取締役でなければならないとする規制は存在しない。

イは適切でない。労働協約が、労働組合に加入していない他の労働者にも効力を有するためには、一定の要件を充たさなければならず（労働組合法17条）、本肢のように、**労働協約が締結されたからといって、直ちに、X社のすべての労働者が当該労働協約の適用を受けるわけではない。**

ウは適切でない。労働組合の加入の有無と労災保険の適用を受けることができるか否かは関係がない。**労働組合に加入をしていなくとも、労災保険の保険給付の対象になり得る。**

エは適切でない。使用者は、労働者に、休憩時間を除き、1週間について40時間、1日について8時間を超えて労働させるには、労働組合との間で、**所定の事項について書面による労使協定（三六協定）を締結し、これを所轄労働基準監督署長に届け出なければならない**（労働基準法36条）。

第14章　企業と従業員の関係

# 企業活動と地域社会・行政等とのかかわり 第 15 章

**【第1問】**

環境保全関連法および社会福祉関連法に関する次のア～エの記述のうち、その内容が適切なものを○、適切でないものを×とした場合の組み合わせを①～⑧の中から1つだけ選びなさい。

ア．資源の有効な利用の促進に関する法律（資源有効利用促進法）は、一定の業種に属する事業者に対し、廃棄物の発生抑制（リデュース）、部品等の再利用（リユース）、再生利用（リサイクル）のための取組みを求める法律である。

イ．環境保全を目的とする規制について、法律と条例がいずれも同一の目的で異なる内容の規制を設けている場合、条例は法律の規制の範囲内でのみ定め得るものであるため、企業は、法律の規制にのみ従えば足りる。

ウ．高齢者、障害者等の移動等の円滑化の促進に関する法律（バリアフリー法）において、公共交通事業者等は、旅客施設を新たに建設する場合、当該旅客施設を、高齢者や障害者の移動円滑化のために必要な一定の基準に適合させることを義務付けられている。

エ．身体障害者補助犬法において、公共交通事業者等は、その管理する旅客施設等を身体障害者が利用する場合、原則として、身体障害者補助犬の同伴を拒んではならないとされている。

① ア－○　イ－○　ウ－○　エ－○
② ア－○　イ－○　ウ－○　エ－×
③ ア－○　イ－○　ウ－×　エ－×
④ ア－○　イ－×　ウ－○　エ－○
⑤ ア－×　イ－○　ウ－×　エ－×
⑥ ア－×　イ－×　ウ－○　エ－○
⑦ ア－×　イ－×　ウ－×　エ－○
⑧ ア－×　イ－×　ウ－×　エ－×

**第1問**

[正　解] ④

[解　説]

アは適切である。例えば、工場もしくは事業場において事業を行う者および物品の販売の事業を行う事業者または建設工事の発注者は、その事業またはその建設工事の発注を行うに際して原材料等の使用の合理化を行うとともに、**再生資源および再生部品**を利用するよう努めなければならない（資源有効利用促進法4条1項）。

イは適切でない。判例上、法律に定めのある規定につき、それより厳格な規則をする**上乗せ条例**も、法律と条例の内容に矛盾抵触するところがなく、条例における重複規制がそれ自体として特別の意議と効果を有し、かつ、その合理性が肯定される場合には、当該条例は憲法94条に反しないとされている。

ウは適切である。公共交通事業者等は、旅客施設を新たに建設し、もしくは旅客施設について主務省令で定める大規模な改良を行うときまたは車両等を新たにその事業の用に供するときは、新設旅客施設等を、移動等円滑化のために必要な**公共交通移動等円滑化基準**に適合させなければならない（バリアフリー法8条1項）。

エは適切である。公共交通事業者等は、原則として、その管理する旅客施設および旅客の運送を行うためその事業の用に供する車両等を身体障害者が利用する場合において、**身体障害者補助犬を同伴すること**を拒んではならない（身体障害者補助犬法8条）。

**行政手続法に関する次のア～エの記述のうち、その内容が適切なものの組み合わせを①～⑥の中から1つだけ選びなさい。**

ア．行政手続法の対象は、申請に対する処分や不利益処分および行政指導、届出に関する手続のほか、行政立法、行政計画や行政契約などもその対象とされている。

イ．行政指導は、口頭でなされることもあるが、その相手方から行政指導の趣旨・内容等を記載した書面の交付を求められた場合には、原則としてその書面を交付しなければならない。

ウ．行政手続法の定める各種手続は、法律に根拠規定のある処分には原則として適用されるが、地方公共団体の条例や規則に根拠を置く処分等には適用されない。

エ．地方公共団体の機関が行う行政指導についても行政手続法の適用がある。

① アイ　　② アウ　　③ アエ　　④ イウ　　⑤ イエ　　⑥ ウエ

## 第2問

［正　解］④

［解　説］

アは適切でない。行政手続法は、行政運営における公正の確保と透明性の向上を図って国民の利益保護に資するために制定されている。そして、その対象は、申請に対する処分や不利益処分といった処分および行政指導、届出に関する手続ならびに命令等を定める手続に限られており（行政手続法1条1項）、**行政立法や行政計画、行政契約等はその対象とされていない**。したがって、本肢は適切ではない。

イは適切である。行政手続法は、行政指導についても規定している。**行政指導は、相手方からの要求がある場合には、書面にて行わなければならない**（行政手続法35条3項）。したがって、本肢は適切である。

ウは適切である。行政手続法上、**地方公共団体の条例や規則に根拠を置く処分に対しては、行政手続法の定める各種手続は適用されない**（行政手続法3条3項）。したがって、本肢は適切である。この規定は地方自治に配慮したものであるとされる。

エは適切でない。地方公共団体の機関が行う行政指導は、**行政手続法の適用対象外**とされている（行政手続法3条3項）。

第15章　企業活動と地域社会・行政等とのかかわり

# 国際法務（渉外法務）　第 16 章

**国際取引についての法的紛争の解決に関する次の①〜④の記述のうち、その内容が
適切なものを2つ選びなさい。**

①　日本企業が法人である外国企業に対し債務不履行に基づく損害賠償請求訴訟
を提起する場合、当該外国企業が日本国内に営業所を有するときは、民事訴訟
法上、日本の裁判所に管轄権が認められる。

②　当事者間で国際裁判管轄に関する合意がなされており、当該合意に基づき日
本において民事訴訟が提起された場合には、当該合意がどのような方式でなさ
れていても、訴えを提起された裁判所が裁判管轄権を否定することはない。

③　法の適用に関する通則法によれば、当事者が準拠法を定めていない場合には、
法律行為の成立や効力は、原則として、法律行為の当時において、当該法律行
為に最も密接な関係がある地の法により決定される。

④　外国裁判所の行った判決の内容を日本国内で執行するには、日本の裁判所の
執行判決を得る必要がある。執行判決を得るには、法令または条約により外国
裁判所の裁判権が認められていれば足り、外国判決が確定していることは要し
ないとされている。

[正　解]　①、③

[解　説]

①は適切である。**外国法人を相手方とする民事訴訟については、その主たる事務所または営業所が日本国内にあるときは、日本の裁判所に管轄権が認められる**（民事訴訟法３条の２第３項）。なお、事務所もしくは営業所がない場合またはその所在地が知れない場合には、代表者その他の主たる業務担当者の住所が日本国内にあるときは、日本の裁判所に管轄権がある。

②は適切でない。当事者間で国際裁判管轄に関する合意がなされていれば、原則として日本では当該合意が尊重される。ただし、**国際裁判管轄の合意は民事訴訟法所定の方式でする必要がある**ため（民事訴訟法３条の７）、本肢は適切でない。なお、外国の裁判所にのみ訴えを提起することができる旨の合意をした場合であっても、その外国の裁判所が法律上または事実上裁判権を行うことができないときは、その合意を援用することができない（民事訴訟法３条の７第４項）。

③は適切である。準拠法に関する「法の適用に関する通則法」（法適用通則法）の規定の内容は本肢の記述の通りである。すなわち、法適用通則法では、準拠法選択の決定を当事者の意思に委ねる立場（**当事者自治の原則**）が採用されており（法適用通則法７条）、当事者が準拠法をあらかじめ定めていなかった場合には、契約等の法律行為の成立および効力は、当該法律行為の当時において当該法律行為に最も密接な関係がある地の法による（最密接関係地法、法適用通則法８条１項）。

④は適切でない。**執行判決を得るには、外国判決が確定している必要がある**（民事執行法24条５項）。「確定」とは、当該外国において通常の不服申立方法が尽きた状態をいう。本肢の記述は適切でない。

第16章　国際法務（渉外法務）

## 【第2問】

A国において、A国企業Xが日本企業Yに対して不法行為に基づく損害賠償請求を求める訴訟を提起し、Xの主張を認める判決が言い渡されたため、Xは、この判決に基づいてYの日本国内の財産に対して強制執行をしようとしている。この場合に関する次の①～④の記述のうち、その内容が最も適切でないものを1つだけ選びなさい。

① 本件判決に基づいてXがYの日本国内の財産に強制執行をするには、本件訴訟についてA国の裁判所でA国に管轄権があると認められていれば足り、日本の法令あるいは条約によりA国の裁判所に裁判権が認められていることは必要ではない。

② Xは、日本の裁判所において執行判決を得ないと強制執行を行うことはできない。

③ XがYの日本国内の財産に対して強制執行を行うためには、当該判決がA国内の裁判手続において確定していることが必要である。

④ Xの得た判決の内容あるいは訴訟手続が日本の公序良俗に反する場合、当該判決は日本では効力を有しない。

**第2問**

[正　解]　①
[解　説]

①は最も適切でない。外国裁判所の判決に基づいて日本国内にある財産に対して
強制執行するためには、**日本の裁判所において執行判決を得ることが必要**であ
り（民事執行法22条6号・24条）、外国裁判所の判決に基づいて直ちに執行で
きるわけではない。執行判決を得るための要件の1つに、**日本の法令または条
約により外国裁判所に裁判権が認められていることがある**（民事訴訟法118条
1号）。

②は適切である。①の解説で述べたように、外国判決に基づいて日本国内で強制
執行を行う場合には、日本の裁判所において執行判決を得ることが必要である。
そして、執行判決を得るためには、**ⅰ）外国裁判所の確定した判決であること、
ⅱ）当該外国判決が民事訴訟法118条の規定する要件をすべて具備すること**が
必要である（民事執行法24条5項）。

③は適切である。②の解説で述べたように、執行判決を得るための要件の1つに、
当該判決が外国裁判所の確定した判決であることというものがある。ここで「**確
定**」とは、**当該外国において通常の不服申立手続が尽きた状態をいう**。

④は適切である。国内の裁判所において執行判決を得るためには、**当該判決の内
容が日本における公の秩序または善良な風俗に反しないこと**が必要とされてい
る（民事訴訟法118条3号）。

次の文章は、仲裁について述べたものである。この文章中の下線部ア～エの記述の うち、その内容が適切なものを○、適切でないものを×とした場合の組み合わせを ①～⑧の中から1つだけ選びなさい。

仲裁とは、一般に、紛争当事者が選定した第三者の裁定に委ねることにより紛 争を解決することをいう。ア）仲裁は、常設の仲裁機関に仲裁を依頼する制度的 仲裁と、既存の常設仲裁機関を利用せず、個別の紛争を仲裁で解決することを合 意し、仲裁人を選定し、その仲裁人に仲裁を付託する個別的仲裁に分けることが できる。

わが国では、仲裁について仲裁法が制定されており、イ）仲裁法では、仲裁手 続は原則として公開しなければならないとされている。ウ）仲裁法上、仲裁合意 は、原則として、当事者の全部が署名した文書、当事者が交換した書簡または電 報その他の書面によってしなければならない。また、エ）仲裁法上、仲裁合意の 効力として、当事者の一方が合意を無視して民事訴訟を提起した場合には、他方 の当事者は、原則として、仲裁合意があることを主張して訴えの却下を求めるこ とができる。

① ア－○　イ－○　ウ－○　エ－○
② ア－○　イ－○　ウ－○　エ－×
③ ア－○　イ－×　ウ－○　エ－○
④ ア－○　イ－×　ウ－×　エ－○
⑤ ア－×　イ－○　ウ－○　エ－×
⑥ ア－×　イ－○　ウ－×　エ－×
⑦ ア－×　イ－×　ウ－×　エ－○
⑧ ア－×　イ－×　ウ－×　エ－×

[正 解] ③
[解 説]

アは適切である。仲裁には、本肢の通り、常設の仲裁機関に仲裁を依頼する制度的仲裁（機関仲裁）と、既存の常設仲裁機関を利用せず、個別の紛争を仲裁で解決することを合意し、仲裁人を選定する個別的仲裁（アドホック仲裁）がある。

イは適切でない。**仲裁は、原則非公開の手続で**、重要な企業秘密が問題になった場合でも非公開により審理ができる点がそのメリットとされている。本肢は、仲裁法では、仲裁手続は原則として公開しなければならないとしており、適切であるとはいえない。

ウは適切である。本肢の通り、仲裁合意は、原則として、**当事者の全部が署名した文書、当事者が交換した書簡または電報その他の書面**によってしなければならない（仲裁法13条2項）。

エは適切である。仲裁のメリットとして、**仲裁合意をすれば裁判で回避できる妨訴抗弁がある**ことが挙げられる。仲裁法上、仲裁合意の効力として、当事者の一方が合意を無視して民事訴訟を提起した場合には、他方の当事者は、原則として、仲裁合意があることを主張して訴えの却下を求めることができる（仲裁法14条）。

アメリカ合衆国（米国）の裁判制度、民事訴訟手続に関する次のア～エの記述のうち、その内容が適切なものを○、適切でないものを×とした場合の組み合わせを①～⑥の中から1つだけ選びなさい。

ア．フォーラム・ノン・コンヴィニエンスの法理によれば、民事訴訟が提起された裁判所以外の裁判所で事件がより適切に審理されると考えられる場合でも、民事訴訟が提起された裁判所は一切訴えを却下することはできない。

イ．ロング・アーム法は、米国の裁判所の管轄に関連したルールである。

ウ．原告・被告が保有する証拠を裁判官の面前での口頭審理に入る前に開示させるディスカヴァリーは、民事訴訟の一方当事者が提出する証拠が相手方当事者に対して不意打ちになるのを防ぐことを目的としており、紛争の迅速かつ効率的な解決に役立っている。

エ．一般に米国の裁判所に提起された民事訴訟については、「手続は法廷地法による」という原則に従い、当事者が米国外の会社であっても米国の民事訴訟法に従って裁判が進められることになる。

① ア－○　イ－○　ウ－○　エ－○
② ア－○　イ－○　ウ－×　エ－○
③ ア－○　イ－×　ウ－×　エ－×
④ ア－×　イ－○　ウ－○　エ－○
⑤ ア－×　イ－×　ウ－○　エ－×
⑥ ア－×　イ－×　ウ－×　エ－×

（公式テキストP.418、P.423～P.427）

［正　解］④

［解　説］

アは適切でない。国際取引において紛争が生じた場合には、国際裁判管轄の問題
が生じるが、国際裁判管轄の決定は、各国の国内法に任されており、統一的な
ルールがない。そればかりか、本肢の記述の**フォーラム・ノン・コンヴィニエ
ンスの法理のように、国際裁判管轄がある場合であっても、それ以外の裁判所
で事件がより適切に審理されると考えられるときは、受訴裁判所は、その裁量
によって管轄権の行使を控えて訴えを却下することができるとされる場合もあ
る**。

イは適切である。ロング・アーム法は、フォーラム・ノン・コンヴィニエンスの
法理と同様に、裁判管轄に関するルールである。フォーラム・ノン・コンヴィ
ニエンスが、自己の管轄権の行使を控えて訴えを却下するものであるのに対し
（アの解説参照）、**ロング・アーム法は、米国とごくわずかの関連があるにすぎ
ない取引関係等についても米国で裁判を行えるようにするものである**。

ウは適切である。**ディスカヴァリーは、本肢の記述の機能を有するだけでなく、
紛争当事者の情報を共有して争点を明確にし、和解を促すという効果も認めら
れる**。実際、米国の民事訴訟においては口頭審理に入る前の和解が多数である
といわれる。

エは適切である。本肢の記述の通り、米国の裁判所で国際取引紛争に関する民事
訴訟が提起された場合には、**「手続は法廷地法による」という原則**が適用され、
米国の民事訴訟手続に従って裁判が行われる。

第16章 国際法務（渉外法務）

**国際取引における契約文書を作成するにあたり、一般的に注意すべき事項に関する次のア～エの記述のうち、その内容が適切なものの組み合わせを①～⑥の中から1つだけ選びなさい。**

ア．国際取引においては、必然的に言語・文化・経済制度・取引慣行の異なる外国の取引相手と契約を締結することになるから、当事者間に思わぬ誤解が生じることがある。そこで、解釈上の争いを防ぐために、交渉過程であっても交渉議事録（minutes of meeting）、レター・オブ・インテント（letter of intent）などの確認文書を作成するとよい。

イ．不可抗力により契約上の債務が履行できない場合には、契約当事者は責任を負わないというのは、日本に限らずあらゆる国に共通した考え方であるから、国際取引において契約書を作成するにあたり、不可抗力に関する条項を盛り込む必要性は少ない。

ウ．契約当事者は、管轄裁判所をどの国のどこの裁判所とするかを自由に決定することができ、決定された裁判所はその合意に従って必ず管轄を認めなければならない。

エ．完全合意条項（entire agreement clause）とは、契約書に記載された内容が、当事者間の完全な合意内容を表示し、それが契約締結以前に契約の目的事項に関して存在した当事者間の合意に優先することを規定した条項であり、英米法に起源を持つ。

① アイ　② アウ　③ アエ　④ イウ　⑤ イエ　⑥ ウエ

**第5問**

［正　解］③

［解　説］

アは適切である。交渉議事録やレター・オブ・インテント（**取引の主要条件について大筋の合意に達した時など交渉の節目において、将来締結すべき契約に関する予備的な合意事項や了解事項を簡潔に記載したもの**）を作成することは、将来の紛争防止にとって有意義である。

イは適切でない。**不可抗力による免責は英米法系には原則として存在せず、また不可抗力に該当する事項が何かということは必ずしも自明のことではないの**で、不可抗力に関する条項を盛り込むことは重要である。

ウは適切でない。**当事者間で国際裁判管轄の合意があったとしても、その合意がその国の裁判所によって有効なものとして尊重されるとは限らない。**

エは適切である。完全合意条項は、英米証拠法上のルールである口頭証拠排除法則（**ある事柄に関して最終的な契約書が作成された場合には、当事者は、契約交渉過程で当事者間に成立した合意を、契約書面の内容を変更するものとして裁判所に提出することはできないとの法則**）を再確認するものである。

第16章 国際法務（渉外法務）

A社は宝飾品等の製造販売業を営む日本の会社である。A社は、自社の製造する時計Pのデザインを模倣した時計Qが日本に流通しているとの情報を得たため調査を実施した。その結果、X国の会社であるB社がX国においてQを製造し、日本に輸入し販売していることが判明した。なお、A社は、日本において、Pの部品に関する発明Rにつき特許権の設定登録を、Pに付される商標Sにつき商標権の設定登録を受けている。次の①～④の記述は、A社内における甲と乙との会話の一部である。この会話における乙の発言のうち、その内容が適切なものを2つ選びなさい。

① 甲「当社は、Pのデザインについて、意匠法に基づく意匠登録を受けていませんが、B社が日本においてPのデザインを模倣したQを販売する行為をやめさせることはできますか。」

　 乙「意匠登録を受けていない商品の形態であっても、B社が日本においてQを販売する行為が不正競争防止法に規定する他人の商品の形態を模倣した商品を譲渡等する行為として不正競争に該当する場合、当社は、B社に対して、不正競争防止法に基づき、Qの販売の差止め等を請求することができます。」

② 甲「Qに付されている商標には、登録商標Sと同一のものと、登録商標Sと同一ではないが類似しているものがあります。登録商標Sと同一のものを使用する行為は商標権の侵害となりますが、当社は、B社に対し、Qに登録商標Sと類似の商標を使用していることを理由として、商標権の侵害を主張することはできますか。」

　 乙「商標法上、指定商品等についての登録商標に類似する商標の使用等は、商標権を侵害するものとみなされます。したがって、当社は、B社に対し、商標権の侵害を主張することができます。」

③ 甲「B社は、当社の許諾を得ずに、登録商標Sと同一の商標を付したQを日本に輸入しています。当社は、Qが日本国内に輸入される前にその流入を阻止することができますか。」

　 乙「商標権侵害物品については、関税法に基づいて日本への輸入差止めが可能です。しかし、この差止めは税関当局の職権によってのみ認められますので、当社がQの輸入差止めを税関に申し立てることはできません。」

④ 甲「当社がB社による発明Rの特許権侵害を理由に損害賠償請求訴訟を提起する場合、当社が被った損害のうちには、証明が困難なものがあり得ます。この場合、損害額の証明は、訴訟上、どのように扱われるのですか。」

　 乙「特許権の侵害に関する訴訟で、損害額の証明が極めて困難なときであっても、裁判所が相当な損害額を認定するような制度はありません。したがって、B社による特許権侵害により当社が被った損害額を証明することが困難な場合であっても、当社は、損害額を証明できなければ、損害賠償を受けることはできません。」

**第6問** （公式テキストP.71〜P.75、P.75〜P.90、P.108〜P.116、
　　　　　　　　　　　　　　　　　　　　　　　　　　　　　　P.433〜P.436）

[正　解] ①、②

[解　説]

①は適切である。意匠登録を受けていない商品の形態であっても、不正競争防止法の要件を充たせば、同法に基づき差止請求をすることは可能である。したがって、B社が日本においてQを販売する行為が不正競争防止法に規定する他人の商品の形態を模倣した商品を譲渡等する行為として不正競争に該当するのであれば、A社は、B社に対して、不正競争防止法に基づき、Qの販売差止め等を請求することができる。

②は適切である。指定商品等についての登録商標に類似する商標の使用等については、商標権を侵害するものとみなされる。A社は、B社に対し商標権の侵害を主張することができる。

③は適切でない。関税法に基づく輸入差止めは、税関当局の職権発動を待つ以外に、**権利者による輸入差止めの申立てを行うこともできる**（関税法69条の13第1項）。

④は適切でない。特許侵害における損害賠償請求では、**裁判所による相当な損害額の認定**（特許法105条の3）の制度が設けられている。特許権侵害により被った損害額を証明することが困難な場合であっても、損害額を証明できなければ、損害賠償を受けることはできないとする記述は適切とはいえない。

日本の法人であるA社は、X国の法人であるB社との間で国際的な取引を行っているが、B社の経営状態が悪化しているとの情報を得た。この場合に関する次の文章中の下線部ア～エの記述のうち、その内容が適切なものの個数を①～⑤の中から1つだけ選びなさい。

A社の取引先であるB社はその経営状態が悪化しているが、例えば、外国の法人に日本の破産手続は適用されるのであろうか。ア）破産手続開始の申立ては、その対象となる債務者の住所、居所、営業所、事務所が日本国内にあるときのほか、当該債務者の財産が日本国内にあるときにも可能である。B社についてこのような要件が充たされれば、日本の破産法に基づく倒産処理がなされ得る。また、日本の破産法によれば、イ）債権者は、破産手続開始の申立てをするには、債権の存在と破産原因があることを当該申立ての時に証明しなければならず、これらを疎明するだけでは足りない。

仮に、X国の法人であるC社が、B社に対して有する債権につき、B社がX国内に所有する財産を差し押さえた後、B社が日本において破産手続開始の決定を受けた場合、ウ）日本における破産手続の効力は、X国に所在するB社の財産には及ばないため、C社がX国内で行った差押えがその効力を失うことはない。また、B社が日本において破産手続開始決定を受けた後、C社が、B社がX国に有する破産財団に属する財産からいち早く債権の一部の弁済を受けたときは、エ）日本の破産法上、C社は、他の同順位の破産債権者がC社の受けた弁済と同一の割合の配当を受けるまでは、最後配当を受けることができない。

① 0個　　② 1個　　③ 2個　　④ 3個　　⑤ 4個

（公式テキストP.437〜P.438）

［正　解］③
［解　説］

アは適切である。日本の破産法上、債務者が法人である場合には、**日本国内に営業所、事務所または財産を有するとき**に限り、破産手続開始の申立てをすることができる（破産法4条1項）。

イは適切でない。債権者は破産手続開始の申立てをすることができるが（破産法18条1項）、その場合には、**債権者の有する債権の存在および破産手続開始の原因となる事実を疎明しなければならない**（破産法18条2項）。この場合、疎明（一応確からしいとの心証を抱かせること）で足り、証明までは要しない。

ウは適切でない。日本における**破産手続の効力は、破産者の外国にある財産にも及ぶ**（普及主義、破産法34条1項）。そのため、X国内で日本の破産手続開始決定の効力が承認されれば、C社による差押えは効力を失う。

エは適切である。本肢の記述のように、一部の債権者が外国にある破産者の財産から弁済を受けた場合、これを日本の破産手続に反映させ、**外国で弁済を受けた一部の債権者は、同順位の他の債権者が同等の配当を受けるまでは配当を受けることができない**（破産法109条・201条4項）。

第16章　国際法務（渉外法務）

**■関連知識**
**（国際倒産手続の普及主義と属地主義）**

国際倒産手続における属地主義とは、ある国の倒産手続の効力はその国の倒産企業の財産にしか及ばず、また、外国の倒産手続の効力はその国にある当該倒産企業の財産には及ばないとする考え方をいう。これに対し、普及主義はある国の倒産手続の効力は世界中に及ぶとする考え方をいう。

かつて日本の倒産手続は属地主義の考え方を採用していたが、経済のグローバル化に対応できないとの強い批判を受け、普及主義へと転換した。

# 模擬問題

**問1** ‥‥‥‥‥‥‥‥‥‥‥‥‥‥‥‥‥‥‥‥‥‥‥‥‥‥‥ 過去問題

賃貸借契約に関する次の①〜④の記述のうち、民法および借地借家法の規定に照らし、その内容が適切なものを2つ選びなさい。

① 賃貸借の目的物について、使用および収益に必要な修繕をする義務を負うのは、賃借人である。

② 建物の賃貸借契約において、賃借人は、賃貸人の同意を得て建物に造作を付加した場合であっても、賃貸人との間に特約がない限り、賃貸借契約の終了に際して、造作を買い取るよう賃貸人に請求することはできない。

③ 賃貸借契約が期間満了により終了した場合、賃借人は、賃貸借の目的物を受け取った後に生じた損傷がある場合、原則として、当該損傷を原状に復して返還しなければならない。

④ 賃借人の債務不履行を理由とする賃貸人の解除により賃貸借契約が終了した場合、その解除は、将来に向かってのみその効力を生ずる。

**問2**
請負契約に関する次のア〜エの記述のうち、民法の規定に照らし、その内容が適切なものを○、適切でないものを×とした場合の組み合わせを①〜⑧の中から1つだけ選びなさい。

ア．注文者は、請負人に対して損害を賠償しても、請負人の仕事の途中で請負契約を解除することができない。

イ．目的物の引渡しを要する請負契約における注文者の報酬支払債務につき期限の定めがない場合、注文者が請負人に報酬を支払う時期は目的物の引渡しの後とされており、請負人は、目的物の引渡しと引換えに報酬の支払いを請求することはできない。

ウ．請負人がその請負契約の本旨に従った仕事をしないとき、または仕事の目的の達成が不能となったときは、その債務の不履行が請負契約その他の債務の発生原因および取引上の社会通念に照らして請負人の責めに帰することができない事由によるものであるか否かにかかわらず、注文者は、これによって生じた損害の賠償を請求することができる。

エ．注文者の責めに帰することができない事由によって請負人が仕事を完成する

ことができなくなった場合において、請負人がすでにした仕事の結果のうち可分な部分の給付によって注文者が利益を受けるときは、それをもって仕事の完成とみなし、請負人は注文者に対し報酬の全額を請求することができる。

① ア－○　イ－○　ウ－○　エ－○
② ア－○　イ－○　ウ－○　エ－×
③ ア－○　イ－×　ウ－○　エ－○
④ ア－○　イ－×　ウ－×　エ－○
⑤ ア－×　イ－○　ウ－○　エ－×
⑥ ア－×　イ－○　ウ－×　エ－×
⑦ ア－×　イ－×　ウ－×　エ－○
⑧ ア－×　イ－×　ウ－×　エ－×

**問3** ････････････････････････････････････ 過去問題

**特許法に関する次のア～エの記述のうち、その内容が適切なものの個数を①～⑤の中から1つだけ選びなさい。**

ア．同一の発明について異なった日に2以上の特許出願があったときは、最先の特許出願人のみがその発明について特許を受けることができる。

イ．特許権者以外の者が特許権者との間で契約を締結することにより専用実施権の設定を受けると、設定契約の範囲内で専用実施権者が独占的にその特許発明を実施することができ、特許権者であっても、当該範囲内においては自ら特許発明の実施をすることができなくなる。

ウ．特許権が共有されている場合、各共有者は、他の共有者の同意を得なくても、当該特許権について第三者に通常実施権を許諾することができる。

エ．企業の従業者が職務発明をした場合、当該企業と当該従業者との間の契約や勤務規則等で事前に特段の定めをしていなくても、当該職務発明について特許を受ける権利は、その発生した時から当該企業に帰属する。

① 0個　② 1個　③ 2個　④ 3個　⑤ 4個

**問4**
不正競争防止法に関する次のア～エの記述のうち、その内容が適切なもの

の組み合わせを①～⑥の中から1つだけ選びなさい。

ア．A社は、自社の商品αの表示として、自社と競争関係にあるB社の商品βを
　表示するものとして需要者の間に広く認識されている周知のものと類似の表示
　を使用しているが、商品αと商品βとの混同を生じさせてはいない。この場合、
　A社の行為は、不正競争に該当する。
イ．C社は、自社と競争関係にあるD社の営業上の信用を害する虚偽の事実を流
　布した。この場合、C社の行為は、不正競争に該当する。
ウ．E社は、F社が保有する不正競争防止法上の限定提供データに該当する情報
　について、当該情報がF社の詐欺により第三者から不正に取得されたものであ
　ることを知りながら、F社から当該情報を取得した。この場合、E社の行為は、
　不正競争に該当する。
エ．G社は、自社と競争関係にあるH社の商品αの形態について、αの機能を確
　保するために不可欠な形態を模倣した商品βを販売した。この場合、G社の行
　為は、不正競争に該当する。

①　アイ　　　②　アウ　　　③　アエ　　　④　イウ　　　⑤　イエ　　　⑥　ウエ


## 問5
貴金属メーカーであるX社は、自社が経営する直販店舗において、宝飾品
を消費者に販売している。この場合に関する次のア～エの記述のうち、消
費者契約法の規定に照らし、その内容が適切なものの組み合わせを①～⑥
の中から1つだけ選びなさい。

ア．X社の直販店舗において、X社の従業員Aは、消費者Bが退去したい旨を申し
　出ているにもかかわらず、直販店舗から退去させずに勧誘を継続しBを困惑さ
　せ、X社とBとの間のブローチの売買契約を締結した。この場合、Bは、当該
　売買契約を取り消すことができる。
イ．X社は、直販店舗に来店した消費者Cとの間でイヤリングの売買契約を締結
　したが、その際、X社の従業員Dによる不適切な勧誘行為があったことを理由
　として、Cは、消費者契約法に基づき当該売買契約を取り消した。この場合、
　すでに履行された債務につき、X社は原状回復義務を負うが、Cは原状回復義
　務を負わない。
ウ．X社は、宝飾品を購入した買主にX社の債務不履行によりいかなる損害が生

じても、その責任を一切負わない旨を、直販店舗内に表示している。この場合、X社は、直販店舗において消費者Eにブレスレットを販売した際のX社の債務不履行によりEに生じた損害について、民法の債務不履行責任の規定による責任をすべて免れることができる。

エ．X社は、直販店舗において、不特定かつ多数の消費者に対し、消費者契約法上消費者が取り消すことができる不適切な勧誘行為を行っている。この場合、消費者契約法上の適格消費者団体は、X社に対し、当該行為の停止を請求することができる。

① アイ　　② アウ　　③ アエ　　④ イウ　　⑤ イエ　　⑥ ウエ

## 問6

X社は、フィットネスクラブを運営しており、会員情報をデータベース化して管理し、会員に対するメールマガジンの配信や健康に関する情報提供等を行っている。この場合に関する次のア～エの記述のうち、個人情報保護法の規定に照らし、その内容が適切なものの組み合わせを①～⑥の中から1つだけ選びなさい。

ア．X社のフィットネスクラブの会員Yが死亡した。この場合、Yに関する情報は、Yを識別することができるものであるときは、Yの個人情報に当たる。

イ．X社は、原則として、あらかじめ本人の同意を得ずに、その利用目的の達成に必要な範囲を超えて個人情報を取り扱ってはならない。

ウ．X社は、吸収合併によるZ社への事業の承継に伴ってZ社に個人データを提供する場合、あらかじめ本人の同意を得る必要はない。

エ．X社の会員情報に会員の病歴に関する情報が含まれていても、当該会員情報は要配慮個人情報には該当しない。

① アイ　　② アウ　　③ アエ　　④ イウ　　⑤ イエ　　⑥ ウエ

## 問7

電子商取引に関する次のア～エの記述のうち、その内容が適切なものの組み合わせを①～⑥の中から1つだけ選びなさい。

ア．事業者Xは、インターネットを利用して、消費者Yとの間で特定商取引法上の通信販売に該当する方法でギターの売買契約を締結した。しかし、その後、Yは友人から別のギターを譲ってもらえることになり、当該ギターは不要になった。Xは当該ギターの広告に返品は認めない旨の表示をしていたが、Yは、当該ギターを受け取ってから8日以内であれば、特定商取引法に基づくクーリング・オフにより無条件で売買契約を解除し当該ギターを返品することができる。

イ．消費者Xは、未成年者であるにもかかわらず法定代理人の同意を得ずに、インターネットショッピングサイトにおける生年月日を入力する欄に虚偽の生年月日を入力するなどの詐術を用いて、自己を成年者であると偽って高額な買い物をした。この場合、民法上、消費者Xは、自己が制限行為能力者であることを理由として、当該売買契約における申込みの意思表示を取り消すことはできない。

ウ．消費者Xは、インターネットショッピングにより売主である事業者Yから石鹸を5個購入するつもりだったが、誤って50個と入力した。インターネット上の当該購入画面において、購入商品や金額についての最終確認表示がなかったため、Xは誤りに気付くことなくそのまま購入手続を終えてしまった。この場合、電子消費者契約法上、Xは、Yに対し、錯誤による申込みの取消しを主張することができない。

エ．事業者Xが開設したホームページ上の店舗において、9月1日に消費者Yが商品を購入する申込みをして、翌日、YのもとにXから受注した旨のメールが届いた。民法上、この電子商取引による売買契約が成立するのは、受注した旨のメールがYに届いた時点である。

① アイ　　② アウ　　③ アエ　　④ イウ　　⑤ イエ　　⑥ ウエ

問8

A社は、金融商品取引法上の上場会社等であり、間もなく新製品に関する公表を行う予定である。その新製品は、世の中のニーズに合うもので将来性も高く、A社の株価を上昇させることが見込まれる。この場合に関する次のア～エの記述のうち、その内容が適切なものを○、適切でないものを×としたときの組み合わせを①～⑥の中から1つだけ選びなさい。

ア．A社の役員BがA社の新製品の情報を自身の妻Cに伝えたところ、Cは、A社

の新製品情報の公表前にA社の株式を取得した。この場合、Cの行為は、金融
商品取引法上のインサイダー取引に該当する。

イ．A社の取引先であるD社の従業員Eは、A社との間で新規の取引に向けて交
渉を行っている際、A社の新製品の発売公表前に当該情報を得て、当該情報の
公表後にA社の株式を取得した。この場合、Eの行為は、金融商品取引法上の
インサイダー取引に該当する。

ウ．A社の従業員Fは、A社の新製品の情報を知っているか否かに関わらず、A
社の新製品情報の公表前にA社の株式を取得した場合、当該株式の取得行為は、
金融商品取引法上のインサイダー取引に該当する。

エ．金融商品取引法の違反行為には両罰規定が定められていないので、A社の役
員Gが金融商品取引法上のインサイダー取引を行った場合に刑事罰の対象とな
るのはGのみであり、A社が刑事罰の対象となることはない。

① ア－○　　イ－○　　ウ－○　　エ－○
② ア－○　　イ－○　　ウ－○　　エ－×
③ ア－○　　イ－×　　ウ－×　　エ－×
④ ア－×　　イ－○　　ウ－○　　エ－○
⑤ ア－×　　イ－×　　ウ－×　　エ－○
⑥ ア－×　　イ－×　　ウ－×　　エ－×

## 問9 ……………………………………………………………… 過去問題

抵当権に関する次の①～④の記述のうち、民法および民事執行法の規定に
照らし、その内容が適切なものを2つ選びなさい。

① 　A社は、B社から金銭を借り入れるにあたり、自社の所有するX土地に抵当
権を設定し、その旨の登記を経た後、X土地上にY建物を建築し、その所有権
保存登記を経た。その後、当該抵当権が実行され、第三者C社がX土地の買受
人となりX土地の所有者となった場合、A社は、X土地につきY建物のために
法定地上権を取得する。

② 　A社は、B社から金銭を借り入れるにあたり、自社の所有するX土地に抵当
権を設定し、その旨の登記を経た。その後、A社は、約定の期日にB社に対し
て負う借入金債務の弁済をしなかった。この場合、B社は、裁判所の競売手続
によらず私的に当該抵当権を実行してX土地の所有権を取得することができ、
X土地の価額と当該抵当権の被担保債権の額との間に差額が生じていれば、A

社との間で差額を清算する必要がある。

③　A社は、B社から金銭を借り入れるにあたり、自社の所有するX土地に極度額1億円の根抵当権を設定し、その旨の登記を経た。その後、A社は、C社にX土地を譲渡し、その旨の登記を経た。当該根抵当権にかかる元本が確定した後において、B社がA社に対して現に有する被担保債権の額が1億2000万円である場合、C社は、1億円を払い渡しまたは供託して、当該根抵当権の消滅請求をすることができる。

④　A社は、B社から金銭を借り入れるにあたり、自社の所有するX建物およびY建物に共同抵当権を設定し、その旨の登記を経た。この場合、B社は、当該抵当権を実行するに際し、X建物およびY建物について、同時に両方の競売の申立てをすることも、いずれか一方のみについて競売の申立てをすることも、可能である。


**問10**

A社は、B社に対して1000万円の金銭債権（X債権）を有しており、B社は、C社に対して1000万円の金銭債権（Y債権）を有している。この場合に関する次のア～エの記述のうち、民法の規定に照らし、その内容が適切なものの組み合わせを①～⑥の中から1つだけ選びなさい。

ア．B社は、A社との合意がなくても、X債権の代物弁済として、Y債権をA社に譲り渡し、X債権を消滅させることができる。

イ．Y債権について、C社がB社に対する同時履行の抗弁権を有している場合において、A社が、B社から、Y債権について取立ての委任を受けた。この場合において、A社が同時履行の抗弁権の存在につき善意であったときは、C社は、当該同時履行の抗弁権を行使してA社からの取立てを拒むことはできない。

ウ．B社は、A社にY債権を譲渡し、その旨を確定日付のある証書によりC社に通知した。その後、B社は、D社にもY債権を譲渡し、その旨を確定日付のある証書によりC社に通知した。この場合において、A社にY債権を譲渡した旨の通知が、D社にY債権を譲渡した旨の通知よりも先にC社に到達したときは、A社は、本件債権譲渡をD社に対抗することができる。

エ．Y債権について、第三者に対する譲渡を禁止する旨の譲渡禁止特約が付されている場合において、B社は、A社にY債権を譲渡し、その旨をC社に通知した。この場合において、当該譲渡禁止特約につきA社が悪意であったときは、C社は、A社からY債権の履行を請求されても、その債務の履行を拒むことができる。

① アイ　　② アウ　　③ アエ　　④ イウ　　⑤ イエ　　⑥ ウエ

## 問11

民事保全法および民事執行法に関する次のア～エの記述のうち、その内容が適切なものを○、適切でないものを×とした場合の組み合わせを①～⑧の中から1つだけ選びなさい。

ア．A社は、B社に対して弁済期未到来の2000万円の貸金債権を有しているが、B社の信用状況が急激に悪化しており、弁済期には当該貸金債権の弁済を受けられなくなる可能性が高い状況にある。この場合、A社は、当該貸金債権の弁済期が到来する前であっても、当該貸金債権を被保全債権として、B社の所有する財産に対し仮差押えを行うことができることがある。

イ．A社は、自社の所有するX建物の登記名義が無断でB社に移転していることを発見した。この場合、A社は、抹消登記手続請求権を被保全権利として、B社に対しX建物の処分を禁止する処分禁止の仮処分命令を得ることができる。

ウ．A社は、自社の所有するX建物をB社に賃貸しているが、B社が賃料の支払いを延滞しているため、B社と交渉を行ったところ、B社との間で来月末に未払賃料の全額を支払う旨の和解が成立した。A社は、当該和解について契約書を作成し、かつ、当該契約書に未払賃料の支払いについての強制執行認諾文言が付されていれば、当該契約書を債務名義として未払賃料の支払いの強制執行をすることができる。

エ．A社は、B社に対して有する1億円の貸金債権について強制執行の申立てを行い、B社の所有する不動産を差し押さえた。この場合、B社に対して5000万円の売掛金債権を有するC社は、B社に対する債務名義を有しているときは、二重差押えまたは配当要求をすることにより、当該不動産から配当を受けることができる。

① ア－○　　イ－○　　ウ－○　　エ－○
② ア－○　　イ－○　　ウ－○　　エ－×
③ ア－○　　イ－○　　ウ－×　　エ－○
④ ア－○　　イ－×　　ウ－×　　エ－○
⑤ ア－×　　イ－○　　ウ－○　　エ－×
⑥ ア－×　　イ－×　　ウ－○　　エ－×
⑦ ア－×　　イ－×　　ウ－×　　エ－○

⑧　ア－×　　イ－×　　ウ－×　　エ－×

## 問12

Xは夫と離婚した後、自身の子どもと2人で生活をしていたが、離婚した夫からは養育費の支払いがなく、Xの収入のみでの生活を余儀なくされていた。Xは慢性的な生活費不足に陥り、持っていたクレジットカードで借入れをするようになった。Xは、返済の余裕はなく、返済のためにまた借入れをするという状態が続き、借入金の総額は300万円にまで膨らんだため、弁護士Yに相談をして自己破産のため破産手続開始の申立てを依頼した。この場合に関する次のア～エの記述のうち、破産法の規定に照らし、その内容が適切なものの個数を①～⑤の中から1つだけ選びなさい。

ア．Xが所有している貴金属に動産売買の先取特権を有するA社は、Xの破産手続に関係なく、当該先取特権を実行して債権回収を図ることができる。

イ．Xに財産がなく、破産手続に要する費用を捻出することができない場合、破産手続開始決定と同時に破産手続を終了させる同時廃止が認められる。

ウ．Xの債権者であるクレジット会社のB社は、Xの給与を差し押さえるため強制執行を申し立てることを検討している。この場合、B社は、Xの破産手続開始の申立て前に仮執行宣言付支払督促を得ていれば、Xにつき破産手続開始決定がなされた後に、これに基づき強制執行を申し立てることができる。

エ．Xの債権者であるクレジット会社のC社は、担当者のミスにより、債権届出書をXの破産手続開始決定時に定められた期日を過ぎても提出していなかった。この場合でも、C社は、配当が実施されるまではなお債権の届出をすることができる。

①　0個　　②　1個　　③　2個　　④　3個　　⑤　4個

## 問13 ･･････････････････････････････････････････････ 過去問題

民事訴訟手続に関する次のア～エの記述のうち、民事訴訟法の規定に照らし、その内容が適切なものを○、適切でないものを×とした場合の組み合わせを①～⑥の中から1つだけ選びなさい。

ア．被告は、裁判所から第1回口頭弁論期日の呼出しおよび答弁書提出期限の指

定を受けたが、これを無視して答弁書を提出せず、第1回口頭弁論期日を欠席した。この場合、当該被告が反論を一度も行っていないので、裁判所は、口頭弁論を終結して、原告の請求を認容する旨の判決を下すことはできない。

イ．原告からの訴えの提起に対し、被告が応訴して、口頭弁論が開始した。この場合、当該原告は、たとえ当該被告の同意を得ても、口頭弁論の終結前に当該訴えを取り下げることはできない。

ウ．口頭弁論期日において、被告は、原告が主張する請求原因事実の1つについて知らない旨の答弁をした。この場合、当該被告は、当該請求原因事実を争ったものと推定される。

エ．裁判所は、判決をするにあたり、口頭弁論の全趣旨および証拠調べの結果をしん酌して、自由な心証により事実認定を行う。

① アー○　イー○　ウー○　エー○
② アー○　イー○　ウー○　エー×
③ アー○　イー×　ウー×　エー×
④ アー×　イー○　ウー×　エー○
⑤ アー×　イー×　ウー○　エー○
⑥ アー×　イー×　ウー×　エー×

## 問14

民事訴訟法上の少額訴訟に関する次のア～エの記述のうち、その内容が適切なものの組み合わせを①～⑥の中から1つだけ選びなさい。

ア．少額訴訟において、裁判所は、請求を認容する判決をする場合において、被告の資力その他の事情を考慮して特に必要があると認めるときは、認容する請求に係る金銭の支払いについて、支払時期の定めをして支払いの猶予を定めることができるが、分割払いの定めをすることはできない。

イ．訴訟の目的の価額が60万円を超える訴えであっても、当事者の合意があれば、当事者は簡易裁判所に対し少額訴訟による審理および裁判を求めることができる。

ウ．少額訴訟は、金銭の支払いの請求を目的とする訴えについてのみ提起することができる。

エ．少額訴訟については、同一の簡易裁判所において同一の年に一定回数を超えて同一人が利用することはできない。

① アイ　　② アウ　　③ アエ　　④ イウ　　⑤ イエ　　⑥ ウエ

## 問15
企業活動に関わる犯罪に関する次の①〜④の記述のうち、その内容が適切なものを2つ選びなさい。

① 下請代金支払遅延等防止法（下請法）上の親事業者であるA社が、下請法上の下請事業者であるB社に対し製造委託等をした際に、A社の担当者Cは、B社に下請法所定の書面等を交付または提供しなかった。この場合、Cだけでなく、A社にも下請法に基づき刑事罰が科される可能性がある。

② D社の取締役Eは、自社と競争関係にあるF社の営業上の信用を害する虚偽の事実を流布した。この場合、刑法上、Eは、刑事罰を科される可能性がある。

③ G社の取締役Hは、自社の事業を主管する官庁の職員Iに、自社の便宜を図ってもらうため、多額の金銭を供与した。この場合、刑法上、Hは刑事罰を科される可能性はないが、Iは刑事罰を科される可能性がある。

④ 個人情報保護法上の個人情報取扱事業者であるJ社は、偽りその他不正の手段により個人情報を取得した。この場合、J社は、当該違法な個人情報の取扱いを理由に、個人情報保護法に基づき刑事罰を科される可能性がある。

## 問16
Xは自分一人が発起人となって、募集設立の方法により甲株式会社を設立する準備を進めている。この場合に関する次のア〜エの記述のうち、会社法の規定に照らし、その内容が適切なものの組み合わせを①〜⑥の中から1つだけ選びなさい。

ア．発起人Xの友人Yは、Xが行った株式の募集をする旨の広告に、自己の氏名とともに甲社設立を賛助する旨を記載した。この場合、Yは、Xが任務を怠ったことにより甲社に損害を生じさせれば、Xと連帯して損害賠償責任を負う。

イ．甲社の定款は、発起人Xが会社法で定められた事項を記載して作成し、これに記名押印をした時点で効力を生じる。

ウ．甲社の設立時役員等は、創立総会における決議により選任される。

エ．甲社は、設立手続により社団としての実体が形成された時点で成立する。

① アイ　　② アウ　　③ アエ　　④ イウ　　⑤ イエ　　⑥ ウエ

## 問17
取締役会設置会社であるA株式会社における株主総会の開催に関する次のア～エの記述のうち、会社法の規定に照らし、その内容が適切なものの組み合わせを①～⑥の中から1つだけ選びなさい。

ア．A社が会社法上の公開会社ではない場合、A社は、株主総会を開催するには、株主総会の招集通知を会日の2週間前までに発しなければならない。

イ．A社の取締役Bが、株主総会の目的である社外取締役の選任に関する事項について提案をした場合において、当該提案につきA社の株主の全員が書面または電磁的記録により同意の意思表示をしたときは、当該提案を可決する旨の株主総会の決議があったものとみなされる。

ウ．A社において株主総会を開催する場合における普通決議は、議決権を行使することができる株主の議決権の過半数を有する株主が出席しなければ行うことができず、A社は、定款の定めによっても、この過半数という要件を変更することはできない。

エ．A社は、例えば3月31日を基準日と定め、当該基準日において株主名簿に記録されている株主を、所定の期間内に開催されるA社の定時株主総会において議決権を行使することができる者と定めることができる。

① アイ　　② アウ　　③ アエ　　④ イウ　　⑤ イエ　　⑥ ウエ

## 問18
株式会社の役員等に関する次のア～エの記述のうち、会社法の規定に照らし、その内容が適切なものを○、適切でないものを×とした場合の組み合わせを①～⑧の中から1つだけ選びなさい。

ア．会計参与は、その職務を行うため必要があるときは、会計参与設置会社の子会社に対して会計に関する報告を求め、または当該子会社の業務および財産の状況の調査をすることができる。

イ．会計参与は、執行役および取締役等に対して会計に関する報告を求めることができるが、会計参与設置会社の会計帳簿等の閲覧および謄写をすることはで

きない。

ウ．取締役会設置会社の監査役は、原則として、取締役会に出席し、必要があると認めるときは、意見を述べなければならない。

エ．会計監査人は、会社の役員には含まれず、その主たる職責は、会社の計算書類およびその附属明細書等の監査をすることである。

① ア－○　　イ－○　　ウ－○　　エ－○
② ア－○　　イ－○　　ウ－○　　エ－×
③ ア－○　　イ－○　　ウ－×　　エ－○
④ ア－○　　イ－×　　ウ－○　　エ－○
⑤ ア－×　　イ－○　　ウ－×　　エ－×
⑥ ア－×　　イ－×　　ウ－○　　エ－×
⑦ ア－×　　イ－×　　ウ－×　　エ－○
⑧ ア－×　　イ－×　　ウ－×　　エ－×


**問19** ···················································· 過去問題

労働組合に関する次のア～エの記述のうち、労働組合法の規定に照らし、その内容が適切なものの組み合わせを①～⑥の中から１つだけ選びなさい。

ア．A株式会社には労働組合が存在しないため、A社の労働者Bは、労働組合を結成することとした。この場合において、Bは、労働組合を結成するためには、A社に労働組合を結成する旨を届け出て、A社の承認を受けなければならない。

イ．A株式会社に存在するB労働組合は、A社との間で労働協約を締結し、A社の事業場に常時使用される同種の労働者の４分の３以上が当該労働協約の適用を受けるに至った。この場合であっても、B労働組合を構成しないA社の他の同種の労働者には、当該労働協約は適用されない。

ウ．A株式会社に存在するB労働組合は、労働条件についてA社と交渉し、有効期間を10年とする労働協約を締結した。この場合、当該労働協約は、３年の有効期間の定めをしたものとみなされる。

エ．A株式会社において不当労働行為に該当する行為がなされた場合、A社の労働者Bは、その旨を労働委員会に申し立てることができる。

① アイ　　② アウ　　③ アエ　　④ イウ　　⑤ イエ　　⑥ ウエ

## 問20

次のア〜エの記述は、X社内において国際取引で注意すべき法的問題について検討した際になされた発言の一部である。これらの発言のうち、その内容が適切なものの組み合わせを①〜⑥の中から1つだけ選びなさい。

ア.「国際取引において、最終的な契約締結前の契約交渉の過程で作成される確認文書には、Letter of Intent（LOI）やMemorandum of Understanding（MOU）等があります。これらの確認文書は、その名称にかかわらず、確認文書の内容に法的な拘束力が認められることがあります。」

イ.「国際的な売買取引において、各国の法律の他に注意しておかなければならない国際売買契約に関する条約として、『国際物品売買契約に関する国際連合条約』（CISG）があり、日本も批准しています。営業所が異なる国に所在する当事者間の物品売買契約について、これらの国がいずれもCISGの締約国である場合、または国際私法の準則によればCISGの締約国の法の適用が導かれる場合には、CISGが適用されます。」

ウ.「国際取引において取引の相手方が倒産した場合、日本の破産法では、債務者である法人が日本国内に営業所または事務所を有するときには、同法に基づく破産手続開始の申立てをすることができるとされています。日本国内に営業所または事務所がない場合、債務者である法人が日本国内に財産を有しているとしても、日本で破産手続開始の申立てをすることはできません。」

エ.「貿易取引等に関連して注意すべきものとして、インコタームズが挙げられます。インコタームズは、International Commercial Termsを略したもので、国際商業会議所（ICC）が、貿易取引条件について定めたものです。インコタームズには、条約と同様、法的な強制力が認められています。」

① アイ　　② アウ　　③ アエ　　④ イウ　　⑤ イエ　　⑥ ウエ

## 問21

売買契約に関する次のア〜エの記述のうち、民法の規定に照らし、その内容が適切なものを○、適切でないものを×とした場合の組み合わせを①〜⑥の中から1つだけ選びなさい。

ア．売買契約において、目的物の引渡義務と代金の支払義務の履行期が同時である場合、当事者の一方は、民法上、当該履行期が到来しても、相手方において

その債務の履行を提供するまでは、自己の債務の履行を拒むことができる。

イ．売買契約において、代金の支払期限を定めた場合、売主は、支払期限を徒過しても代金を支払わない買主に対し、自己に損害が生じたことを証明したときに限り、遅延利息を含めた損害賠償を請求することができる。

ウ．売買契約に基づき引き渡された目的物が種類、品質または数量に関して契約の内容に適合しないものである場合において、買主から相当の期間を定めて売主に催告がされたにもかかわらず、売主の履行の追完がなされないときには、買主は、その不適合の程度に応じた代金減額請求をすることができる。

エ．代理権のない者が買主の代理人であると称して行った売買契約は、買主本人が当該契約について追認した後であっても、売主が代理人に代理権がないことについて善意であれば、売主は当該契約を取り消すことができる。

① アー○　イー○　ウー○　エー○
② アー○　イー○　ウー○　エー×
③ アー○　イー×　ウー○　エー×
④ アー×　イー○　ウー×　エー○
⑤ アー×　イー×　ウー○　エー○
⑥ アー×　イー×　ウー×　エー×

## 問22
合弁事業に関する次の①〜④の記述のうち、その内容が最も適切でないものを1つだけ選びなさい。

① A社は、B社と合弁事業を行うために、B社との間で民法上の組合契約を締結した。この場合、A社およびB社が損益分配の割合を当該組合契約で定めなかったときは、民法上、損益は、出資の価額の多寡にかかわらず、A社およびB社の間で均等に分配される。

② A社は、B社と合弁事業を行うために、B社との間で民法上の組合契約を締結した。この場合、A社およびB社が行う組合への出資は金銭に限られず、不動産、特許権、労務など財産的価値のあるものであれば出資の目的とすることができる。

③ A社は、B社と合弁事業を行うために、合弁会社としてC株式会社を設立した。この場合、C社は、A社およびB社とは別個の法人格を有することとなる。

④ A社は、B社と合弁事業を行うために、合弁会社としてC合同会社を設立した。

この場合、C社の社員となったA社およびB社は、間接有限責任を負うのみであり、C社の債権者に対して直接責任を負わない。

## 問23

A銀行は、法人および個人の顧客に対して預金の受入れ等の業務を行っている。また、Bは、A銀行に対し金銭を預け入れている預金者である。この場合に関する次のア〜エの記述のうち、その内容が適切なものを○、適切でないものを×としたときの組み合わせを①〜⑧の中から1つだけ選びなさい。

ア．Bは、A銀行に300万円の預金を行い、A銀行から預金証書の交付を受けた。その後、当該預金証書を火災により焼失した場合、民法上、BのA銀行に対する当該預金の払戻請求権は消滅する。

イ．第三者Cは、B名義の預金通帳およびBの印鑑を盗取し、A銀行の窓口にこれらを持参してB名義の預金の払戻しを受けた。この場合において、払戻しを受けた者がBではないことにつきA銀行が善意無過失であっても、民法上、当該払戻しは、BがA銀行に対して有する預金債権についての有効な弁済とはならない。

ウ．第三者Cは、B名義のA銀行の預金口座のキャッシュカードを偽造し、この偽造カードを用いてA銀行のATMからB名義の預金の払戻しを行った。この場合において、当該払戻しにつきA銀行に過失があっても、Bに重大な過失があるときは、預金者保護法上、Bは、A銀行に対し、当該払戻し額の全額の補てんを求めることができない。

エ．第三者Cは、B名義のA銀行の預金口座のキャッシュカードを盗取し、この盗難カードを用いてA銀行のATMからB名義の預金の払戻しを行った。この場合、Bが、当該キャッシュカードが盗取されたと認めた後、当該キャッシュカードが盗取された旨をA銀行に通知していなかったときは、預金者保護法上、Bは、A銀行に対し、当該払戻し額の全額の補てんを求めることができない。

① ア−○　　イ−○　　ウ−○　　エ−○
② ア−○　　イ−○　　ウ−○　　エ−×
③ ア−○　　イ−○　　ウ−×　　エ−○
④ ア−○　　イ−×　　ウ−○　　エ−○
⑤ ア−×　　イ−○　　ウ−×　　エ−×

⑥　ア－×　　イ－×　　ウ－○　　エ－×

⑦　ア－×　　イ－×　　ウ－×　　エ－○

⑧　ア－×　　イ－×　　ウ－×　　エ－×


## 問24
意匠法および実用新案法に関する次の①～④の記述のうち、その内容が最も適切でないものを1つだけ選びなさい。

① X社は、自社の新製品のデザインについて意匠登録を受けた。この場合、X社は、原則として、業として登録意匠およびこれに類似する意匠を実施する権利を専有する。

② X社は、自社の新製品αのデザインについて意匠登録を受けた。その後、X社は、競合会社であるY社がαと同一のデザインを施した製品βを販売している旨の情報を得た。この場合、X社は、Y社に対し、その販売の差止めを請求することができる。

③ 個人事業主Xは、自身が行った考案について実用新案登録の出願をした。この場合、Xは、当該出願について、産業上利用可能性、進歩性および新規性について実体的登録要件の審査を受けることなく、方式審査および当該出願が物品の形状、構造、組合わせにかかる考案であることなどの基礎的要件の審査を経て実用新案登録を受けることができる。

④ 個人事業主Xは、自身が行った考案について実用新案登録を受けた。この場合、Xは、自己の実用新案権の存続期間が満了する前にその更新の手続をすることによって、当該実用新案権の存続期間を更新することができる。


## 問25 ......................................................... 過去問題
独占禁止法に関する次のア～エの記述のうち、その内容が適切なものを○、適切でないものを×とした場合の組み合わせを①～⑥の中から1つだけ選びなさい。

ア．ホームセンターを運営するX社およびY社は、正当な理由がないのに、仕入れ価格を著しく下回る価格で日用雑貨を販売し、これにより他のホームセンターを競争上不利な状況に置き、その事業活動を困難にするおそれを生じさせた。この場合のX社およびY社の行為は、独占禁止法上の不公正な取引方法に

該当しない。

イ．X社は、発明αについて特許権を有しており、Y社に対し、特許発明αについて通常実施権を許諾することとした。当該許諾に際し、X社は、「特許発明αについての特許権の存続期間が終了した後も、Y社が特許発明αを実施するにあたっては、X社の許諾を得、かつ、X社に実施料を支払う」ことを通常実施権許諾契約締結の条件として、Y社との間で当該通常実施権許諾契約を締結した。この場合、X社が当該条件を付してY社との間で当該契約を締結した行為は、公正な競争を阻害するおそれがあるときであっても、独占禁止法上の不公正な取引方法に該当しない。

ウ．甲市における公共工事の入札において、建設業者X社、Y社およびZ社が、当該入札についてあらかじめ協議を行い、当該入札における入札価格を取り決め、公共の利益に反して、当該入札における競争を実質的に制限した。この場合において、X社、Y社およびZ社のいずれも取り決めた入札価格で落札することができなかったときは、X社らが入札価格を取り決めた行為は、独占禁止法上の不当な取引制限には該当しない。

エ．甲市において電子部品の製造販売業を営むX社およびY社は、電子部品に使用する原材料の価格が高騰したため、それぞれ意思を連絡することなく、両社の独自の判断で、ほぼ同時期に電子部品の販売価格の値上げを行った。その結果、X社およびY社の同種の電子部品の販売価格は同一となった。この場合、X社およびY社による当該電子部品の値上げ行為は、独占禁止法上の不当な取引制限に該当する。

① ア－○　イ－○　ウ－○　エ－○
② ア－○　イ－○　ウ－×　エ－×
③ ア－○　イ－×　ウ－×　エ－○
④ ア－×　イ－○　ウ－○　エ－×
⑤ ア－×　イ－×　ウ－○　エ－○
⑥ ア－×　イ－×　ウ－×　エ－×


## 問26

Xは、エステサロンYで美顔マッサージを受けたところ、「このマッサージは自宅でも家庭用美顔器でケアをしないと効果が出ません。今なら家庭用美顔器を特別価格で販売できます」と勧誘され、家庭用美顔器を月2万円かつ12回払いの割賦販売法上の個別信用購入あっせん（個別クレジット）

により購入することとした。Xは、Yとの間で個別信用購入あっせん関係販売契約（本件売買契約）を、信販会社Z社との間で個別信用購入あっせん関係受領契約（本件クレジット契約）を、それぞれ締結した。この場合に関する次のア〜エの記述のうち、その内容が適切なものを○、適切でないものを×としたときの組み合わせを①〜⑥の中から1つだけ選びなさい。

ア．本件個別クレジットについて、XとYの合意があれば、Yは、Xに対し、本件売買契約締結時に所定の事項を記載した書面を交付する等の義務を負わない。

イ．Xが本件クレジット契約について、契約の申込みをした後8日以内に本件クレジット契約について書面によりクーリング・オフを行使した場合、原則として、本件売買契約も解除したものとみなされる。

ウ．Xは、約定の期日にYから家庭用美顔器の引渡しを受けていない場合、Yが家庭用美顔器の引渡債務につき弁済の提供をするまで、Z社からの賦払金の支払請求を拒むことができる。

エ．本件クレジット契約において、Xの賦払金の支払いに遅滞があった場合、Z社は、直ちに賦払金の支払遅滞を理由に契約の解除をすることができる。

① ア−○　　イ−○　　ウ−○　　エ−○
② ア−○　　イ−○　　ウ−○　　エ−×
③ ア−○　　イ−×　　ウ−○　　エ−○
④ ア−×　　イ−○　　ウ−○　　エ−×
⑤ ア−×　　イ−×　　ウ−×　　エ−○
⑥ ア−×　　イ−×　　ウ−×　　エ−×


問27
消費生活用製品安全法および製造物責任法に関する次のア〜エの記述のうち、その内容が適切なものの組み合わせを①〜⑥の中から1つだけ選びなさい。

ア．所定の乗車用ヘルメットや登山用ロープなどの特定製品は、原則として、製品ごとに主務省令で定めた技術上の基準に適合していることを示す表示（PSCマーク）が付されなければ販売等をすることができない。

イ．消費生活用製品の製造事業者等は、企業の規模を問わず、重大製品事故が生じたことを知ったときは、発生の事実を知った日から起算して10日以内に、一

定の事項を内閣総理大臣（消費者庁長官）に報告しなければならない。

ウ．製造物責任法上の欠陥とは、製造物に物理的な欠陥があることをいい、製造物の安全性に関する指示や警告に誤りがあったとしても、製造物責任法上の欠陥には該当しない。

エ．製造物を業として輸入する者は、製造物責任を負う製造業者等には当たらない。

① アイ　　② アウ　　③ アエ　　④ イウ　　⑤ イエ　　⑥ ウエ

## 問28
**譲渡担保に関する次の文章中の下線部①～④の記述のうち、その内容が最も適切なものを1つだけ選びなさい。**

　譲渡担保は、担保のために財産をいったん債権者に譲渡し、債務が弁済された場合には返還するという形式による債権担保の方法である。

　譲渡担保の対抗要件は、その目的の種類によって異なる。

　まず、①債権者が、債務者の所有する不動産を目的として譲渡担保の設定を受ける場合、当該譲渡担保の第三者に対する対抗要件は登記である。

　次に、②債権者が、債務者がその取引先に対して有する売掛金債権を目的として譲渡担保の設定を受ける場合、当該譲渡担保の対抗要件は、債権者と債務者との間で譲渡担保設定契約について契約書を作成することである。

　さらに、債権者が、債務者の所有する動産を目的として譲渡担保の設定を受ける場合、当該譲渡担保の第三者に対する対抗要件は引渡しである。③動産を目的とする譲渡担保の対抗要件となるのは、現実の引渡しのみであり、占有改定による引渡しは、譲渡担保の対抗要件とならない。

　譲渡担保の実行については、④動産を目的物として譲渡担保を設定した場合において、債務者である譲渡担保設定者が被担保債権について債務の履行を怠ったときは、譲渡担保権者は、裁判所に譲渡担保の実行を申し立てて当該動産を競売に付し、その売却代金から自己の債権の満足を得るほかなく、裁判所の手続を経ずに譲渡担保を自ら私的に実行し、当該動産の所有権を取得することはできない。

## 問29
**X社は、Y社との間で、Y社に金銭を貸し付ける旨の金銭消費貸借契約を締**

結するにあたり、Y社がX社に対して負う借入金債務を主たる債務として、Aとの間で保証契約を締結することとした。この場合に関する次のア～エの記述のうち、民法の規定に照らし、その内容が適切なものを○、適切でないものを×としたときの組み合わせを①～⑥の中から1つだけ選びなさい。

ア．X社とAとの間の連帯保証契約は、書面または電磁的記録によってされなくても有効である。

イ．Aは、本件借入金債務について連帯保証人となった場合でも、連帯保証人ではない通常の保証人となった場合でも、Y社に代わってX社に対し民法の規定に従って債務を弁済したときは、Y社に求償することができる。

ウ．X社は、Aとの間で連帯保証契約を締結し、Aは連帯保証人となった。この場合、X社は、Aに対し連帯保証債務の履行を請求するときは、これに先立って、Y社に対し主たる債務の履行を請求する必要はない。

エ．X社は、Aとの間で連帯保証契約を締結するほか、本件借入金債務を主たる債務として、Bとの間でも連帯保証契約を締結し、AおよびBは連帯保証人となった。この場合において、AおよびBが主たる債務の全額を保証する旨の特約がない場合、AおよびBは、主たる債務の額を等しい割合で分割した額について保証債務を負う。

① ア－○　　イ－○　　ウ－○　　エ－○
② ア－○　　イ－○　　ウ－○　　エ－×
③ ア－○　　イ－×　　ウ－×　　エ－○
④ ア－×　　イ－○　　ウ－×　　エ－×
⑤ ア－×　　イ－×　　ウ－×　　エ－○
⑥ ア－×　　イ－×　　ウ－×　　エ－×

**問30** ································································ 過去問題

担保的機能を有する制度に関する次のア～エの記述のうち、その内容が適切なものを○、適切でないものを×とした場合の組み合わせを①～⑧の中から1つだけ選びなさい。

ア．売買契約の締結に際し、買主が代金の全額を支払う前に売主が目的物を買主に引き渡すが、目的物の所有権は代金全額の支払いが完了するまで売主に留保

される旨の所有権留保の約定がなされた。売主は、所有権留保の実行に際し、目的物の価額が売主の有する残債権額を超えて差額が生じる場合には、当該差額を買主に支払う清算義務を負う。

イ．買戻特約は、一般に、売主がその所有物を買主に売却する旨の売買契約を締結するのと同時に、将来売主が買主の支払った代金等を返還し、当該売買契約を解除することができる旨を定める特約である。

ウ．同時履行の抗弁権は、双務契約の当事者が、相手方がその債務の履行を提供するまで自己の債務の履行を拒否することによって弁済を心理的に強制するものであり、民法上、留置権と同様に、誰に対しても行使することができる。

エ．債権者は、債務者に対して有する貸金債権を担保する目的で債務者所有の建物につき代物弁済の予約を行い、その旨の仮登記を経た。その後、当該債務者が破産手続開始の決定を受けた場合、仮登記担保法上、当該債権者は、破産法上の別除権者に当たらない。

① ア−○　イ−○　ウ−○　エ−○
② ア−○　イ−○　ウ−×　エ−×
③ ア−○　イ−×　ウ−○　エ−○
④ ア−○　イ−×　ウ−×　エ−×
⑤ ア−×　イ−○　ウ−○　エ−×
⑥ ア−×　イ−○　ウ−×　エ−○
⑦ ア−×　イ−×　ウ−○　エ−×
⑧ ア−×　イ−×　ウ−×　エ−×

## 問31

責任財産の保全に関する次の①〜④の記述のうち、民法の規定に照らし、その内容が最も適切なものを1つだけ選びなさい。

① 代物弁済は債務の履行であるから、責任財産を毀損する行為であっても、詐害行為に当たることはない。
② 詐害行為取消請求を認容する確定判決は、債務者に対してのみ効力を有する。
③ 債権者は、被代位権利が差押えを禁止された権利である場合、債権者代位権を行使することができない。
④ 債権者が債権者代位権を行使して、第三債務者に対し、金銭の支払いを求める場合は、債務者に対して当該金銭を支払うよう求めることができるのみである。

## 問32

**民事再生法に関する次のア～エの記述のうち、その内容が適切なものの個数を①～⑤の中から1つだけ選びなさい。**

ア．X社は、再生手続開始の申立てを行った後、X社に再生手続開始の決定がなされる前に、取引先のY社から、X社の事業の継続に欠くことのできない資金の借入れを行った。当該借入れに先立って、当該資金の借入れによって生ずべきY社の貸金返還請求権を共益債権とする旨の裁判所の許可またはこれに代わる監督委員の承認をX社が受けていた場合には、当該貸金返還請求権は共益債権となる。

イ．X社が再生手続開始の申立てを行い、Yが監督委員に選任された。この場合、X社の業務の遂行ならびに財産の管理および処分をする権利は、Yに専属する。

ウ．X社が再生手続開始の申立てを行った後、X社に再生手続開始の決定がなされる前に、X社の債権者であるY社は、X社の財産に対して強制執行の申立てを行っていた。当該強制執行におけるY社の請求債権がX社の再生手続において再生債権として扱われるものである場合、進行中の当該強制執行の手続は、X社に再生手続開始の決定が出された後も続行される。

エ．X社は、Y社から融資を受けるに際し、Y社のためにX社の所有する本社ビルに抵当権を設定し、その旨の登記を経たが、その後、再生手続開始の決定を受けた。この場合、Y社は、原則として、当該抵当権を行使することができず、再生手続において作成される再生計画に従って、当該抵当権の被担保債権の弁済を受ける。

① 0個 ② 1個 ③ 2個 ④ 3個 ⑤ 4個


## 問33

**不法行為に関する次の①～④の記述のうち、その内容が最も適切なものを1つだけ選びなさい。**

① 企業の所有する工場から、大気汚染防止法上の健康被害物質に該当するばい煙が大気中に排出されたため、近隣住民に健康被害が生じた。この場合、当該企業は、ばい煙の排出につき故意または過失がなければ、当該近隣住民に対し、大気汚染防止法に基づく損害賠償責任を負わない。

② 自動車の運行供用者は、自己のための自動車の運行によって他人を負傷させ損害を生じさせた場合であっても、自動車の運行に関し注意を怠らなかったこ

とのみを証明すれば、被害者に対して、自動車損害賠償保障法の運行供用者責任の規定に基づく損害賠償責任を免れる。

③ ある事業のために他人を使用する使用者は、被用者がその事業の執行について第三者に加えた損害を賠償する責任を負う。この場合において、当該使用者は、当該第三者に対して損害賠償を行ったときであっても、民法上、当該被用者に対して求償することはできない。

④ 土地の工作物の占有者は、土地の工作物の設置または保存に瑕疵があることによって他人に損害が生じた場合、当該損害の発生を防止するのに必要な注意をしていたことを証明することができれば、土地工作物責任の規定に基づく損害賠償責任を免れることができる。

## 問34

X社は、Y社がX社の名誉を毀損したとして、500万円の損害賠償を求める民事訴訟を地方裁判所に提起したが、第一審で敗訴した。次の①〜④の記述は、X社において、民事訴訟における不服申立てについて検討している甲と乙の会話の一部である。この会話における乙の発言のうち、その内容が最も適切でないものを1つだけ選びなさい。

① 甲「当社は、第一審で敗訴してしまっているので、もはやY社との間で訴訟上の和解をすることはできないのでしょうか。」
   乙「控訴審でも訴訟上の和解をすることができ、実務上、重要な機能を果たしています。」

② 甲「第一審判決は不当であると考えています。この判決に、不服を申し立てるには、どのようにすればよいですか。」
   乙「第一審の終局判決に対する上訴を控訴といいます。本件民事訴訟については、地方裁判所で第一審判決がなされましたから、第一審判決確定前に、当該地方裁判所の所在地を管轄する高等裁判所に対して、控訴することができます。」

③ 甲「もし、当社が、控訴審でも敗訴した場合、さらに不服申立てをする方法はありますか。」
   乙「控訴審の判決に不服がある場合には、最高裁判所に対して、上告をすることができます。この場合、上告理由は、控訴理由と同じであることが必要です。」

④ 甲「敗訴判決が確定した場合、もはや、当社はこの確定した判決に不服を申

し立てる方法はないのでしょうか。」

　　乙「確定判決に不服を申し立てる方法として、再審があります。再審の訴え
　　　は、再審事由を知った日から30日以内に提起する必要があります。」


## 問35 過去問題

株式および株主の権利に関する次の①〜④の記述のうち、会社法の規定に
照らし、その内容が適切なものを2つ選びなさい。

① 　子会社による親会社の株式の取得は、原則として、禁止されている。
② 　株式会社は、定款において、その発行する株式について、一定の数の株式を
　　もって株主が株主総会において1個の議決権を行使することができる一単元の
　　株式とする旨の定めを設けることができる。
③ 　株式会社は、株式の譲渡を制限する場合、当該株式会社の設立時に作成され
　　る定款（原始定款）において株式の譲渡を制限する旨の規定を設けておかなけ
　　ればならず、株式会社の成立後に、定款変更により株式の譲渡を制限する旨の
　　規定を設けることはできない。
④ 　株式会社は、定款に定めを設けることにより、株主に対し、剰余金の配当を
　　受ける権利および残余財産の分配を受ける権利の全部を与えないことができ
　　る。


## 問36

株式会社の取締役に関する次のア〜エの記述のうち、会社法の規定に照ら
し、その内容が適切なものを○、適切でないものを×とした場合の組み合
わせを①〜⑥の中から1つだけ選びなさい。

ア．X株式会社の取締役Yは、取締役会において承認を受けることなく、自己の
　　利益のために、自己所有の土地をX社に売却する旨の売買契約をX社との間で
　　締結した。この場合、X社は、取締役Yとの間の土地の売買契約について、無
　　効を主張することができる。
イ．X株式会社の取締役会に参加した取締役Yは、決議に反対であったものの議
　　事録に異議をとどめなかった。この場合、取締役Yは決議に賛成したものと推
　　定され、その結果、会社に対する責任を負うことがある。
ウ．X株式会社の取締役Yは、X社の会社法上の子会社であるZ社の社外取締役を

兼務することができる。

エ．X株式会社には、社長Yおよび副社長Zの2名の代表取締役が存する。この場合、YおよびZは、当然に共同してのみX社を代表する。

① ア－○　　イ－○　　ウ－○　　エ－○
② ア－○　　イ－○　　ウ－×　　エ－×
③ ア－○　　イ－×　　ウ－×　　エ－○
④ ア－×　　イ－○　　ウ－○　　エ－×
⑤ ア－×　　イ－×　　ウ－○　　エ－○
⑥ ア－×　　イ－×　　ウ－×　　エ－×

## 問37
X株式会社は、資金調達のため、募集株式を発行することを検討している。この場合に関する次の①～④の記述のうち、会社法の規定に照らし、その内容が最も適切でないものを1つだけ選びなさい。

① 　X社が株主割当て以外の方法により募集株式を発行する場合、募集株式を引き受ける者にとって特に有利な払込金額を定めるときには、株主総会の特別決議により募集事項を決定する必要がある。
② 　X社が募集株式の発行を行った場合において、募集株式の引受人が、X社の取締役と通じて、著しく不公正な払込金額で募集株式を引き受けた。この場合、当該引受人は、X社に対し、当該払込金額と当該募集株式の公正な価額との差額に相当する金額を支払う義務を負う。
③ 　X社が募集株式の発行を行った場合において、募集株式の引受人のうちに出資の履行をしない者がいる場合、X社の募集株式の発行手続自体は無効とならず、当該出資の履行をしない者は募集株式の株主となる権利を失う。
④ 　X社の株主は、X社が募集株式を発行した後は、募集株式の発行につきいかなる法的瑕疵があっても、これを無効とすることはできない。

## 問38 …………………………………………………………… 過去問題
株式会社の解散および清算に関する次の①～④の記述のうち、会社法の規定に照らし、その内容が適切なものを2つ選びなさい。

① 株式会社は、清算手続を開始した後は、株主総会を開催する必要はない。

② 株式会社が清算手続を開始するに際し、清算手続を開始する時点における当該株式会社の取締役が清算人となる場合において、代表取締役を定めていたときは、当該代表取締役が代表清算人となる。

③ 株式会社は、解散の前に監査役会設置会社であった場合、清算手続の開始後、監査役会の設置を義務づけられる。

④ 清算人は、その職務として、現務の結了、債権の取立ておよび債務の弁済、残余財産の分配を行う。

## 問39 …………………………………………………………… 過去問題

環境保全関連法および社会福祉関連法に関する次の①〜④の記述のうち、その内容が適切なものを2つ選びなさい。

① 「廃棄物の処理及び清掃に関する法律」（廃棄物処理法）上、建設工事が数次の請負によって行われる場合、当該建設工事に伴い生ずる廃棄物については、注文者から当該建設工事を直接請け負った元請業者ではなく、当該建設工事を直接実施する下請業者が、自らの責任において適正に処理しなければならない。

② 「人の健康に係る公害犯罪の処罰に関する法律」上、企業は、その事業活動に伴って人の健康を害する物質を排出し、公衆の生命または身体に危険を生じさせたとしても、同法の規定により刑事罰を科されるのは、故意に人の健康を害する物質を排出した場合のみであり、過失により人の健康を害する物質を排出しても刑事罰を科されることはない。

③ 身体障害者補助犬法上、公共交通事業者等の所定の者は、その管理する施設等を身体障害者が利用する場合、原則として、身体障害者補助犬の同伴を拒むことを禁止されている。

④ 「障害を理由とする差別の解消の推進に関する法律」（障害者差別解消法）は、障害を理由とする差別の解消の推進に関する基本的な事項、行政機関等および事業者における障害を理由とする差別を解消するための措置等を定めることにより、障害を理由とする差別の解消を推進し、相互に人格と個性を尊重し合いながら共生する社会の実現に資することを目的とする。

## 問40

国際法務に関する次の①〜④の記述のうち、その内容が最も適切なものを

**1つだけ選びなさい。**

① 日本企業XとA国の企業Yとの間で、国際売買契約を締結することとなった。国際的な売買取引においては、売主の目的物引渡債務が不可抗力によって履行できない場合、取引の相手方の属する国にかかわらず、売主に責任が生じることはないとされているため、Xは、Yとの間の国際売買契約に不可抗力条項（force majeure clause）を設ける必要はない。

② 日本企業XとA国の企業Yとの間で、B国に存在する不動産の賃貸借契約に関し、契約の成立についての民事上の紛争が発生した。XとYとの間において準拠法を定めていない場合、日本の法適用通則法上、原則として、B国の法律に基づき当該契約の成否が判断されることになる。

③ 日本企業XとA国の企業Yの間の売買契約に関して発生した法的紛争の解決方法として国際裁判管轄の合意がある場合、日本の民事訴訟法上、Xは、当該合意を書面または電磁的記録としていなくても、合意した裁判所に対し、両社間の売買契約に関する法的紛争について訴えを提起することができる。

④ A国において、A国の企業Xが日本企業Yを被告として民事訴訟を起こし、A国の裁判所が国際裁判管轄を認めて審理を進め、原告であるX勝訴の判決が言い渡された。この場合、日本の民事執行法上、Xは、直ちに日本において当該判決の内容を執行することができる。

問1 ………………………………………………………………………… 過去問題

Aは、Bに対して、A所有のスマートウォッチαを第三者Cに売却する旨の代理権を与えた。この場合に関する次のア～エの記述のうち、民法の規定に照らし、その内容が適切なものの個数を①～⑤の中から1つだけ選びなさい。

ア．Bは、Aのためにすることを示さずに、Cとの間で、αの売買契約を締結した。この場合において、Bの本件売買契約の締結がAのためになされることをCが知っていたとしても、本件売買契約の効果がAに帰属することはない。

イ．Bは、Aからαを1万円以上で売却する旨の代理権を与えられていたが、Aのためにすることを示して、Cとの間でαを8,000円で売却する旨の売買契約を締結した。この場合、Cは、Bによる本件売買契約の締結が権限内の行為であると信じ、そう信じることにつき正当な理由があるときでも、Aに対してαの引渡しを請求することはできない。

ウ．Bは、Aのためにすることを示して、Cとの間で、αではなくA所有のスマートウォッチβを売却する旨の売買契約を締結した。この場合において、Bが未成年者であるときは、Cは、Bの本件売買契約の締結が無権代理であることにつき善意無過失であっても、Bに対して無権代理人の責任を追及することはできない。

エ．Bは、Aのためにすることを示して、Cとの間で、αではなくA所有のスマートウォッチβを売却する旨の売買契約を締結した。この場合、Cは、Bの本件売買契約の締結が無権代理であることにつき善意であるか悪意であるかにかかわらず、AがBの無権代理行為を追認しない間は、本件売買契約を取り消すことができる。

①　0個　　②　1個　　③　2個　　④　3個　　⑤　4個

問2

金銭消費貸借契約に関する次のア～エの記述のうち、その内容が適切なものの組み合わせを①～⑥の中から1つだけ選びなさい。

ア．貸金業を営むA社は、Bとの間で、利息制限法所定の上限金利を超える利息

の約定をして、Bに150万円を貸し付ける旨の金銭消費貸借契約を締結し、Bに150万円を交付した。この場合、利息制限法上、当該金銭消費貸借契約自体が無効となる。

イ．貸金業を営むA社は、Bとの間で、出資法所定の上限金利を超える利息の約定をして、Bに30万円を貸し付ける旨の金銭消費貸借契約を締結し、Bに30万円を交付した。この場合、出資法上、A社は、監督官庁から行政処分を受けることはあるが、刑事罰を科されることはない。

ウ．A社は、B社との間で、返済期限を半年後として、利息の約定をせずに、B社に1000万円を貸し付ける旨の金銭消費貸借契約を締結し、B社に1000万円を交付した。この場合であっても、A社は、商法上、B社に法定利息を請求することができる。

エ．Aは、Bとの間で、返済期限の約定をせずに、Bに10万円を貸し付ける旨の金銭消費貸借契約を締結し、Bに10万円を交付した。この場合、民法上、Aは、Bに対し、相当の期間を定めて貸付金返還の催告をすることができる。

① アイ　　② アウ　　③ アエ　　④ イウ　　⑤ イエ　　⑥ ウエ

## 問3

**商法上の仲立人に関する次のア～エの記述のうち、その内容が適切なものを○、適切でないものを×とした場合の組み合わせを①～⑧の中から1つだけ選びなさい。**

ア．仲立契約は、仲立人が委託者から商行為の媒介の委託を受けることを承諾するだけでは成立せず、仲立人が委託者との間で契約書を作成し、委託者に交付することにより成立する。

イ．委託者がその氏名を相手方に示さないよう仲立人に命じた場合、仲立人は、当事者間に行為が成立した際に当事者に交付すべき書面（結約書）に委託者の氏名を記載してはならない。

ウ．仲立人は、当事者の許可を受けなければ、自己または第三者のために当事者の営業の部類に属する取引をすることはできないが、当事者の許可を受けなくても、当事者と同種の営業を目的とする会社の取締役になることはできる。

エ．仲立人は、商法所定の事項を記載した帳簿を保存する義務を負うが、当事者の請求があっても、その当事者のために媒介した行為についてその帳簿の謄本を交付する義務を負わない。

| | | | | |
|---|---|---|---|---|
| ① | アー○ | イー○ | ウー○ | エー○ |
| ② | アー○ | イー○ | ウー○ | エー× |
| ③ | アー○ | イー○ | ウー× | エー○ |
| ④ | アー○ | イー× | ウー○ | エー○ |
| ⑤ | アー× | イー○ | ウー× | エー× |
| ⑥ | アー× | イー× | ウー○ | エー× |
| ⑦ | アー× | イー× | ウー× | エー○ |
| ⑧ | アー× | イー× | ウー× | エー× |

## 問4

ファイナンス・リースに関する次の文章中の下線部ア〜エの記述のうち、その内容が適切なものを○、適切でないものを×とした場合の組み合わせを①〜⑥の中から1つだけ選びなさい。

ファイナンス・リース契約の当事者には、リース会社、リース会社から物件を借り受けて使用するユーザー、物件を供給するサプライヤーの三者が存在する。

ファイナンス・リース契約は、ユーザーによるリース契約の申込みに対し、リース会社が承諾をした時点で成立する。ア) ファイナンス・リース契約については、後日のトラブルを防止する観点から、書面により締結することが望ましいが、書面によらなければ効力を生じない旨の法律上明文の規定はない。一方、物件を供給するサプライヤーは、リース会社と物件の売買契約を締結し、リース会社は、サプライヤーから買い付けた物件をユーザーに貸し付けることになる。イ) サプライヤーとリース会社との間の物件の売買契約は、法律上契約の効力発生要件として書面を作成することを要求されているわけではなく、口頭の合意でも効力が生じる。サプライヤーとユーザーの関係については、ウ) ユーザーに物件を供給するのはサプライヤーであることから、ファイナンス・リース契約において、サプライヤーは、法律上当然に、ユーザーに対し、物件の保守・修繕義務を負うとされている。

法律上は、リース会社がユーザーに物件を貸し付けるが、リース会社の経済的な機能はユーザーに資金を提供する代わりに、物件そのものを貸し付けているのであり、物融の役割を果たしている。ファイナンス・リースの目的となる物件は、通常はサプライヤーから直接ユーザーに納入される。ただし、エ) リースの目的となる物件の所有権はリース会社にあるので、物件が滅失した場合、ユーザーは、リース会社に損害金を支払うことになる。

① アー○　　イー○　　ウー○　　エー○
② アー○　　イー○　　ウー×　　エー○
③ アー○　　イー×　　ウー×　　エー○
④ アー×　　イー○　　ウー○　　エー×
⑤ アー×　　イー×　　ウー○　　エー×
⑥ アー×　　イー×　　ウー×　　エー×

## 問5

不動産登記に関する次のア〜エの記述のうち、その内容が適切なものの個数を①〜⑤の中から1つだけ選びなさい。

ア．不動産の所有者が自己の債権者から強制執行を受け、当該不動産について差押えの登記がなされた後に、当該不動産が当該所有者から譲受人に譲渡され、その旨の所有権移転登記がなされた。この場合において、当該不動産につき強制競売が行われ第三者が当該不動産を買い受けると、当該第三者に対する所有権移転登記がなされ、当該譲受人に対する所有権移転登記は抹消される。

イ．仮登記は、所有権等の登記をすることができる権利の設定・移転等に関する請求権を保全することを目的として行うことができる。

ウ．登記義務者に対し登記手続をすべきことを命ずる確定判決を得た登記権利者は、登記義務者との共同申請ではなく、登記権利者単独でかかる登記手続を行うことができる。

エ．不動産が所有者から譲受人（第一譲受人）に譲渡され、所有権移転の仮登記がなされた後、当該仮登記に基づく本登記がなされる前に、当該不動産が他の譲受人（第二譲受人）に二重に譲渡され、所有権移転登記がなされた。この場合、当該仮登記に基づく本登記がなされれば、第一譲受人は、第二譲受人に対し、当該不動産の所有権の取得を対抗することができる。

① 0個　　② 1個　　③ 2個　　④ 3個　　⑤ 4個

## 問6

商標法に関する次のア〜エの記述のうち、その内容が適切なものを○、適切でないものを×とした場合の組み合わせを①〜⑧の中から1つだけ選びなさい。

ア．商標登録については、実用新案登録と同様に、商標登録出願の形式面についての審査のみを行って商標権の設定登録を行う早期登録制度がとられている。したがって、商標登録出願があったときは、その商標登録出願の放棄、取下げ、または却下がなされた場合を除き、商標権の設定登録がなされる。

イ．商標について商標登録を受けようとする者は、すでに第三者が当該商標と同一の指定商品にかかる類似の商標について商標登録を受けているときは、当該商標について商標登録を受けることができない。

ウ．商標登録を受けることができる標章には、人の知覚によって認識することができるもののうち、文字、図形、記号、立体的形状もしくは色彩またはこれらの結合のほか、音が含まれる。

エ．商標権者は、自己の登録商標と同一または類似の指定商品について、当該登録商標と同一または類似の商標を無断で使用し、自己の商標権を侵害している者に対して、その使用の差止めを請求することができる。

① ア－○　　イ－○　　ウ－○　　エ－○
② ア－○　　イ－○　　ウ－○　　エ－×
③ ア－○　　イ－○　　ウ－×　　エ－○
④ ア－○　　イ－×　　ウ－×　　エ－×
⑤ ア－×　　イ－○　　ウ－○　　エ－○
⑥ ア－×　　イ－×　　ウ－○　　エ－×
⑦ ア－×　　イ－×　　ウ－×　　エ－○
⑧ ア－×　　イ－×　　ウ－×　　エ－×

**問7** ……………………………………………………………………… 過去問題

独占禁止法に関する次のア～エの記述のうち、その内容が適切なものを○、適切でないものを×とした場合の組み合わせを①～⑥の中から1つだけ選びなさい。

ア．公正取引委員会は、独占禁止法の規定に違反する行為がある場合には、当該違反行為を行った事業者に対して、意見聴取を行うことなく、排除措置命令を発することができる。

イ．公正取引委員会は、独占禁止法の規定に違反する事実があると思料する場合であっても、相手方の任意の協力を前提として行う任意調査をすることしかできず、相手方の抵抗を実力で排除して強制的に調査を行うことはできない。

ウ．公正取引委員会は、独占禁止法に違反する競争入札における入札談合等について、地方公共団体の職員に入札談合等関与行為があると認めるときは、「入札談合等関与行為の排除及び防止並びに職員による入札等の公正を害すべき行為の処罰に関する法律」（官製談合防止法）に基づき、当該地方公共団体の長に対し、改善措置を講ずべきことを求めることができる。

エ．事業者が、同業他社に役員を派遣して、当該他社を自己の影響下に置いて、当該他社の事業活動を支配することにより、公共の利益に反して、一定の取引分野における競争を実質的に制限した。この場合における当該事業者の行為は、独占禁止法上の私的独占に該当する。

① ア－○　イ－○　ウ－○　エ－○
② ア－○　イ－○　ウ－×　エ－○
③ ア－○　イ－×　ウ－×　エ－×
④ ア－×　イ－○　ウ－○　エ－×
⑤ ア－×　イ－×　ウ－○　エ－○
⑥ ア－×　イ－×　ウ－×　エ－×


**問8**···················································· 過去問題

**消費者契約法に関する次の①～④の記述のうち、その内容が適切なものを2つ選びなさい。**

① 事業者A社は、インターネット上の求人サイトにおけるA社からの募集を見て応募してきたBとの間で労働契約を締結した。当該労働契約には、消費者契約法が適用される。

② 事業者A社は、不特定かつ多数の消費者に対して、消費者契約法に基づき消費者が取り消すことができる不適切な勧誘行為を行っている。この場合、消費者契約法上の適格消費者団体だけでなく、すべての人が、A社に対し、消費者契約法に基づき、当該勧誘行為の停止を請求することができる。

③ 事業者A社の営業所において、消費者Bは、A社から将来における変動が不確実な事項につき断定的判断の提供を受け、その内容が確実であると誤認して、A社との間で、A社の商品を購入する旨の売買契約を締結した。この場合、Bは、消費者契約法に基づき、当該売買契約を取り消すことができる。

④ 事業者A社が消費者Bとの間で締結した消費者契約の条項には、法令中の公の秩序に関しない規定の適用による場合に比して消費者の権利を制限しまたは

消費者の義務を加重する条項であって、信義誠実の原則に反して消費者の利益を一方的に害するものが含まれていた。この場合、当該条項は無効である。


## 問9

X社は、化粧品の小売業者であり、顧客情報をデータベース化して管理し、顧客に対するアフターケアやメールマガジンの配信、特売セールの案内等の情報提供を行っている。この場合に関する次のア～エの記述のうち、個人情報保護法の規定に照らし、その内容が適切なものを○、適切でないものを×としたときの組み合わせを①～⑧の中から1つだけ選びなさい。なお、X社は、個人情報保護法上の個人情報取扱事業者に該当するものとし、同法27条2項に規定するいわゆるオプトアウトの手続はとっていないものとする。

ア．X社は、自社の保有する顧客の個人情報についてその利用目的を変更する場合、あらかじめ本人である顧客の同意を得ないで、従前の利用目的を一切考慮することなく、任意に、利用目的を変更することができる。

イ．X社は、事業活動を通じて顧客からその個人情報を取得しているが、その利用目的を公表していない。この場合において、X社は、顧客の個人情報を取得したときは、その利用目的を本人である当該顧客に通知した上で、さらに公表しなければならない。

ウ．X社は、自社の保有する顧客の個人データを、その子会社であるY社に提供し、Y社の事業活動に利用させることとした。この場合、X社は、当該個人データにかかる本人である顧客の同意を得ることなく、任意に、Y社に当該個人データを提供することができる。

エ．X社は、顧客Aから、Aが識別される保有個人データの開示を請求されたとしても、Aに対し、当該保有個人データを開示する必要はない。

① ア－○　　イ－○　　ウ－○　　エ－○
② ア－○　　イ－○　　ウ－○　　エ－×
③ ア－○　　イ－○　　ウ－×　　エ－○
④ ア－○　　イ－×　　ウ－×　　エ－×
⑤ ア－×　　イ－○　　ウ－○　　エ－○
⑥ ア－×　　イ－×　　ウ－○　　エ－×
⑦ ア－×　　イ－×　　ウ－×　　エ－○

⑧　ア－×　　イ－×　　ウ－×　　エ－×

## 問10
電子商取引に関する次のア〜エの記述のうち、その内容が適切なものの組み合わせを①〜⑥の中から1つだけ選びなさい。

ア．A社は、その運営する通信販売サイトの商品購入ページにおいて、「未成年者が商品を購入するには、親権者の同意が必要である」旨を警告した上で、購入者の生年月日を入力する欄を設けていた。未成年者Bは、親権者の同意を得ずに、かつ、行為能力者であるとA社に誤信させるため偽りの生年月日を入力するなど詐術を用いて、当該商品購入ページで商品購入を申し込む旨の意思表示をした。これを信じたA社は、Bの申込みを承諾する旨の電子メールを送信し、A社とBとの間で売買契約が成立した。この場合、民法上、Bは、未成年者であることを理由として、当該売買契約を取り消すことができない。

イ．A社は、自社の運営する通信販売サイトにおいて、消費者による商品購入の申込みを受け、消費者に対し、自社商品を販売している。この場合、「特定電子メールの送信の適正化等に関する法律」（迷惑メール防止法）上、A社は、自社商品を購入した顧客に対して、広告または宣伝を行うための手段である電子メールを送信するにあたり、あらかじめ送信を拒否している者に送信することは禁止されているが、あらかじめ当該電子メールの送信に対する同意を得ていない者に送信することは禁止されていない。

ウ．Aは、B社の運営する通信販売サイトの商品購入ページで、B社の商品を1個購入するつもりであったが、重大な過失により11個購入する旨の申込みをし、B社との間で当該商品の売買契約を締結した。そこで、Aは、B社に対し、当該売買契約の目的および取引上の社会通念に照らして重要な錯誤を理由として当該売買契約を取り消す旨を主張した。この場合において、B社は、商品購入ページに消費者が申込みの意思表示を行う意思の有無について確認を求める措置を講じていたときであっても、Aに重大な過失があったことを理由に、当該売買契約を取り消すことはできない旨を主張することはできない。

エ．電子署名及び認証業務に関する法律（電子署名法）上、電磁的記録であって情報を表すために個人事業主Aが作成したものは、当該電磁的記録に記録された情報についてAによる電子署名が行われているときは、真正に成立したものと推定される。

① アイ ② アウ ③ アエ ④ イウ ⑤ イエ ⑥ ウエ

## 問11
譲渡担保に関する次のア～エの記述のうち、その内容が適切なものの個数を①～⑤の中から1つだけ選びなさい。

ア．不動産に設定された譲渡担保を実行するためには、裁判所の競売手続によらなければならない。

イ．不動産に設定された譲渡担保を第三者に対抗するには、登記を経なければならない。

ウ．動産に譲渡担保の設定を受けた譲渡担保権者は、たとえ目的物の引渡しを受けていたとしても、「動産及び債権の譲渡の対抗要件に関する民法の特例等に関する法律」（動産・債権譲渡特例法）に基づく動産譲渡登記がなされていなければ、当該動産への譲渡担保の設定を第三者に対抗することができない。

エ．不動産に譲渡担保を設定する場合、譲渡担保設定者は、譲渡担保権者と合意することにより、引き続き当該不動産を使用することができる。

① 0個 ② 1個 ③ 2個 ④ 3個 ⑤ 4個

## 問12
債権の回収に関する次のア～エの記述のうち、民法の規定に照らし、その内容が適切なものの組み合わせを①～⑥の中から1つだけ選びなさい。

ア．A社がB社に対して有する100万円の売掛金債権については弁済期が到来していないが、B社がA社に対して有する40万円の貸金債権については弁済期が到来している。この場合、A社は、両債権を対当額で相殺することができる。

イ．A社がB社に対して有する100万円の貸金債権およびB社がA社に対して有する部品の引渡債権のいずれもが弁済期にある場合、A社は、両債権を対当額で相殺することができる。

ウ．A社は、B社に対し、弁済期の到来した100万円の請負代金債権を有しており、B社は、取引先であるC社に対し、弁済期の到来した100万円の売掛金債権を有している。この場合において、B社が無資力であるにもかかわらず当該売掛金債権の行使を怠っているときは、A社は、裁判上または裁判外で債権者代位権

を行使して、C社に対し、売掛金の支払いを請求することができる。

エ．A社は、B社との間で、A社の製品を100万円でB社に売却する旨の売買契約を締結した。売買代金債務および製品の引渡債務のいずれについても弁済期が到来した場合、B社は、A社からの売買代金の請求に対し、同時履行の抗弁を主張して、A社が製品の引渡債務につき弁済の提供をするまで、売買代金債務の履行を拒むことができる。

① アイ ② アウ ③ アエ ④ イウ ⑤ イエ ⑥ ウエ

## 問13 ⋯⋯⋯⋯⋯⋯⋯⋯⋯⋯⋯⋯⋯⋯⋯⋯⋯⋯⋯⋯⋯⋯⋯⋯⋯⋯⋯⋯ 過去問題

法律上の損害賠償責任に関する次の①～④の記述のうち、その内容が適切なものを2つ選びなさい。

① 民法709条の規定による不法行為が行われた場合において、被害者に過失があるときは、民法上、裁判所は、当該被害者が提起した不法行為に基づく損害賠償請求訴訟において、当該被害者の過失を考慮して損害賠償の額を定めることができる。

② 製造物を業として輸入した者は、当該製造物の欠陥により損害が生じた場合であっても、実際には当該製造物を製造していないときは、被害者に対し、製造物責任法に基づく損害賠償責任を負わない。

③ 自動車損害賠償保障法上、自己のために自動車を運行の用に供する運行供用者は、自己および運転者が自動車の運行に関し注意を怠らなかったことのみを証明しても、同法に基づく損害賠償責任を免れることはできない。

④ 企業が、その所有する工場から大気汚染防止法上の健康被害物質に該当するばい煙を大気中に排出したことにより、近隣住民に健康被害が生じた。この場合であっても、当該企業は、ばい煙の排出につき故意または過失がなければ、当該近隣住民に対し、大気汚染防止法に基づく損害賠償責任を負わない。

## 問14

民事訴訟手続に関する次のア～エの記述のうち、その内容が適切なものの組み合わせを①～⑥の中から1つだけ選びなさい。

ア．被告は、口頭弁論期日において、原告が主張する請求原因事実の1つについ

て知らない旨の答弁をした。この場合、被告は、当該請求原因事実を自白したものと推定される。

イ．当事者は攻撃防御の方法を訴訟のいかなる時期に提出してもよく、時機に後れた攻撃防御方法であったとしても、裁判所はこれを却下することができない。

ウ．裁判所は、証人および当事者本人の尋問を、できる限り、争点および証拠の整理が終了した後に集中して行わなければならない。

エ．裁判所は、判決をするにあたり、口頭弁論の全趣旨および証拠調べの結果を斟酌して、自由な心証により事実認定を行う。

① アイ ② アウ ③ アエ ④ イウ ⑤ イエ ⑥ ウエ


## 問15
民事訴訟以外の法的紛争の解決手段に関する次のア〜エの記述のうち、その内容が適切なものを○、適切でないものを×とした場合の組み合わせを①〜⑧の中から1つだけ選びなさい。

ア．当事者間で裁判外の和解を行う場合、その内容を公正証書にしなければ、法律上、和解の効力は認められない。

イ．不動産の明渡しに関する当事者間の紛争について即決和解が成立し、和解調書が作成された場合、当該和解調書は、当該不動産の明渡しの強制執行に関し、債務名義となる。

ウ．民事調停において当事者間に合意が成立した結果作成された調停調書は、債務名義となり、その記載は裁判上の和解と同一の効力を有する。

エ．「裁判外紛争解決手続の利用の促進に関する法律」（ADR基本法）上、民事上の法的紛争の当事者の一方が、認証紛争解決事業者との間で認証紛争解決手続に関する契約を締結すると、認証紛争解決手続が開始され、他方当事者は当該認証紛争解決手続の期日に出頭することを強制される。この場合において、当該他方当事者が当該期日に欠席したときには、直ちに、期日に出席した当事者の主張を認める執行証書が作成される。

① ア−○  イ−○  ウ−○  エ−○
② ア−○  イ−○  ウ−×  エ−×
③ ア−○  イ−×  ウ−○  エ−○
④ ア−○  イ−×  ウ−×  エ−○

⑤　ア－×　　イ－○　　ウ－○　　エ－×

⑥　ア－×　　イ－○　　ウ－×　　エ－○

⑦　ア－×　　イ－×　　ウ－○　　エ－×

⑧　ア－×　　イ－×　　ウ－×　　エ－×

## 問16

企業活動にかかわる犯罪に関する次のア～エの記述のうち、その内容が適切なものの組み合わせを①～⑥の中から1つだけ選びなさい。

ア．X社の株主Aは、株主の権利の行使に関し、X社の計算において財産上の利益を自己に供与することをX社の取締役Bに要求したが、BがAの要求を拒絶したため、財産上の利益の供与を受けることができなかった。この場合であっても、Aには、会社法上の利益供与要求罪が成立し得る。

イ．X社の取締役Aが、取締役としての任務に背く行為をし、X社に財産上の損害が生じた。この場合において、Aが自己もしくは第三者の利益を図る目的およびX社に損害を加える目的のいずれも有しなかったときは、Aには、会社法上の特別背任罪は成立しない。

ウ．個人情報保護法上の個人情報取扱事業者であるX社は、偽りその他不正の手段により個人情報を取得した。この場合、X社は、直ちに個人情報保護法に基づき刑事罰を科される。

エ．X社は、その事業活動に伴って人の健康を害する物質を排出し、これにより公衆の生命・身体に危険を生じさせた。この場合、「人の健康に係る公害犯罪の処罰に関する法律」により、X社に刑事罰が科されるのは、X社が故意に人の健康を害する物質を排出した場合のみであり、過失により人の健康を害する物質を排出しても刑事罰の対象とならない。

①　アイ　　②　アウ　　③　アエ　　④　イウ　　⑤　イエ　　⑥　ウエ

## 問17

株式に関する次のア～エの記述のうち、会社法の規定に照らし、その内容が適切なものの組み合わせを①～⑥の中から1つだけ選びなさい。

ア．株式会社は、株主総会において議決権を行使することができる事項について

制限のある株式（議決権制限株式）を発行することができるが、会社法上の公開会社においては、議決権制限株式の数が発行済株式総数の2分の1を超えたときは、直ちに、議決権制限株式の数を発行済株式総数の2分の1以下にするための必要な措置をとらなければならない。

イ．株式会社は、その発行する株式について、一定の数（単元株式数）の株式をもって株主が株主総会において1個の議決権を行使することができる1単元の株式とする旨を定めることができる。この単元株式数の上限についての規制はないため、任意の数を単元株式数と定めることができる。

ウ．株式会社は、その発行する株式について、原則として、株券を発行するものと定められているが、定款において株券を発行しない旨を定めた場合に限り、株券を発行しないことができる。

エ．株式会社は、一定の日（基準日）を定めて、基準日において株主名簿に記載されている株主を、株主として権利を行使することができる者と定めることができる。

① アイ ② アウ ③ アエ ④ イウ ⑤ イエ ⑥ ウエ


## 問18

株式会社の取締役および取締役会に関する次のア〜エの記述のうち、会社法の規定に照らし、その内容が適切なものを○、適切でないものを×とした場合の組み合わせを①〜⑥の中から1つだけ選びなさい。なお、本問における取締役会設置会社には、監査役が置かれているものとし、かつ、会計参与は置かれていないものとする。

ア．取締役会設置会社においては、取締役会決議により、取締役の中から代表取締役を選定しなければならない。

イ．取締役会設置会社において、取締役会は、取締役および監査役全員の同意があるときは、招集の手続を経ることなく開催することができる。

ウ．株式会社が代表取締役以外の取締役に「社長」など会社を代表する権限を有するものと認められる名称を付している場合において、当該取締役が、当該名称を示して、当該取締役が代表権を有すると誤信した第三者との間で契約を締結した。この場合、当該株式会社は、当該第三者に対して、当該契約につき責任を負うことはない。

エ．取締役会設置会社の代表取締役は、任期満了、辞任などにより取締役の地位

を喪失した場合であっても、取締役会の決議により解職されなければ、代表取
締役の地位を喪失しない。

① ア−○　　イ−○　　ウ−○　　エ−○
② ア−○　　イ−○　　ウ−×　　エ−×
③ ア−○　　イ−×　　ウ−○　　エ−○
④ ア−×　　イ−○　　ウ−×　　エ−○
⑤ ア−×　　イ−×　　ウ−○　　エ−×
⑥ ア−×　　イ−×　　ウ−×　　エ−×

## 問19

日本法人であるA社とX国法人であるB社との間の国際売買契約に関する次
のア〜エの記述のうち、その内容が適切なものの組み合わせを①〜⑥の中
から1つだけ選びなさい。

ア．A社およびB社は、本件売買契約における債務の履行地を、日本およびX国
　以外の国であるY国とすることとした。この場合、「法の適用に関する通則法」
　（法適用通則法）によれば、A社およびB社は、その合意により、契約当事者の
　属する国でないY国の法律を準拠法とすることはできない。
イ．A社は、B社に対し、本件売買契約に基づく売買代金債権を有しているが、
　B社が支払不能に陥った。B社が日本国内に財産を有している場合、民事再生
　法上、A社は、日本の裁判所に対し、B社につき再生手続開始の申立てをする
　ことができる。
ウ．B社は、本件売買契約に関して生じた民事上の法的紛争に関し、X国の裁判
　所に民事訴訟を提起し勝訴判決を得た。本件訴訟につき、A社が民事訴訟の開
　始に必要な呼出しまたは命令の送達を受けておらず、かつA社が応訴もしてい
　ない場合、B社は、当該判決につき日本で執行判決を得ることはできない。
エ．A社とB社との間で本件売買契約に関して生じた民事上の法的紛争について、
　日本の裁判所とX国の裁判所にそれぞれ民事訴訟が提起された。この場合、日
　本の民事訴訟法上、先に民事訴訟が提起された裁判所に優先権が認められ、後
　から民事訴訟が提起された裁判所では訴えが却下されるため、民事訴訟が競合
　することはない。

① アイ　　② アウ　　③ アエ　　④ イウ　　⑤ イエ　　⑥ ウエ

国際取引に関する次の①～④の記述のうち、その内容が適切なものを２つ選びなさい。

① 日本の企業A社は、X国における取引について便宜を図ってもらうため、X国の公務員Bに対して贈賄行為を行った。A社からBへの送金手続がアメリカ合衆国（米国）内で行われた場合であっても、A社は、米国の連邦海外腐敗行為防止法による処罰の対象となることはない。

② 日本の企業A社は、X国の企業B社に対し、不法行為による損害賠償債権を有しているが、B社が支払不能に陥るおそれが生じた。B社が日本国内に財産を有している場合、民事再生法上、A社は、日本の裁判所に対し、B社につき再生手続開始の申立てをすることができる。

③ 日本の企業A社は、自社の製品αのデザインについて日本で商標登録を受け、製品αの販売を行っている。X国の企業B社は、製品αにつきA社が有する商標権を侵害する製品βをX国で製造し、日本に輸入し販売しようとしている。この場合、日本の税関当局は職権により製品βの輸入を差し止めることができ、A社は税関当局に製品βの輸入差止めの申立てをすることができる。

④ 日本の企業A社は、製品αを製造するのに必要な発明βにつき、日本およびX国で特許権を有しており、X国においては、X国の企業であるB社に製品αの独占的販売権を設定している。日本の企業であるC社が、X国でB社から製品αを購入し、日本に輸入し販売している場合、日本の判例によれば、A社は、日本における発明βの特許権に基づいて、C社に対し製品αの輸入および販売の差止めを請求することができる。

## 問21

売買契約に関する次の①～④の記述のうち、民法の規定に照らし、その内容が最も適切なものを１つだけ選びなさい。

① Aは、B社との間で、B社から中古自動車を購入する旨の売買契約を締結し、解約手付として20万円をB社に交付した。この場合、Aは、B社が履行に着手するまでは、手付を放棄して、当該売買契約を解除することができる。

② 家電量販店を営むA社は、これまで取引のなかった家電メーカーのB社との間でエアコン30台を購入する旨の売買契約を締結した。その後、A社は、受領時の検査で、当該エアコンにB社の過失による不良品が含まれていることが判

明したため、当該エアコンを受領しなかった。この場合、A社は、B社に対して改めて債務の完全な履行を催告することなく、直ちに当該売買契約を解除することができる。

③　A社は、B社との間で、B社から中古自動車を購入する旨の売買契約を締結したが、その後、当該自動車は、A社への引渡しの前に、第三者の放火により滅失した。この場合、A社とB社との間に危険負担に関する特約がなければ、A社は、B社から当該自動車の代金の支払いを請求されたときは、これを拒むことができない。

④　Aは、B社との間で、B社から中古のパソコンを購入する旨の売買契約を締結し、その引渡しを受けた。しかし、当該パソコンは、使用中に突然電源が切れるという、品質に関して当該売買契約の内容に適合しないものであることが判明した。この場合、Aは、B社に対して、当該パソコンの修補による履行の追完を請求することができない。

## 問22
**請負契約に関する次の①〜④の記述のうち、民法の規定に照らし、その内容が最も適切でないものを1つだけ選びなさい。**

①　X社は、Y社との間で、インターネットを用いた販売システムの開発をY社に委託する旨の請負契約を締結した。Y社が完成しX社に引き渡したシステムがX社の責めに帰すべき事由により品質に関し当該請負契約の内容に適合しないものであった場合、X社は、Y社に対し、当該システムの修補による履行の追完を請求することができない。

②　X社は、Y社との間で、インターネットを用いた販売システムの開発をY社に委託する旨の請負契約を締結した。Y社が完成しX社に引き渡したシステムがY社の責めに帰すべき事由により品質に関し当該請負契約の内容に適合しないものであった場合、X社は、原則として、当該請負契約を解除することができる。

③　X社は、Y社との間で、広告用パンフレットの印刷をY社に依頼する旨の請負契約を締結した。Y社が完成しX社に引き渡したパンフレットが品質に関し当該請負契約の内容に適合しないものであったが、その不適合はX社がY社に与えた指図によって生じたものであった。この場合、X社は、Y社に対し、当該パンフレットの修補による履行の追完を請求することができる。

④　X社は、Y社との間で、広告用パンフレットの印刷をY社に依頼する旨の請

負契約を締結した。Y社はパンフレットの印刷を完成させたが、Y社がパンフレットをX社に引き渡す前に、第三者の放火により、Y社の倉庫に保管されていたパンフレットが焼失した。この場合において、Y社が再度パンフレットの印刷を完成させることが可能であるときは、Y社がX社に対して負うパンフレットの印刷の完成義務および引渡義務は存続する。

## 問23

倉庫営業者であるA社は、B社との間で、保管料を受けてB社所有の商品を1年間預かる旨の倉庫寄託契約を締結した。この場合に関する次のア〜エの記述のうち、民法および商法の規定に照らし、その内容が適切なものを○、適切でないものを×としたときの組み合わせを①〜⑥の中から1つだけ選びなさい。

ア．A社は、本件商品を善良な管理者の注意をもって保管しなければならない。

イ．本件寄託契約において、保管料の支払方法および支払時期についてA社とB社との間に特約がない場合、B社は、商品の入庫時に、A社に対し1年分の保管料の全額を支払わなければならない。

ウ．A社は、本件寄託契約で約定した保管期間の満了後もB社が本件商品の受領を拒む場合、本件商品について供託権および競売権を認められる。

エ．A社は、B社から保管料の支払いを受けていない場合、本件商品について留置権および動産保存の先取特権を認められる。

① ア−○　　イ−○　　ウ−○　　エ−○
② ア−○　　イ−○　　ウ−×　　エ−×
③ ア−○　　イ−×　　ウ−×　　エ−×
④ ア−×　　イ−○　　ウ−×　　エ−×
⑤ ア−×　　イ−×　　ウ−○　　エ−○
⑥ ア−×　　イ−×　　ウ−×　　エ−×

## 問24

小売業者A社は、自社の取扱商品の製造業者であるB社との間で、小売業者等が、自社ブランドの製品を販売するために、製造業者等との間で決定した仕様に基づく製品を当該製造業者等に供給させるOEM（Original

Equipment Manufacturer）契約を締結することを検討している。次の
①〜④の記述は、OEM契約について検討している際のA社内における発言
の一部である。これらの発言のうち、その内容が最も適切でないものを1
つだけ選びなさい。

① 「OEM契約における発注者は、一般に、技術力や価格競争力の弱い分野にお
いて安価に良質な製品を調達することによって、投資負担や経営リスクを軽減
できます。これに対して、受注者は、一般に、価格が適正であれば、生産の増
大により利益を拡大でき、また、同時に設備および人員の有効利用が可能とな
ります。」

② 「OEM契約における取引数量の設定方法としては、年間の最低取引数量や金
額を設定する方法、最低発注単位を設定して一定期間の先行発注を義務付ける
方法、購入予定量を単なる達成努力義務として定める方法などがあります。」

③ 「OEM契約においては、発注者が、OEM契約に基づいて製造業者等に供給
させた製品に、その製品の製造業者として自己の商号を表示して製品を販売す
ることがあります。このようにして販売された製品に欠陥があり、製品の購入
者がその製品を使用して怪我をした場合でも、OEM契約における発注者が、
製造物責任法に基づく損害賠償責任を負うことはありません。」

④ 「OEM契約における発注者は、自社ブランドを表すロゴマークについて商標
権の設定登録を受けた上で、OEM契約に基づき供給される製品に当該ロゴマー
クを付して販売することができます。これにより、発注者は、競合他社が、正
当な権限なく当該ロゴマークと類似する商標を同種の製品に付して販売してい
る場合、商標権の侵害を理由として、その差止めを請求することができます。」

**問25** ......................................................................... 過去問題
**著作権法に関する次のア〜エの記述のうち、その内容が適切なものの個数**
**を①〜⑤の中から1つだけ選びなさい。**

ア．著作権者は、他人に対し、その著作物の利用を許諾することができ、その許
諾を得た者は、その許諾にかかる利用方法および条件の範囲内において、その
許諾にかかる著作物を利用することができる。

イ．譲渡による著作権の移転を第三者に対抗するためには、登録等の何らの手続
を経る必要はなく、著作権の移転は当然に第三者に対抗することができる。

ウ．法人その他の使用者（法人等）の発意に基づきその法人等の業務に従事する

者が職務上作成する著作物（プログラムの著作物を除く）で、その法人等が自己の著作の名義の下に公表する職務著作の著作者は、その作成の時における契約、勤務規則その他に別段の定めがない限り、その法人等とされる。

エ．共同著作物の著作権などの共有著作権は、その共有者の過半数の同意がなければ、行使することができない。

① ０個　② １個　③ ２個　④ ３個　⑤ ４個

## 問26
特許法に関する次の①〜④の記述のうち、その内容が最も適切でないものを1つだけ選びなさい。

① 発明につき特許を受ける権利を有する者は、当該発明につき特許出願をする前であっても、当該特許を受ける権利を第三者に譲渡することができる。

② 複数の者により共同発明がなされ、各人が当該発明についての特許を受ける権利を共有する場合、各共有者は他の共有者と共同でなければ、特許出願をすることができない。

③ 通常実施権のうち、実施権者のみに通常実施権を許諾し、他の者には実施を許諾しない旨の特約が付されているものを一般に独占的通常実施権といい、独占的通常実施権については、実施権者の有する独占権を特許庁に登録することはできない。

④ 特許権者は、特許権の侵害により、その業務上の信用を害され、損害を被った場合、侵害者に対し、その損なわれた業務上の信用を回復するのに必要な措置か損害賠償のいずれか一方のみを請求することができ、その両方を請求することはできない。

## 問27 …………………………………………………………… 過去問題
特定商取引法に関する次の①〜④の記述のうち、その内容が適切なものを2つ選びなさい。

① 販売業者は、消費者に対し、訪問販売の方法により商品の売買契約の締結を勧誘しようとするときは、その勧誘に先立って、当該消費者に対し、自己の名称、売買契約の締結について勧誘をする目的である旨および販売する商品等の

所定の事項を明示する義務を負う。

② 消費者は、訪問販売の方法により販売業者との間で売買契約を締結した場合において、当該販売業者に売買代金を現金で一括して支払ったときは、当該売買契約についてクーリング・オフを行使して解除することができない。

③ 訪問販売は、営業所等以外の場所で行われる所定の取引に限られ、販売業者が路上で呼び止めて同行させるなどの方法により営業所等に誘引して行われる取引は含まれない。

④ 消費者は、事業者との間で、特定継続的役務提供の方法により役務の提供を受ける旨の契約と、当該役務の関連商品を当該事業者から購入する旨の売買契約を締結した。この場合、当該消費者は、一定の期間内であれば、当該役務の提供を受ける旨の契約および当該関連商品の売買契約の両方につき、クーリング・オフを行使して解除することができる。

## 問28
**製造物責任法に関する次の①〜④の記述のうち、その内容が最も適切なものを1つだけ選びなさい。**

① 消費者Xは、ハウスメーカーY社に自宅の新築を依頼し、完成した住宅の引渡しを受け、入居した。当該住宅は、Y社の施工の不備が原因で床板が抜け、そのためXが負傷した。この場合、Xは、Y社に対し、製造物責任法に基づき損害賠償を請求することができる。

② 消費者Xは、Y社が経営するホームセンターで、家具メーカーZ社が製造した組立て式のクローゼットを購入した。当該クローゼットは、XによってZ社作成の取扱説明書に従って組み立てられたが、当該取扱説明書の記載に誤りがあったことが原因で適切に組み立てられていなかった。そのため、Xが当該クローゼットに洋服を掛けようとしたところ、当該クローゼットが倒れ、Xはその下敷きになり負傷した。この場合、Xは、Z社に対し、製造物責任法に基づき損害賠償を請求することができない。

③ 消費者Xは、Y社が経営する時計店で、時計メーカーZ社が製造した目覚まし時計を購入した。当該目覚まし時計は、配線の一部に不備があったため、Xが電池を入れてもまったく作動しなかった。この場合、Xは、Z社に対し、製造物責任法に基づき損害賠償を請求することができる。

④ 消費者Xは、Y社が経営する家具店で、家具メーカーZ社が設計および製造を行った椅子を購入した。当該椅子は、Y社の商標を付され、Y社ブランドの

商品として販売されていた。Xは、通常の用法に従って当該椅子を使用していたが、脚の材質が不適当だったことが原因で脚が折れたため、椅子から落ちて負傷した。この場合、Xは、Y社に対し、製造物責任法に基づき損害賠償を請求することができる。


## 問29
不正競争防止法上の営業秘密に関する次のア～エの記述のうち、その内容が適切なものを○、適切でないものを×とした場合の組み合わせを①～⑧の中から1つだけ選びなさい。

ア．企業の保有する情報が営業秘密として不正競争防止法上の保護を受けるためには、当該情報によって財やサービスの生産、販売、研究開発に役立つなど、事業活動に有用なものであることが必要である。

イ．企業の保有する情報が営業秘密として不正競争防止法上の保護を受けるためには、当該情報が刊行物に記載されていないなど、公然と知られていないものであることが必要である。

ウ．営業秘密の保有者から当該営業秘密を不正取得行為により取得した者が、第三者に当該営業秘密を譲渡した。その後、当該第三者は、当該保有者からの警告により、不正取得行為が介在したことを知った。この場合、当該第三者が当該営業秘密を事業活動に使用する行為は、不正競争に該当することはない。

エ．商品の製造方法や設計図等の技術上の情報は不正競争防止法上の営業秘密に該当しないが、販売マニュアルなどの販売方法や顧客名簿等といった営業上の情報は不正競争防止法上の営業秘密に該当する。

① ア－○　　イ－○　　ウ－○　　エ－○
② ア－○　　イ－○　　ウ－○　　エ－×
③ ア－○　　イ－○　　ウ－×　　エ－×
④ ア－○　　イ－×　　ウ－×　　エ－×
⑤ ア－×　　イ－○　　ウ－○　　エ－○
⑥ ア－×　　イ－×　　ウ－○　　エ－○
⑦ ア－×　　イ－×　　ウ－×　　エ－○
⑧ ア－×　　イ－×　　ウ－×　　エ－×

## 問30
IT関連法に関する次の①〜④の記述のうち、その内容が最も適切でないものを1つだけ選びなさい。

① コンピュータのアクセス管理者がコンピュータにアクセス制御機能を付加して第三者の不正な利用を制限している場合において、当該コンピュータの正当な管理・利用権限を有しない者が、インターネットを通じて、利用権者のIDやパスワードを利用権者に無断で当該コンピュータに入力して利用制限を解除し、当該コンピュータを利用できるようにする行為は、「不正アクセス行為の禁止等に関する法律」（不正アクセス禁止法）により禁止されている。

② 「特定電子メールの送信の適正化等に関する法律」（迷惑メール防止法）上、特定電子メールの送信者は、特定電子メールを送信する際に、当該送信者の氏名または名称その他の所定の事項を表示しさえすれば、あらかじめ特定電子メールを送信することに同意をした者に限らず、誰に対しても特定電子メールを送信することができる。

③ 「電子署名及び認証業務に関する法律」（電子署名法）上、一定の電磁的記録であって情報を表すために作成されたものは、当該電磁的記録に記録された情報について本人による所定の電子署名が行われているときは、原則として、真正に成立したものと推定される。

④ インターネットを通じて不特定の者が利用できるウェブサイト上で、個人の名誉を毀損する情報が流通し、当該個人に損害が生じた。この場合、当該個人は、一定の要件を充たすときは、当該情報の流通に使用される特定電気通信設備を用いて他人の通信を媒介するプロバイダに対して、「特定電気通信役務提供者の損害賠償責任の制限及び発信者情報の開示に関する法律」（プロバイダ責任制限法）に基づく発信者情報の開示を請求することができ、開示請求を受けたプロバイダは、一定の場合を除き、開示について発信者の意見を聴かなければならない。

## 問31
A社は、裁判所の競売情報を見て、抵当権の目的となっている建物Xを競売で購入することを検討している。この場合に関する次のア〜エの記述のうち、民法の規定に照らし、その内容が適切なものの個数を①〜⑤の中から1つだけ選びなさい。

ア．建物Xは競売に付されているが、建物Xが建築されている土地Yは競売に付されていない。本件抵当権設定当時に建物Xと土地Yを同一人が所有していた場合には、A社が競売で建物Xを買い受けると、建物Xのために土地Yに法定地上権が成立するため、A社は土地Yを利用することができる。

イ．本件抵当権設定当時に建物Xと土地Yを別々の者が所有していた場合、A社が建物Xを競売で買い受けても、法定地上権は成立しない。そこで、建物Xを競売で買い受けようとする者には、その請求により、抵当権の設定されていない土地Yも同時に競売に付させ、建物Xと共に競落することができる権利が認められている。

ウ．土地Yに法定地上権が成立する場合、法定地上権は、必ずしも建物の敷地部分に限定して成立するわけではなく、建物の利用に必要な土地の範囲についても成立する。

エ．土地Yに法定地上権が成立する場合、買受人は、当該法定地上権を第三者に対抗するには、建物Xの登記または土地Yにつき地上権の登記が必要となる。

① 0個　② 1個　③ 2個　④ 3個　⑤ 4個

問32
連帯保証および連帯保証ではない保証（通常の保証）に関する次のア〜エの記述のうち、民法の規定に照らし、その内容が適切なものを〇、適切でないものを×とした場合の組み合わせを①〜⑧の中から1つだけ選びなさい。

ア．連帯保証契約は書面によってなされることを要するが、通常の保証契約は書面によってなされる必要はない。

イ．通常の保証人は催告の抗弁権を有するが、連帯保証人は催告の抗弁権を有しない。

ウ．通常の保証人も連帯保証人も、主たる債務者に代わって、債権者に対し、民法の規定に従って債務を弁済したときは、主たる債務者に求償することができる。

エ．通常の保証人が複数いる場合、特約がない限り、各保証人が負う保証債務の額は、主たる債務の額を保証人の数に応じ等しい割合で分割した額となる。他方、連帯保証人が複数いる場合、連帯保証人には分別の利益は認められていないため、各保証人は、いずれも主たる債務の全額につき保証債務を負う。

① ア－○　　イ－○　　ウ－○　　エ－○
② ア－○　　イ－○　　ウ－×　　エ－×
③ ア－○　　イ－×　　ウ－○　　エ－○
④ ア－○　　イ－×　　ウ－×　　エ－×
⑤ ア－×　　イ－○　　ウ－○　　エ－○
⑥ ア－×　　イ－○　　ウ－×　　エ－×
⑦ ア－×　　イ－×　　ウ－○　　エ－×
⑧ ア－×　　イ－×　　ウ－×　　エ－×

**問33** ···················································· 過去問題

民事再生法に関する次の①～④の記述のうち、その内容が最も適切なものを1つだけ選びなさい。

① 個人再生手続は、個人事業主のみが利用することができると定められており、給与所得者が個人再生手続を利用することはできない。

② 再生手続開始の申立てをすることができるのは、原則として、債務者であるが、債権者も、債務者に破産手続開始の原因となる事実の生ずるおそれがあるときは、再生手続開始の申立てを行うことができる。

③ 再生債権者は、再生債務者に対して負う債務がある場合、再生手続開始決定がなされた後であっても、当該債務と再生債権とが相殺適状となったときは、いつでも自由に当該債務と再生債権とを対当額で相殺することができる。

④ 債務者が再生手続開始の申立てを行った場合、債権者は、裁判所により再生手続開始の決定がなされる前であっても、当然に、仮差押え、仮処分その他の保全処分を行うことができなくなる。

**問34**

民法上の損害賠償責任に関する次の①～④の記述のうち、その内容が最も適切でないものを1つだけ選びなさい。

① A社の従業員Bは、A社の店舗において顧客Cが突然殴りかかってきたのに対し、自己の身を守るためにCを突き飛ばして負傷させた。Bの行為について民法上の正当防衛が認められ不法行為が成立しない場合であっても、A社は、Cに対し、民法715条の使用者責任の規定に基づく損害賠償責任を負う。

② A社は、自社が所有する商業ビル一棟をB社に賃貸していたところ、当該ビルのエレベーターの扉が利用者の乗降中に突然閉じ、その際に当該ビルを訪れていたCが扉に挟まれて負傷した。この場合において、B社が事故の発生を防止するのに必要な注意を尽くしていたと認められる場合、B社は、民法717条の土地工作物責任の規定に基づく損害賠償責任を負わないが、A社は、A社の過失の有無を問わず、Cに対し、土地工作物責任の規定に基づく損害賠償責任を負う。

③ A社の従業員Bが、A社の事業の執行についてA社所有の自動車を運転していたところ、Cの運転する自動車と衝突事故を起こし、Cが死亡した。A社がCの遺族に対し民法715条の使用者責任の規定に基づく損害賠償責任を負う場合、Cが生存していれば将来得られたであろう収入は逸失利益として損害賠償の対象となる一方、Cの将来の生活費相当額など、Cが死亡したことにより支出を免れた費用等は損害から控除される。

④ Aは、B社との間で、B社から貴金属を購入する旨の売買契約を締結したが、当該売買契約の締結後、取引市場における当該貴金属の価格は異常な高騰を続けている。Aは、約定の引渡期日が到来したにもかかわらず、B社から当該貴金属の引渡しを受けられなかったため、民法の規定に基づき当該売買契約を解除し、B社に対し損害賠償を請求することとした。B社が当該売買契約の締結当時、当該貴金属の価格の異常な高騰を予見していた場合、AがB社に対し賠償を請求することができる損害の範囲には、当該貴金属の価格の異常な高騰という特別の事情によって生じた損害、すなわち高騰した当該貴金属の価格に相当する金額が含まれ得る。

## 問35 ⋯⋯⋯⋯⋯⋯⋯⋯⋯⋯⋯⋯⋯⋯⋯⋯⋯⋯⋯⋯⋯ 過去問題

民事訴訟法上の少額訴訟に関する次のア〜エの記述のうち、その内容が適切なものの個数を①〜⑤の中から1つだけ選びなさい。

ア．少額訴訟においては、証拠書類や証人は審理の日にその場で調べられるものに限られる。

イ．少額訴訟の判決に対して、当事者は、控訴をすることができない。

ウ．少額訴訟は、金銭の支払いの請求を目的とする場合に限り、提起することができる。

エ．法人は、原告となって少額訴訟を提起することができる。

① 0個　　② 1個　　③ 2個　　④ 3個　　⑤ 4個

## 問36
株主総会に関する次の①～④の記述のうち、会社法の規定に照らし、その内容が最も適切でないものを1つだけ選びなさい。

① 会社法上の公開会社でない株式会社は、定款の定めにより、株主総会における議決権について、株主の所有する株式の数の多寡にかかわらず、株主1人につき1議決権を有する旨を定めることができる。
② 株式会社は、株主総会において議決権を行使することができる事項について制限のある、議決権制限株式を発行することができる。
③ 株主総会は、株主全員の同意があるときには、原則として、株主に対する招集手続を経ることなく開催することができる。
④ すべての株主に株主総会の招集請求権および招集権が認められている。

## 問37 ………………………………………………………… 過去問題
X株式会社とY株式会社の合併に関する次のア～エの記述のうち、その内容が適切なものの組み合わせを①～⑥の中から1つだけ選びなさい。

ア. X社とY社の吸収合併によりX社が存続会社となる場合、X社は、Y社の株主に対し、合併の対価として、X社の株式を交付しなければならず、金銭を交付することはできない。
イ. X社を存続会社、Y社を消滅会社とする吸収合併を行う場合において、Y社がX社の特別支配会社であるときは、X社においては、原則として、株主総会の特別決議による吸収合併契約の承認を得る必要はない。
ウ. X社とY社が新設合併によりZ株式会社を設立する場合、X社が取得していた営業に関する許認可は、当然にZ社に承継される。
エ. X社とY社が新設合併によりZ株式会社を設立する場合、X社およびY社の財産は清算手続を経ることなく、包括的にZ社に移転する。

① アイ　　② アウ　　③ アエ　　④ イウ　　⑤ イエ　　⑥ ウエ

## 問38
会社法上の親会社および子会社に関する次の①～④の記述のうち、会社法の規定に照らし、その内容が最も適切なものを1つだけ選びなさい。

① X株式会社は、Y株式会社との間で株式交換を行い、Y社の完全親会社となることとした。この場合、X社は、Y社の株主に対し、Y社の株式に代わる対価として、X社の株式を交付することができるが、金銭を対価として交付することはできない。

② X株式会社は、Y株式会社との間で株式交換を行い、Y社の完全親会社となることとした。この場合、会社法上、X社の債権者を保護する手続は設けられていないため、X社の債権者は、当該株式交換について異議を述べることはできない。

③ X株式会社は、株式移転により新たにY株式会社を設立し、Y社をX社の完全親会社とすることとした。この場合、当該株式移転に反対する反対株主は、原則として、X社に対し、自己の有するX社株式を公正な価格で買い取ることを請求することができる。

④ X株式会社は、株式移転により新たにY株式会社を設立し、Y社をX社の完全親会社とする場合、株式移転計画につき、X社ではなくY社の株主総会の特別決議による承認を得る必要がある。

## 問39
X社は労働者災害補償保険法（労災保険法）の適用事業場であり、A、B、CおよびDはX社の労働者である。この場合に関する次のア～エの記述のうち、その内容が適切なものを○、適切でないものを×としたときの組み合わせ①～⑥の中から1つだけ選びなさい。

ア．Aは、転勤に伴う単身赴任のため、やむを得ず配偶者と別居してX社の社宅に起居しており、毎週週末には配偶者の住む自宅に帰省している。Aは、業務終了後、いったん社宅に戻った後、帰省のため社宅から自宅への合理的な経路を移動中に交通事故に遭い負傷した。この場合のAの負傷は、住居と就業の場所との間において発生したものではないため、通勤災害に当たらず、労災保険法に基づく保険給付の対象とはならない。

イ．Bは、業務終了後の帰宅途中に、通常利用している通勤経路外に所在するスーパーマーケットに立ち寄り、日用品を購入している際に、地震で倒れた商品陳

列棚の下敷きになり、負傷した。この場合のBの負傷は、通勤災害に当たらず、労災保険法に基づく保険給付の対象とはならない。

ウ．Cは、所定労働時間内に完了できなかった業務について、上司の指示に従い所定労働時間の終了後にX社の作業場で遂行していたところ、作業場の設備の不具合により負傷した。この場合のCの負傷は、所定労働時間内に発生したものではないため、労災保険法に基づく保険給付の対象とはならない。

エ．X社の正社員と比べて労働時間が短いパートタイム労働者であるDは、所定労働時間内にX社の事業場内において業務に従事している際に、作業場の設備の不具合により負傷した。この場合、パートタイム労働者であるDの負傷は、労災保険法に基づく保険給付の対象とはならない。

① ア－○　イ－○　ウ－○　エ－○
② ア－○　イ－○　ウ－×　エ－×
③ ア－○　イ－×　ウ－○　エ－×
④ ア－×　イ－○　ウ－×　エ－×
⑤ ア－×　イ－×　ウ－○　エ－○
⑥ ア－×　イ－×　ウ－×　エ－×

**問40**

X社では、海外進出が決定したため、これに先立って、国際取引に関する各種の調査を行っている。次の①～④の記述は、国際取引における契約書の条項について話し合っているX社内における発言の一部である。これらの発言のうち、その内容が最も適切でないものを1つだけ選びなさい。

① 「国際的な売買取引においては、売主の目的物引渡債務が不可抗力によって履行できない場合、取引の相手方の属する国にかかわらず、売主に責任が生じることはないとされているため、契約当事者は、国際売買契約に不可抗力条項（force majeure clause）を設ける必要はありません。」

② 「国際取引において、相手方との間でライセンス契約を締結したり、相手方から重要な機密情報の開示を受けたりする場合には、秘密保持契約の締結が必要となることがあります。秘密保持契約は、一般に、当事者に対し、第三者に秘密情報を開示しないことや秘密情報を目的外で使用しないことなどの不作為義務を定める契約です。」

③ 「通知条項は、解約等の意思表示の通知先、方法、効力発生時期、効果につ

いて定めた条項です。国際間の通知の場合には、郵便事情等により必ずしも通知が到達するとは限らないので、通知が到達しない場合でも通知の効力を生じさせるには、発信主義で合意しておく必要があります。」

④ 「完全合意条項は、契約書に記載された内容が、当事者間の完全な合意内容を表示し、それが契約締結以前に契約の目的事項に関して存在した当事者の合意に優先することを規定した条項です。これは、英米証拠法のルールである口頭証拠排除法則、すなわち、ある事柄に関して最終的な契約書が作成された場合には、当事者は、契約交渉過程で当事者間に成立した他の合意を契約書面の内容を変更するものとして裁判所に提出することはできないとの法則を再確認するものです。」

**問1**

売買契約に関する次のア～エの記述のうち、その内容が適切なものの組み合わせを①～⑥の中から1つだけ選びなさい。

ア．X社は、Y社との間で、その所有する土地をY社に売却する旨の売買契約を締結した。民法上、当該土地の所有権がX社からY社に移転するのはX社とY社との間で意思表示が合致した時とされており、X社とY社との間の特約によって、これと異なる時を所有権の移転時期とすることはできない。

イ．X社は、Y社との間で、X社が所有しX社の営業所に存在する中古自動車を、Y社に売却する旨の売買契約を締結した。当該売買契約において、当該中古自動車の引渡場所が定められていなかった場合、商法上、当該中古自動車の引渡場所は、Y社の現在の営業所となる。

ウ．X社は、Yとの間で、家具をYに売却する旨の売買契約を締結した。当該売買契約では、引渡期日にX社がYの自宅へ当該家具を配送する旨が定められていた。この場合、当該売買契約において当該家具の配送費用の負担について定められていなかったときは、民法上、当該家具の配送費用は、X社が負担しなければならない。

エ．家庭用品の卸売業者であるX社は、小売業者であるY社との間の売買契約に基づき家庭用品をY社に引き渡したにもかかわらず、Y社は、自然災害の影響により約定の期日に売買代金を支払うことができなかった。この場合であっても、民法上、Y社は、不可抗力を理由としてX社に対する損害賠償責任を免れることはできない。

① アイ　　② アウ　　③ アエ　　④ イウ　　⑤ イエ　　⑥ ウエ

**問2** ……………………………………………………… 過去問題

X社は、建設会社であるY社との間で、X社の工場1棟の新築工事を依頼する旨の建築請負契約を締結した。この場合に関する次のア～エの記述のうち、民法および建設業法の規定に照らし、その内容が適切なものを○、適切でないものを×としたときの組み合わせを①～⑧の中から1つだけ選びなさい。

ア．Y社が本件建築請負契約の本旨に従った債務の履行をしないときは、その債務の不履行が本件建築請負契約その他の債務の発生原因および取引上の社会通念に照らしてY社の責めに帰することができない事由によるものであるときを除き、X社は、Y社に対し、その債務の不履行によって生じた損害の賠償を請求することができる。

イ．Y社が本件工場の建築を完了した後、X社に引き渡す前に、本件工場の一部がX社の帰責事由に基づく事故により損壊した。この場合、Y社が約定の期日までに本件工場を完成させることができないときは、Y社の仕事完成義務および引渡義務は消滅し、X社はY社からの報酬請求を拒むことができる。

ウ．X社は、Y社が本件工場の新築工事に着手した後は、本件工場を完成させるまでの間であっても、Y社に対して損害を賠償して本件建築請負契約を解除することができない。

エ．X社およびY社は、本件建築請負契約の締結に際して所定の事項を書面に記載し、署名または記名押印をして相互に交付するか、または、当該書面に代えて、相手方の承諾を得て、情報通信の技術を利用する方法等による所定の措置をとらなければならない。

① アー○　イー○　ウー○　エー○
② アー○　イー○　ウー×　エー○
③ アー○　イー×　ウー○　エー×
④ アー○　イー×　ウー×　エー○
⑤ アー×　イー○　ウー×　エー○
⑥ アー×　イー○　ウー×　エー×
⑦ アー×　イー×　ウー○　エー×
⑧ アー×　イー×　ウー×　エー×

## 問3 ·················································· 過去問題

商法上の仲立人に関する次の①～④の記述のうち、商法の規定に照らし、その内容が適切なものを2つ選びなさい。

① 仲立人の媒介により成立した商行為において、当該商行為の当事者の一方が他方当事者に金銭を交付すべきことが定められていた。この場合において、当該当事者の一方が金銭を仲立人に交付したときは、仲立契約に特段の定めがなくても、当該他方当事者に対して金銭が交付されたものとみなされる。

② 仲立人は、商法所定の事項を記載した帳簿を保存する義務を負い、当事者の請求があれば、その当事者のために媒介した商行為についてその帳簿の謄本を交付する義務を負う。

③ 仲立人は、当事者の許可を受けなければ、自己または第三者のために当事者の営業の部類に属する取引をすることはできないが、当事者の許可を受けなくても、当事者と同種の営業を目的とする会社の取締役になることはできる。

④ 仲立人は、その媒介により当事者間に商行為が成立した場合、当該商行為の成立を証する書面（結約書）を作成し、署名または記名押印の上、商法所定の手続を終了した後でなければ、当事者に報酬を請求することができない。

問題③

## 問4

著作権法に関する次のア〜エの記述のうち、その内容が適切なものを○、適切でないものを×とした場合の組み合わせを①〜⑥の中から1つだけ選びなさい。

ア．A社の従業員Bは、A社の発意に基づき、その職務上、プログラムの著作物に当たるソフトウェアを創作した。この場合、当該ソフトウェアの著作者は、原則として、A社である。

イ．CおよびDは、美術品αの著作権を共有している。この場合、Cが美術品αの著作権について、持分を譲渡するには、Dの同意が必要である。

ウ．Eは、著作物に当たる写真βを創作し、その著作権をFに譲渡した。この場合、Fは、何らの手続を経なくても、当該著作権の譲渡を第三者に対抗することができる。

エ．Gは、著作物に当たるオリジナルの楽曲を作曲した。この場合、当該楽曲の著作権については、その保護期間が満了する前に、文化庁への更新手続をとることにより、保護期間を延長させることができる。

① ア−○　イ−○　ウ−○　エ−○
② ア−○　イ−○　ウ−×　エ−○
③ ア−○　イ−○　ウ−×　エ−×
④ ア−×　イ−×　ウ−○　エ−○
⑤ ア−×　イ−×　ウ−○　エ−×
⑥ ア−×　イ−×　ウ−×　エ−×

## 問5

特許法に関する次のア～エの記述のうち、その内容が適切なものの組み合わせを①～⑥の中から1つだけ選びなさい。

ア．複数の者により共同発明がなされ、各人が当該発明についての特許を受ける権利を共有する場合、各共有者は他の共有者と共同でなければ、特許出願をすることができない。

イ．発明につき特許を受ける権利を有する者は、当該発明につき特許出願をする前に、当該特許を受ける権利を第三者に譲渡することはできない。

ウ．売買契約による特許権の移転（特定承継）は、特許登録原簿への登録をしなければ、当該売買契約の当事者間においてもその効力を生じない。

エ．特許権者は、特許権の侵害により、その業務上の信用を害され、損害を被った場合、侵害者に対し、その損なわれた業務上の信用を回復するのに必要な措置か損害賠償のいずれか一方のみを請求することができ、その両方を請求することはできない。

① アイ　　② アウ　　③ アエ　　④ イウ　　⑤ イエ　　⑥ ウエ


## 問6

独占禁止法に関する次のア～エの記述のうち、その内容が適切なものの個数を①～⑤の中から1つだけ選びなさい。

ア．X市において旅行業を営むA社およびB社は、X市内の公立小学校から受託する修学旅行手配の料金について最低価格を定め、当該最低価格を下回る料金とはしない旨を取り決めたが、A社およびB社が取り決めた内容に違反した際の罰則は定められていなかった。この場合、A社およびB社が当該最低価格を定めた行為は、公共の利益に反して、一定の取引分野における競争を実質的に制限するときは、原則として、独占禁止法上の不当な取引制限に該当する。

イ．X市において電子部品の製造販売業を営むA社およびB社は、電子部品に使用する原材料の価格が高騰したため、それぞれ意思を連絡することなく、両社の独自の判断で、ほぼ同時期に電子部品の販売価格の値上げを行った。その結果、A社およびB社の同種の電子部品の販売価格は同一となった。この場合、A社およびB社による当該電子部品の値上げ行為は、原則として、独占禁止法上の不当な取引制限に該当する。

ウ．X市における公共工事の入札において、建設業者A社、B社およびC社が、当該入札についてあらかじめ協議を行い、当該入札における入札価格を取り決め、公共の利益に反して、当該入札における競争を実質的に制限した。この場合において、A社、B社およびC社のいずれも取り決めた入札価格で落札することができなかったときは、A社らが入札価格を取り決めた行為は、独占禁止法上の不当な取引制限には該当しない。

エ．A社は、発明αについて特許権を有しており、B社に対し、特許発明αについて通常実施権を許諾することとした。当該許諾に際し、A社は、「特許発明αについての特許権の存続期間が終了した後も、B社が特許発明αを実施するにあたっては、A社の許諾を得、かつ、A社に実施料を支払う」ことを通常実施権許諾契約締結の条件として、B社との間で当該通常実施権許諾契約を締結した。この場合、A社が当該条件を付してB社との間で当該契約を締結した行為は、公正な競争を阻害するおそれがあるときは、独占禁止法上の不公正な取引方法に該当する可能性がある。

① 0個　② 1個　③ 2個　④ 3個　⑤ 4個

## 問7
A社が消費者Bとの間で締結した自社商品の売買契約に関する次のア～エの記述のうち、その内容が適切なものの組み合わせを①～⑥の中から1つだけ選びなさい。

ア．A社は、自社のウェブサイトで、特定商取引法上の通信販売に該当する方法により、Bに自社商品を販売する旨の売買契約を締結した。この場合、A社が自社のウェブサイト上に不具合のない商品の返品を認めない旨の表示を所定の方法により行っていたとしても、Bは、当該商品の引渡しを受けた後一定期間内であれば、無条件で当該売買契約を解除することができる。

イ．Bは、自ら要求していないにもかかわらず、自宅にA社の販売員の訪問を受け、特定商取引法上の訪問販売に該当する方法により、A社との間で同社の商品を購入する旨の売買契約を締結したが、クーリング・オフが可能であることを示す書面の交付を受けなかった。この場合において、Bは、当該売買契約を締結した後一定の期間が経過したときは、当該書面を受領していなくても、当該売買契約につきクーリング・オフを行使することができなくなる。

ウ．Bは、路上でA社の販売員に新商品の展示会を行っていると声を掛けられ、

促されるままＡ社の営業所に同行したところ、当該営業所内で、当該販売員から当該商品を購入するよう勧誘され、Ａ社との間で当該商品を購入する旨の売買契約を締結した。この場合、当該売買契約に基づく当該商品の販売は、特定商取引法上の訪問販売に該当する。

エ．Ｂは、購入の申込みをしていないにもかかわらず、Ａ社から同社の商品が送付されてきたため、当該商品を受け取ったまま放置していた。当該商品が届いてから１か月後にＡ社の販売員がＢの自宅を訪問し、当該商品を受け取ってから14日以内に返品されなければ売買契約が成立したことになる旨をＢに説明し、当該商品の代金を請求した。この場合、Ｂは、Ａ社に対し、当該商品の売買契約の申込みを承諾していないため、当該売買契約は成立していない旨を主張することができる。

① アイ　　② アウ　　③ アエ　　④ イウ　　⑤ イエ　　⑥ ウエ

**問8** ...................................................................... 過去問題

通信販売事業を営むＡ社は、顧客情報をデータベース化して自社の会員情報として管理し、会員に対するダイレクトメールの発送や新商品に関する情報提供等を行っている。この場合に関する次の①～④の記述のうち、個人情報保護法の規定に照らし、その内容が適切なものを２つ選びなさい。なお、Ａ社は、個人情報保護法上の個人情報取扱事業者に該当するものとし、同法27条２項に規定するいわゆるオプトアウトの手続はとっていないものとする。

① 　Ａ社は、原則として、あらかじめ本人の同意を得ずに、その利用目的の達成に必要な範囲を超えて個人情報を取り扱ってはならない。

② 　Ａ社は、その従業者Ｂに個人データを取り扱わせるにあたっては、当該個人データの安全管理が図られるよう、Ｂに対する必要かつ適切な監督を行わなければならない。

③ 　Ａ社は、顧客Ｃから、「今後Ａ社の商品を購入することはない」ことを理由に、Ｃが識別される保有個人データすべての消去を請求された。この場合、Ａ社は、Ｃの請求に応じて、直ちに、当該保有個人データすべてを消去しなければならない。

④ 　Ａ社は、その利用目的の達成に必要な範囲内であれば、あらかじめ本人の同意を得ずに、個人データを第三者に提供することができる。

問9

A社は、健康食品の製造販売業を営んでいる。近時、A社の製品であるサプリメントαと同様の特徴を有する他社のサプリメントβが市場に流通しており、βはA社の技術情報（秘密情報）を用いなければ製造し得ないものであることが判明したため、A社は調査を開始した。この場合に関する次のア～エの記述のうち、不正競争防止法の規定に照らし、その内容が適切なものの組み合わせを①～⑥の中から1つだけ選びなさい。なお、A社の秘密情報は、不正競争防止法上の営業秘密に該当するものとする。

ア．A社による調査の結果、A社の従業員Bが、不正の利益を得る目的で、Bには何ら管理権限のないA社の秘密情報を不正に盗み出しており、その後、健康食品の製造販売業者であるC社の従業員Dに当該秘密情報を買い取るよう申し入れていたことが明らかとなった。この場合において、Dが当該秘密情報の買取りを拒否したときであっても、Bの行為は、不正競争防止法による刑事罰の対象となる。

イ．A社による調査の結果、A社のサプリメントの製造を請け負っているE社の代表者Fが、A社に損害を加える目的で、A社から開示された秘密情報をインターネットに流出させていたことが明らかとなった。この場合、Fが当該秘密情報を流出させた行為は、不正競争に当たる。

ウ．A社による調査の結果、健康食品の製造販売業者であるG社が不正競争によりA社の秘密情報を取得し、当該秘密情報を使用したサプリメントβを製造販売していることが明らかとなった。この場合において、A社が不正競争により被った損害の賠償を請求するにあたっては、不正競争防止法には、損害の立証を容易にするため損害額を推定する等の規定は設けられていない。

エ．A社による調査の結果、健康食品の製造販売業者であるH社が、故意に不正競争を行って、A社の秘密情報を使用したサプリメントβを製造販売し、これによってA社の営業上の信用が害されたことが明らかとなった。この場合であっても、A社は、不正競争防止法に基づき、H社に対し、A社の営業上の信用を回復するのに必要な措置を請求することができない。

① アイ　　② アウ　　③ アエ　　④ イウ　　⑤ イエ　　⑥ ウエ

問10

情報技術（IT）に関連する法律についての次の①～④の記述のうち、その内容が適切なものを2つ選びなさい。

① 「電子署名及び認証業務に関する法律」(電子署名法) 上、一定の電磁的記録であって情報を表すために作成されたものは、当該電磁的記録に記録された情報について本人による所定の電子署名が行われているときは、原則として、真正に成立したものと推定される。

② 「不正アクセス行為の禁止等に関する法律」(不正アクセス禁止法) 上、都道府県公安委員会は、一定の場合、不正アクセス行為にかかるアクセス管理者からの申出に応じ、特定電子計算機を不正アクセス行為から防御するため必要な応急の措置が的確に講じられるよう、必要な援助を行うものとされている。

③ インターネットを通じて不特定の者が利用できるウェブサイト上で、個人の名誉を毀損する情報が流通し、当該個人に損害が生じた。この場合、当該個人は、一定の要件を充たすときは、当該情報の流通に使用される特定電気通信設備を用いて他人の通信を媒介するプロバイダに対して、「特定電気通信役務提供者の損害賠償責任の制限及び発信者情報の開示に関する法律」(プロバイダ責任制限法) に基づく発信者情報の開示を請求することができ、開示請求を受けたプロバイダは、開示について発信者の意見を聴くことなく、開示に応じるか否かを決定することができる。

④ 「特定電子メールの送信の適正化等に関する法律」(迷惑メール防止法) 上、特定電子メールの送信者は、特定電子メールを送信する際に、当該送信者の氏名または名称その他の所定の事項を表示しさえすれば、あらかじめ特定電子メールを送信することに同意をした者に限らず、誰に対しても特定電子メールを送信することができる。


## 問11

抵当権に関する次のア～エの記述のうち、民法の規定に照らし、その内容が適切なものを○、適切でないものを×とした場合の組み合わせを①～⑧の中から１つだけ選びなさい。

ア．X社は、自社の債権者であるY社のために自社の所有する甲土地に順位１番の根抵当権を設定し、その旨の登記を経た後、自社の債権者であるZ社のために甲土地に順位２番の抵当権を設定し、その旨の登記を経た。この場合において、Y社は、当該根抵当権の極度額を変更するために、Z社の承諾を得る必要はない。

イ．X社は、自社の債権者であるY社のために自社の所有する甲土地に抵当権を設定し、その旨の登記を経た後、甲土地上に乙建物を建築し、乙建物の所有権

保存登記を経た。その後、甲土地について抵当権が実行され、Z社が甲土地の買受人となり甲土地の所有者となった。この場合、X社は、甲土地につき乙建物のための法定地上権を取得することができない。

ウ．X社は、自社の債権者であるY社のために自社の所有する甲土地に抵当権を設定し、その旨の登記を経た後、第三者であるZ社との間で、Z社に甲土地を売却する旨の売買契約を締結した。この場合、Z社は、Y社に対して、「Y社が民法所定の期間内に抵当権を実行して競売の申立てをしないときは、Z社がY社に対し一定の金額を弁済しまたは供託すべき旨を記載した書面」等を送付して抵当権消滅請求をすることができる。

エ．X社は、自社の債権者であるY社のために自社の所有する甲建物に抵当権を設定し、その旨の登記を経た後、第三者であるAとの間で、Aに甲建物を賃貸する旨の賃貸借契約を締結し、Aに甲建物を引き渡した。この場合において、本件抵当権が実行され、Z社が甲建物の買受人となったときは、Aは、Z社に対し、直ちに甲建物を明け渡さなければならない。

① アー○　イー○　ウー○　エー○
② アー○　イー○　ウー×　エー○
③ アー○　イー×　ウー○　エー×
④ アー○　イー×　ウー×　エー○
⑤ アー×　イー○　ウー○　エー×
⑥ アー×　イー○　ウー×　エー○
⑦ アー×　イー×　ウー○　エー×
⑧ アー×　イー×　ウー×　エー×

## 問12
譲渡担保に関する次のア～エの記述のうち、その内容が適切なものの組み合わせを①～⑥の中から1つだけ選びなさい。

ア．債権者が債務者の第三者に対する売掛金債権を目的として譲渡担保の設定を受ける場合、債権者、債務者および第三者を契約当事者として譲渡担保設定契約を締結することを要する。

イ．債権者は、債務者の所有する動産を目的として譲渡担保の設定を受ける場合、債務者との間で譲渡担保を設定する旨の合意をするのに加え、債務者から当該動産の引渡しを受けなければ、譲渡担保設定契約は有効に成立しない。

ウ. 倉庫内に存する複数の在庫商品のように、構成部分の変動する集合動産であっても、その種類、所在場所および量的範囲を指定するなどの方法により目的物の範囲が特定される場合は、それらを一個の集合物として譲渡担保を設定することができる。

エ. 債権者は、法人の所有する動産を目的として譲渡担保の設定を受ける場合、「動産及び債権の譲渡の対抗要件に関する民法の特例等に関する法律」による動産譲渡登記を経ることにより、譲渡担保の設定を第三者に対抗することができる。

① アイ　　② アウ　　③ アエ　　④ イウ　　⑤ イエ　　⑥ ウエ

## 問13 ......................................................（過去問題）

保証に関する次のア〜エの記述のうち、民法の規定に照らし、その内容が適切なものの組み合わせを①〜⑥の中から1つだけ選びなさい。

ア. A社は、B社との間で、A社が所有する駐車場をB社に賃貸する旨の賃貸借契約を締結するにあたり、B社がA社に対して負う賃料債務を主たる債務として、Cとの間で保証契約を締結することとした。Cは、本件賃料債務について連帯保証人となった場合でも、連帯保証人ではない通常の保証人となった場合でも、A社に対し民法の規定に従って保証債務を履行したときは、B社に対する求償権を取得する。

イ. D社は、E社との間で、D社の商品をE社に売却する旨の売買契約を締結するにあたり、E社がD社に対して負う売買代金債務を主たる債務として、Fとの間で連帯保証契約を締結することとした。この場合、D社とFとの間の連帯保証契約は、書面でしなければ効力を生じず、電磁的記録によってされたとしても効力を生じない。

ウ. G社は、H社との間で、報酬を受けてH社の商品をG社がその倉庫に保管する旨の倉庫寄託契約を締結するにあたり、H社に対して取得する保管料債権を担保したいと考えている。この場合、保証契約により担保される債権は金銭消費貸借契約に基づき生じた貸金債権に限られているため、G社は、H社がG社に対して負う保管料支払債務を主たる債務として、第三者Iとの間で連帯保証契約を締結することはできない。

エ. J社は、K社との間で、K社の本社ビル1棟を建築する旨の建築請負契約を締結するにあたり、K社がJ社に対して負う報酬支払債務を主たる債務として、K社から委託を受けたLとの間で連帯保証契約を締結した。この場合において、

Ｌは、本件報酬支払債務の弁済期が到来した後に、その連帯保証債務の全部を民法の規定に従い履行したときは、Ｋ社に対して、弁済した額のほか、弁済した日以後の法定利息および避けることができなかった費用その他の損害賠償につき求償権を有する。

① アイ　　② アウ　　③ アエ　　④ イウ　　⑤ イエ　　⑥ ウエ

## 問14
**破産法に関する次の文章中の下線部①〜④の記述のうち、その内容が適切なものを２つ選びなさい。**

破産手続の申立権者は、債権者または債務者である。①債権者が破産手続開始の申立てをするには、債権の存在と破産原因があることを単に裁判所に疎明すれば足り、これを証明する必要はない。②債務者が、その財産をもって債務を完済することができない債務超過にある場合、当該債務者が法人であるか自然人であるかにかかわらず、裁判所は当該債務者につき破産手続を開始することができる。

債務者が破産手続開始の申立てをした後、その開始決定がなされるまでの間は、債権者は当該債務者に対して有する権利を個別に行使することができる。ただし、③裁判所は、破産手続開始の申立てがあった場合において、必要があると認めるときは、利害関係人の申立てまたは職権で、当該申立てにつき決定があるまでの間、債務者の財産に対して行われている強制執行などの個別の手続の中止を命じることができる。

裁判所は、同時廃止の場合を除き、破産手続開始決定をすると同時に、破産管財人を選任する。これにより、破産者の財産の管理処分権は、原則として、破産管財人に移行する。

また、④破産者の債権者が、破産者に対して債務を負っている場合、当該債権者は、民法上の相殺の要件を充たしている限り、破産手続開始後に債権者が破産財団に対して負担した債務であっても、破産手続によらず、破産債権と相殺することができる。

## 問15
Ｘ社は、Ｙ社に対し、金銭消費貸借契約に基づく5000万円の貸金債権を有しているが、Ｙ社が借入金の返済期日に返済をしないため、Ｙ社を被告

として貸金返還請求訴訟を地方裁判所に提起することとした。この場合に関する次のア～エの記述のうち、民事訴訟法の規定に照らし、その内容が適切なものの組み合わせを①～⑥の中から1つだけ選びなさい。

ア．X社は、X社が提起した本件訴訟の第一回口頭弁論期日に出頭しなかった。この場合、X社は、本件訴訟を取り下げたものとみなされる。

イ．X社が提起した本件訴訟の口頭弁論期日において、Y社は、X社の主張する、X社がY社に5000万円を交付したという事実について、知らない旨の不知の答弁を行った。この場合、Y社は、原則として、その事実を自白したものとみなされる。

ウ．X社が提起した本件訴訟において、X社の請求を棄却する旨の判決が言い渡された。この場合、X社は、当該判決に不服があれば、原則として、高等裁判所に控訴をすることができる。

エ．X社が提起した本件訴訟の口頭弁論が終結した後であっても、裁判所は、X社およびY社に対し、和解を試みることができる。

① アイ　　② アウ　　③ アエ　　④ イウ　　⑤ イエ　　⑥ ウエ


## 問16

株主総会の招集に関する次のア～エの記述のうち、会社法の規定に照らし、その内容が適切なものの組み合わせを①～⑥の中から1つだけ選びなさい。

ア．監査役会設置会社の取締役会は、定時株主総会を招集しようとするときは、定時株主総会の日時、場所、会議の目的たる事項等を決定するにあたり、そのすべてにつき監査役会の同意を得なければならない。

イ．公開会社ではない株式会社において、株主総会の招集権者である取締役は、定時株主総会を招集しようとする場合、原則として、当該定時株主総会の日の1週間前までに、株主に対して招集通知を発しなければならない。

ウ．取締役会設置会社において、株主総会の招集権者である取締役は、定時株主総会を招集するため招集通知を発する場合、その招集通知を書面またはこれに代わる電磁的方法により行う必要はない。

エ．公開会社においては、総株主の議決権の100分の3以上の議決権を6か月前から引き続き有する株主は、原則として、取締役に対し、株主総会の目的である事項および招集の理由を示して、株主総会の招集を請求することができる。

① アイ　② アウ　③ アエ　④ イウ　⑤ イエ　⑥ ウエ

**問17** ‥‥‥‥‥‥‥‥‥‥‥‥‥‥‥‥‥‥‥‥‥‥‥‥‥‥‥‥‥‥‥ **過去問題**

Ｘ株式会社では、５名の取締役が選任されており、その全員で取締役会が構成されている。また、５名の取締役のうち、１名は会社法上の社外取締役である。この場合に関する次のア～エの記述のうち、会社法の規定に照らし、その内容が適切なものの個数を①～⑤の中から１つだけ選びなさい。なお、Ｘ社は、会社法上の公開会社であるが、監査等委員会設置会社ではなく、かつ、指名委員会等設置会社でもないものとする。

ア．Ｘ社の取締役Ａは、Ｘ社で不要となった自動車１台をＸ社から買い取ることを希望している。この場合、Ａは、Ｘ社との間で当該自動車の売買契約を締結する前に、Ｘ社の取締役会において、当該売買契約につき重要な事実を開示した上で、その承認を受けなければならない。

イ．Ｘ社は、その社外取締役であるＢのＸ社に対する損害賠償責任をＸ社の他の取締役よりも軽減することは認められない。したがって、Ｂは、その任務を怠った場合、Ｘ社の他の取締役と同一の損害賠償責任をＸ社に対して負う。

ウ．Ｘ社は、新規事業の開始に必要な資金を調達するため、Ｙ銀行からの借入れを検討している。この場合において、当該借入れが多額の借財に該当するときは、当該借入れに関する事項は、Ｘ社の取締役会で決定しなければならない。

エ．Ｘ社は、取締役会の議事について、法務省令で定めるところにより、書面または電磁的記録によって議事録を作成しなければならず、当該議事録には、取締役会に出席したＸ社の取締役および監査役が署名もしくは記名押印または電子署名をしなければならない。

① 　０個　② 　１個　③ 　２個　④ 　３個　⑤ 　４個

**問18**

株式会社間における事業譲渡に関する次のア～エの記述のうち、会社法の規定に照らし、その内容が適切なものの組み合わせを①～⑥の中から１つだけ選びなさい。

ア．譲受会社は、事業の譲受けによってその事業目的に変更を生じる場合、株主

総会の特別決議による定款の変更が必要となることがある。

イ．事業譲渡にかかる契約の内容は、取締役会決議により決定しなければならない事項に含まれないため、取締役会設置会社においても、事業譲渡にかかる契約の内容の決定を特定の1人の取締役に委任することができる。

ウ．事業譲渡によって、譲渡の対象となる事業において譲渡会社が債権者に対し負っていた債務は当然に譲受会社に移転し、譲受会社は、当該債務を弁済する責任を負う。

エ．譲受会社が譲渡会社の発行済株式のすべてを保有する特別支配会社である場合には、譲渡の対象となる事業が譲渡会社の事業の重要な一部であっても、譲渡会社は、事業譲渡につき、株主総会の特別決議による承認を受ける必要はない。

① アイ　　② アウ　　③ アエ　　④ イウ　　⑤ イエ　　⑥ ウエ


問19
A社は、労働者災害補償保険法（労災保険法）の適用事業場であり、B、C、DおよびEはA社の労働者である。この場合に関する次のア～エの記述のうち、その内容が適切なものを○、適切でないものを×としたときの組み合わせを①～⑥の中から1つだけ選びなさい。

ア．A社の正社員と比べて労働時間が短いパートタイム労働者であるBは、所定労働時間内にA社の事業場内において業務に従事している際に、作業場の設備の不具合により負傷した。この場合のBの負傷は、労災保険法に基づく保険給付の対象となる。

イ．Cは、出張先においてA社の業務遂行中に作業場の設備の不具合により負傷した。この場合のCの負傷は、A社の施設内において発生したものではないため、労災保険法に基づく保険給付の対象とはならない。

ウ．Dは、業務終了後の帰宅途中に、通常利用している通勤経路外に所在するスーパーマーケットに立ち寄り、日用品を購入している際に、地震で倒れた商品陳列棚の下敷きになり、負傷した。この場合のDの負傷は、通勤災害に当たらず、労災保険法に基づく保険給付の対象とはならない。

エ．Eは、転勤に伴う単身赴任のため、やむを得ず配偶者と別居してA社の社宅に起居しており、毎週週末には配偶者の住む自宅に帰省している。Eは、業務終了後、いったん社宅に戻った後、帰省のため社宅から自宅への合理的な経路

を移動中に交通事故に遭い負傷した。この場合のEの負傷は、住居と就業の場所との間において発生したものではないため、通勤災害に当たらず、労災保険法に基づく保険給付の対象とはならない。

① ア－○　　イ－○　　ウ－○　　エ－○
② ア－○　　イ－○　　ウ－×　　エ－×
③ ア－○　　イ－×　　ウ－○　　エ－×
④ ア－×　　イ－○　　ウ－×　　エ－○
⑤ ア－×　　イ－×　　ウ－○　　エ－○
⑥ ア－×　　イ－×　　ウ－×　　エ－×

問題③

## 問20
日本法人であるX社は、A国法人であるY社との間で国際売買契約を締結した。この場合に関する次のア～エの記述のうち、その内容が適切なものの組み合わせを①～⑥の中から1つだけ選びなさい。

ア．X社とY社との間で、本件契約に関して生じた民事上の法的紛争について、日本の裁判所に国際裁判管轄を認める旨の国際裁判管轄の合意がなされた。この場合、日本の民事訴訟法上、当事者間の合意で国際裁判管轄を定めることは認められていないため、当該国際裁判管轄の合意は効力を生じない。

イ．X社およびY社は、本件契約に関して生じた民事上の法的紛争についての準拠法を定めていなかった。この場合について、「法の適用に関する通則法」（法適用通則法）では、債務者の本国の法を準拠法とする旨が定められている。

ウ．Y社は、本件契約に関して生じた民事上の法的紛争に関し、A国の裁判所に民事訴訟を提起し勝訴判決を得た。本件判決の内容および訴訟手続が日本における公の秩序または善良の風俗に反する場合、Y社は、本件判決につき日本で執行判決を得ることはできない。

エ．X社は、Y社に対し、本件契約に基づく売買代金債権を有しているが、Y社が支払不能に陥った。Y社が日本国内に財産を有している場合、破産法上、X社は、日本の裁判所に対し、Y社につき破産手続開始の申立てをすることができる。

① アイ　　② アウ　　③ アエ　　④ イウ　　⑤ イエ　　⑥ ウエ

問21

賃貸借契約に関する次のア～エの記述のうち、民法および借地借家法の規定に照らし、その内容が適切なものを○、適切でないものを×とした場合の組み合わせを①～⑧の中から1つだけ選びなさい。

ア．賃借人は、目的物を賃貸人に返還するまで、自己の財産に対するのと同一の注意をもって目的物の管理をしなければならない。

イ．賃借人が賃貸人の承諾を得て目的物を転貸した場合、賃貸人は、転借人に対して、直接賃料の支払いを請求することはできない。

ウ．建物の所有を目的とする土地の賃貸借契約の存続期間が満了するにあたり、賃借人は、賃貸人に対し当該契約の更新を請求した。この場合において、一時使用のために賃借権を設定したことが明らかでないときは、賃貸人は、当該土地の使用を必要とする事情等を考慮して、正当の事由があると認められるときであっても、当該契約の更新を拒絶する旨の異議を述べることができない。

エ．賃貸借契約の終了後、賃借人は、目的物を受け取った後に生じた損傷があったとしても、目的物を当該契約終了時の状態のままで賃貸人に返還すれば足り、当該損傷を原状に復する義務を負わない。

① ア－○　イ－○　ウ－○　エ－○
② ア－○　イ－○　ウ－×　エ－○
③ ア－○　イ－×　ウ－○　エ－×
④ ア－○　イ－×　ウ－×　エ－○
⑤ ア－×　イ－○　ウ－○　エ－×
⑥ ア－×　イ－○　ウ－×　エ－○
⑦ ア－×　イ－×　ウ－○　エ－×
⑧ ア－×　イ－×　ウ－×　エ－×


問22

寄託契約に関する次の①～④の記述のうち、その内容が最も適切なものを1つだけ選びなさい。

① 受寄者は、寄託者との間で、寄託物を1年間預かる旨の寄託契約を締結したが、契約締結の2か月後に、寄託者から寄託物の返還を請求された。この場合、受寄者は、民法上、契約期間満了まで寄託者の返還請求を拒むことができる。

② 倉庫営業者は、倉庫寄託契約で約定した保管期間の満了後も寄託者が寄託物を引き取らない場合、商法上、当該寄託物について、供託をすることは認められるが、競売をすることは認められない。

③ 倉庫寄託契約において、寄託物の保管に関し、倉庫営業者またはその使用人の故意または重過失により損害が生じたことを寄託者が証明しない限り、倉庫営業者は損害賠償責任を負わない旨の特約を設けた。この場合、商法上、当該特約は無効である。

④ 受寄者は、民法上、寄託者の承諾を得たとき、またはやむを得ない事由があるときでなければ、寄託物を第三者に保管させることができない。

問題③

## 問23

A社およびB社は共同で出資して事業（合弁事業）を行うことになった。この場合に関する次のア～エの記述のうち、その内容が適切なものの個数を①～⑤の中から1つだけ選びなさい。

ア．A社およびB社は、民法上の組合により合弁事業を行う場合、民法上、組合への出資は金銭に限定されており、不動産、特許権、労務などを出資の目的とすることはできない。

イ．A社およびB社は、民法上の組合により合弁事業を行う場合、民法上、それぞれが出資した価額にかかわらず、両社の合意によって、合弁事業により生じた利益の分配の割合を決めることができる。

ウ．A社およびB社が、株式会社を設立して合弁事業を行う場合、会社法上、原則として、それぞれが出資した価額に応じて、合弁事業により生じた利益の分配を受ける。

エ．A社およびB社は、株式会社を設立して合弁事業を行う場合、会社法上、当該株式会社に対して株式の引受額を限度とした出資義務を負うのみであり、当該株式会社の債権者に対し、合弁事業により生じた債務を弁済する直接の責任を負わない。

① 0個　　② 1個　　③ 2個　　④ 3個　　⑤ 4個

## 問24 ⋯⋯⋯⋯⋯⋯⋯⋯⋯⋯⋯⋯⋯⋯⋯⋯⋯⋯⋯⋯⋯ <過去問題>

不動産登記に関する次の①～④の記述のうち、その内容が最も適切でない

ものを１つだけ選びなさい。

① 売主Ａと買主Ｂとの間で甲建物の売買契約が締結されたが、Ｂは、Ａから、甲建物の引渡しおよび所有権移転登記手続への協力のいずれも拒まれている。この場合、Ｂは、所有権移転登記を経る前であっても、Ａに対し、甲建物の所有権を主張することができる。

② 売主Ａと買主Ｂとの間で乙土地の売買契約が締結されたが、第三者Ｃの強迫により、所有権移転登記の申請が妨げられた。その後、Ｃが、Ａから乙土地を買い受けて所有権移転登記を経た。この場合、Ｂは、乙土地につき所有権移転登記を経ていなくても、Ｃに対して、乙土地の所有権の移転を対抗することができる。

③ 売主Ａと買主Ｂとの間で甲建物の売買契約が締結されたが、ＢからＡに対しては売買代金の一部しか支払われていない。この場合、ＢのＡに対する所有権移転登記請求権を保全することを目的として、甲建物につき仮登記を行うことができる。

④ 登記権利者Ａは、登記義務者Ｂに対し乙土地の所有権移転の登記手続をすべきことを命ずる旨の裁判所の確定判決を得た。この場合であっても、Ａは、Ｂとの共同申請によらなければ、当該登記手続を行うことができない。

**問25** ･････････････････････････････････････････････ 過去問題

Ｘ社は、自社の販売する商品αに使用する商標について、商標登録出願をすることとした。この場合に関する次の①〜④の記述のうち、商標法の規定に照らし、その内容が適切なものを２つ選びなさい。

① Ｘ社は、商品αに使用する商標について商標権の設定登録を受けることが可能であるほか、商品αを購入した顧客に対して行うサービスに使用する商標についても商標権の設定登録を受けることが可能である。

② Ｘ社は、商品αに使用する商標のうち、文字、図形および立体的形状で表したものについては商標権の設定登録を受けることが可能であるが、音で表したものについては商標権の設定登録を受けることは不可能である。

③ Ｘ社は、商品αの商品名について商標権の設定登録を受けた場合、商品αの商品名の登録商標と同一の指定商品について、商品αの商品名の登録商標と同一の商標を使用している者に対して、その使用の差止めを請求することが可能であるほか、商品αの商品名の登録商標と同一の指定商品について、商品αの

商品名の登録商標と類似の商標を使用している者に対しても、その使用の差止めを請求することが可能である。

④　X社は、商品αの商品名について商標権の設定登録を受けた。その後、X社、X社から専用使用権の設定を受けた者またはX社から通常使用権の許諾を受けた者が、日本国内において3年以上の期間にわたり継続して商品αの商品名につき登録商標を使用していない場合であっても、商品αの商品名についての登録商標の商標登録が取り消されることはない。

## 問26

下請代金支払遅延等防止法（下請法）に関する次の①～④の記述のうち、下請法の規定に照らし、その内容が最も適切なものを1つだけ選びなさい。なお、本問における親事業者および下請事業者は、それぞれ下請法上の「親事業者」および「下請事業者」であるものとする。

①　下請事業者に対して物品の製造委託をした親事業者は、原則として、直ちに、下請事業者の給付の内容、下請代金の額、支払期日および支払方法等の所定の事項を記載した書面を下請事業者に交付しなければならない。

②　下請代金の支払期日は、親事業者が下請事業者の給付を受領した日からできる限り短い期間内において定められなければならないが、具体的な日数の制限までは定められていない。

③　下請事業者に対して物品の製造委託をした親事業者は、下請事業者の給付の内容を均質にしまたはその改善を図るため必要がある場合であっても、下請事業者に自己の指定する物を強制して購入させることはできない。

④　物品の製造委託を行う事業者は、法人であるか個人であるか、また、その資本金の多寡にかかわらず、親事業者に該当する。

## 問27

消費者契約法に関する次の文章中の下線部①～④の記述のうち、その内容が最も適切でないものを1つだけ選びなさい。

消費者と事業者との間には、情報の質および量ならびに交渉力について格差があることから、民法の原則を修正するために消費者契約法が制定されている。このような消費者契約法の制定趣旨から、①消費者契約法は、消費者と事業者との間で締結される契約に適用されるが、労働契約は除かれている。

消費者契約法においては、消費者の意思表示に瑕疵をもたらすような事業者の不適切な勧誘行為を類型化し、これらの行為に基づく意思表示を取り消せるものとして、消費者の保護を図っている。不適切な勧誘行為には、契約の重要な事項に関する不告知などがあるが、②事業者による消費者に対する積極的な欺罔行為に基づき消費者が意思表示をした場合、消費者は、消費者契約法によって保護されるため、民法上の詐欺による取消しを主張することはできない。

　③消費者契約につき、消費者契約法に基づき意思表示の取消しがなされた場合、当該消費者契約は遡及的に無効となる。

　また、消費者契約法は、消費者が一方的に不利益となる契約条項を無効としており、例えば、④事業者の債務不履行により生じた消費者の解除権を放棄させる条項は、消費者契約法上、無効である。


## 問28

家庭用品メーカーであるＡ社は、新型の家庭用浄水器αを発売した。この場合に関する次のア～エの記述のうち、その内容が適切なものを○、適切でないものを×としたときの組み合わせを①～⑥の中から１つだけ選びなさい。

ア．Ａ社は、αの広告用ポスターに、「αは、Ｂ社が製造する、αと同等の家庭用浄水器βに比べ、フィルターの価格は同程度であるが、その交換頻度が約３分の１である」旨の表示をしたが、実際にはαとβのフィルターの交換頻度は同等であった。この場合、当該表示は、景品表示法上の不当表示に当たらない。

イ．Ａ社は、インターネット上の自社のホームページで自社製品を消費者向けに販売している。Ａ社は、当該ホームページ上でαを販売するにあたり、「通常価格１万円のところ、キャンペーン期間中に限り5,000円で販売する」旨の表示をして販売したが、実際にはαを１万円以上の価格で販売したことはなかった。当該表示は、景品表示法上の不当表示に当たらない。

ウ．Ａ社は、αの販売促進のため、αの購入者を対象として抽選を行い、当選した者に海外旅行（50万円相当）を提供することを企画した。この企画内容は、取引に付随して懸賞によって景品を提供するものであり、景品表示法の規制対象となる。

エ．Ａ社は、αの販売促進のため、αの購入者全員に高級食器セットを提供した。内閣総理大臣（消費者庁長官）は、当該食器セットの提供が景品表示法による制限に違反する場合、当該制限に違反したことを理由としてＡ社に対し課徴金

の納付を命じることができる。

① ア－○　　イ－○　　ウ－○　　エ－○
② ア－○　　イ－○　　ウ－×　　エ－○
③ ア－○　　イ－×　　ウ－○　　エ－×
④ ア－×　　イ－○　　ウ－×　　エ－○
⑤ ア－×　　イ－×　　ウ－○　　エ－×
⑥ ア－×　　イ－×　　ウ－×　　エ－×

## 問29
質権、留置権および先取特権に関する次の①～④の記述のうち、その内容が適切なものを2つ選びなさい。

①　A社は、B社に対して有する売掛金債権の担保として、B社がC社に対して有する貸金債権に債権質の設定を受け、B社からC社に対し、その旨の通知がなされた。この場合、A社は、B社から当該売掛金債権の弁済を受けられないときであっても、C社から直接貸金を取り立てることはできない。

②　OA機器の修理業者であるD社は、E社との間で、E社の所有するパソコンの修理を行う旨の請負契約を締結し、当該パソコンの引渡しを受けた。この場合、D社は、E社に対し、当該パソコンの修理代金債権とは別に、既に修理を終えE社に引渡し済みのプリンターの修理代金債権を有しているときであっても、E社から当該パソコンの修理代金の支払いを受けたときは、当該パソコンについて留置権を主張することはできない。

③　自動車修理業者であるF社は、G社から自動車の修理の依頼を受け、当該自動車の引渡しを受けた。F社は、当該自動車の修理を完了したにもかかわらず、G社が修理代金を支払わない場合、留置権に基づいて当該自動車の競売を申し立てることができる。

④　土木機械の販売業者であるH社は、I社との間で、その所有する土木機械をI社に売却する旨の売買契約を締結し、これをI社に引き渡した。この場合、H社は、I社に対して有する売買代金債権について、動産売買の先取特権に基づく物上代位権を行使して、I社が当該土木機械を第三者に転売した代金債権から優先的に弁済を受けることができる。

## 強制執行手続に関する次の①～④の記述のうち、その内容が適切なものを2つ選びなさい。

① 公証人が作成した公正証書は、一定の場合、強制執行の申立てに必要な債務名義となり得る。

② 強制執行においては、不動産または債権については、財産的価値があり換価することによって債権の回収を見込めるものは、すべてその対象となるが、動産は強制執行の対象とならない。

③ 債権者が、債務者が第三者に対して有する金銭債権につき強制執行を申し立て、当該金銭債権の差押えがなされた。この場合、当該申立てを行った債権者は、債務者に対して差押命令が送達された日から一定の期間を経過したときは、自ら当該金銭債権を取り立てることができる。

④ 債権者が、債務者が第三者に対して有する金銭債権につき強制執行を申し立て、当該金銭債権の差押えがなされた。この場合、当該申立てを行った債権者以外の債権者は、執行力のある債務名義の正本を有していても、当該金銭債権につき、さらに強制執行を申し立てて、差し押さえることはできない。

## 問31
## Ａ社は、民事再生法に基づき、再生手続開始の申立てを行った。この場合に関する次の①～④の記述のうち、その内容が最も適切なものを1つだけ選びなさい。

① Ａ社が再生手続開始の申立てを行った後であっても、再生手続開始の決定がなされるまでの間は、裁判所は、Ａ社の財産につき存する担保権の実行手続の中止を命じることはできない。

② Ａ社について再生手続開始の決定がなされた場合、Ａ社は業務遂行権限を喪失し、管財人が選任される。

③ Ａ社の再生手続開始の申立てを裁判所が棄却した場合、裁判所の職権によりＡ社について破産手続開始の決定がなされることがある。

④ 民事再生法に基づきＡ社の再生計画認可決定が確定した後、Ａ社が再生計画に基づく弁済をしない場合、再生債権者は、民事訴訟等を経て債務名義を取得しなければ、再生債権に基づき再生計画の定めによって認められた権利に基づいてＡ社の財産に対する強制執行をすることはできない。

問32
次のア～エの記述は、飲食店を全国展開している甲社において、同社の活動に際して発生し得る損害賠償責任について検討した際の甲社内における発言の一部である。これらの発言のうち、その内容が適切なものを○、適切でないものを×とした場合の組み合わせを①～⑧の中から１つだけ選びなさい。

問題③

ア.「例えば、当社の店舗の看板が落下して第三者にけがを負わせた場合、当社の土地工作物責任が問題となります。当社の店舗の看板の設置についての瑕疵があり、その瑕疵が原因で、第三者に損害が生じたときは、店舗の占有者である当社がその損害を賠償する責任を負います。しかし、損害の発生を防止するのに必要な注意をしなかったという過失が当社にある点については、被害者が立証する必要があります。」

イ.「当社の店舗における事故でお客様に損害が生じた場合、不法行為に基づく損害賠償責任が生じます。例えば、当社の従業員が高温の料理をお客様に提供する際に、当該従業員の過失によりお客様にその料理をかけて火傷を負わせた場合、被害者であるお客様に対して、直接の行為者である当該従業員が不法行為責任を負いますが、その従業員を雇用している当社も、原則として、使用者責任を負います。」

ウ.「当社が当社の従業員に対して損害賠償責任を負うことも考えられます。労働者が業務上負傷し、または疾病にかかった場合には、労働基準法上、使用者は、当該労働者に対し所定の災害補償を行う責任を負います。この責任は無過失責任とされており、この責任を担保するために設けられているのが労働者災害補償保険（労災保険）です。労災保険法に基づき、災害補償に相当する給付が行われる場合には、使用者は、災害補償の責任を免れます。」

エ.「当社は多くの営業用車両を保有しているため、交通事故のリスクがあります。例えば、当社が所有する自動車を当社の従業員が業務上運転していて第三者を負傷させた場合、当社は、自動車損害賠償保障法（自賠法）上の損害賠償責任を負います。当社および当該従業員が自動車の運行に関し注意を怠らなかったことのみを当社が証明できた場合であっても、当社が自賠法上の損害賠償責任を免れることはできません。」

① ア－○　イ－○　ウ－○　エ－○
② ア－○　イ－○　ウ－×　エ－○
③ ア－○　イ－×　ウ－○　エ－×

④　ア－○　　イ－×　　ウ－×　　エ－×
⑤　ア－×　　イ－○　　ウ－○　　エ－○
⑥　ア－×　　イ－○　　ウ－×　　エ－○
⑦　ア－×　　イ－×　　ウ－○　　エ－×
⑧　ア－×　　イ－×　　ウ－×　　エ－×


## 問33
民事訴訟における主張責任および証明責任に関する次の①～④の記述のうち、その内容が最も適切でないものを１つだけ選びなさい。

①　A社は、Bの運転する自動車がBの過失により自社の倉庫の外壁に衝突し外壁が破損したため、Bを被告として不法行為に基づく損害賠償請求訴訟を提起した。当該訴訟において、A社が損害額を500万円であると主張したのに対し、Bが500万円の損害賠償額は相当ではない旨を主張した。この場合、損害額が500万円であることを証明する責任を負うのはA社である。

②　Cは、DがCから盗んだ自動車を破損させたと主張して、Dを被告として不法行為に基づく損害賠償請求訴訟を提起した。これに対し、Dは、すでに損害の賠償をした旨を主張した。この場合、損害の賠償をした事実を証明する責任を負うのはDである。

③　Eは、スマートフォンを見ながら歩いていたFと接触して転倒し、負傷したとして、Fを被告として不法行為に基づく損害賠償請求訴訟を提起した。この場合、EのFに対する損害賠償請求が認められるためには、Eは、Fの前方不注視などの過失に相当する具体的な事実を主張し証明する必要はなく、Fと接触した事実を主張し証明すれば足りる。

④　G社は、Hに現金を盗まれたと主張して、Hを被告として不法行為に基づく損害賠償請求訴訟を提起した。当該訴訟において、G社の証拠申出に基づき、Hの犯行を目撃したG社の従業員Iの証人尋問が行われた。当該証人尋問におけるIの証言の内容から、裁判所は、Hは現金を盗んでいないとの心証を得た。この場合、裁判所は、Iの証言の内容を、Hに有利な事実を認定するための基礎として用いることができる。


## 問34
X社は、Y社に対して、請負代金債権を有しているが、Y社はその弁済を

しようとしない。そこで、X社は、当該請負代金債権について支払督促の申立てをすることとした。この場合に関する次のア〜エの記述のうち、その内容が適切なものの個数を①〜⑤の中から1つだけ選びなさい。

ア．X社からの支払督促の申立てを受理した裁判所書記官は、Y社に対し審尋をすることなく、支払督促を発することができる。

イ．X社からの申立てに基づく支払督促に対し、Y社が督促異議の申立てをした場合、当該支払督促の申立ての時に所定の裁判所に民事訴訟を提起したものとみなされる。

ウ．Y社は、X社からの申立てに基づく支払督促の送達を受けた。この場合において、Y社は、当該支払督促に対する督促異議の申立てにつき、その理由を付す必要はない。

エ．X社が本件請負代金債権について行う支払督促の申立ては、債務者であるY社の所在地ではなく、債権者であるX社の所在地を管轄する簡易裁判所の裁判所書記官に対して行う必要がある。

①　0個　　②　1個　　③　2個　　④　3個　　⑤　4個

## 問35

A株式会社の取締役Xは、A社の株主Yから、「次の株主総会においてXの解任を提案するつもりであり、提案をやめて欲しければ、Yが経営するB社から観葉植物を賃借する旨の契約を締結して欲しい」と要求された。この場合に関する次の①〜④の記述のうち、会社法の規定に照らし、その内容が最も適切でないものを1つだけ選びなさい。

① Yは、自らに対する利益の供与ではなく、第三者であるB社に対する利益の供与を要求しているが、Yには会社法上の利益供与要求罪が成立し得る。

② Xは、B社に対し、A社が観葉植物を賃借する旨の申込みを行い、A社の計算で賃借料を支払った。この場合、A社が観葉植物の賃借によりB社に支払う賃借料が適正な価格であっても、Xには会社法上の利益供与罪が成立し得る。

③ Xは、Yの要求に応じ、A社の子会社であるC社がその計算でB社から観葉植物を賃借する旨の契約を締結させた。この場合、Xに会社法上の利益供与罪が成立することはない。

④ 派遣元事業主であるD社からA社に派遣された派遣労働者Zは、XがYから

の要求に応じたことをA社のヘルプライン（内部通報窓口）に通報した。この場合において、Zによる通報が公益通報者保護法上の公益通報に該当するときは、A社がD社との労働者派遣契約を当該通報を理由に解除しても、当該解除は、無効であり、その効力を生じない。

**問36** ........................................................................ 過去問題

Xは自らが1人で発起人となって、募集設立の方法によりA株式会社を設立する準備を進めている。この場合に関する次の①〜④の記述のうち、会社法の規定に照らし、その内容が最も適切なものを1つだけ選びなさい。

① A社の定款を書面で作成する場合、Xが会社法で定められた事項を記載して作成し、これにXが発起人として記名押印をし、公証人の認証を受けてその効力を生じる。

② A社の設立に際し、YおよびZは、A社の株式を引き受けることを考えている。この場合、株式会社の設立に際し当該株式会社の株式を引き受ける者は発起人となることを義務付けられているため、YおよびZは、A社の発起人となる必要がある。

③ A社の設立時役員等は、Xにより選任される。

④ A社を会社法上の公開会社として設立する場合、Xは、発行可能株式総数の範囲内であればその多寡を問わず、自由に設立時発行株式の総数を決定することができる。

**問37**

会社法上の監査等委員会設置会社および指名委員会等設置会社に関する次の①〜④の記述のうち、その内容が最も適切なものを1つだけ選びなさい。

① 監査等委員会設置会社においては、業務を執行する機関は執行役であり、取締役を設置してはならない。

② 監査等委員会設置会社においては、執行機関の職務執行を監査する機関は監査等委員会であり、監査役を設置してはならない。

③ 指名委員会等設置会社においては、業務を執行する機関は執行役であり、取締役を設置してはならない。

④ 指名委員会等設置会社では、指名委員会を設置しなければならないが、監査

委員会および報酬委員会は任意に設置することができる。

問38 ………………………………………………………… 過去問題

Ｘ株式会社における剰余金の配当に関する次の①〜④の記述のうち、会社法の規定に照らし、その内容が最も適切なものを１つだけ選びなさい。なお、Ｘ社においては、剰余金の配当について内容の異なる種類の株式は存在しないものとする。また、本問における違法配当とは、株式会社が行う剰余金の配当のうち、当該剰余金の配当により株主に対して交付する金銭等（当該株式会社の株式を除く）の帳簿価額の総額が、当該剰余金の配当がその効力を生ずる日における分配可能額を超えているものをいうものとする。

① Ｘ社は、その純資産額の多寡にかかわらず、剰余金の配当をすることができる。
② Ｘ社において違法配当が行われた場合、Ｘ社の債権者であるＹ社は、当該違法配当により金銭等の交付を受けた株主Ａに対し、Ｙ社がＸ社に対して有する債権額にかかわらず、株主ＡがＸ社から交付を受けた金銭等の帳簿価額に相当する金銭の全額を支払わせることができる。
③ Ｘ社において違法配当が行われ、当該違法配当に関する職務を行った取締役Ｂは、当該違法配当に関する責任として、Ｘ社に対し、Ｘ社の株主が交付を受けた金銭等の帳簿価額に相当する金銭を支払った。この場合、取締役Ｂは、当該違法配当により金銭等の交付を受けたＸ社の株主に求償をすることができるが、当該違法配当について善意の株主Ｃは、取締役Ｂからの求償の請求に応じる必要はない。
④ Ｘ社が取締役会設置会社である場合、Ｘ社は、取締役会の決議によって一事業年度の途中において何度でも中間配当をすることができる旨を、定款で定めることができる。

問39

Ａ社の事業に関連する行政庁の許認可手続等に関する次のア〜エの記述のうち、行政手続法の規定に照らし、その内容が適切なものを○、適切でないものを×とした場合の組み合わせを①〜⑥の中から１つだけ選びなさい。

ア．A社は、国の所轄官庁から口頭で行政指導を受けた。この場合、A社は、当該所轄官庁に対し、当該行政指導の内容等を記載した書面を求めることはできない。

イ．A社は、国の所轄官庁から行政指導を受けたが、これに従わなかった。この場合、当該所轄官庁は、A社が当該行政指導に従わなかったことを理由に、A社に対し不利益な取扱いをすることができる。

ウ．A社は、国の所轄官庁から不利益処分を受ける場合、意見陳述の機会を与えられることはない。

エ．A社が国の所轄官庁から受けている営業の許可について、当該所轄官庁が当該営業許可を取り消す処分をするときは、原則として、A社に対し、同時にその処分の理由を示さなければならない。

① ア－○　　イ－○　　ウ－○　　エ－○
② ア－○　　イ－○　　ウ－○　　エ－×
③ ア－○　　イ－×　　ウ－○　　エ－×
④ ア－×　　イ－○　　ウ－×　　エ－○
⑤ ア－×　　イ－×　　ウ－×　　エ－○
⑥ ア－×　　イ－×　　ウ－×　　エ－×


**問40**
**国際法務に関する次のア～エの記述のうち、その内容が適切なものの組み合わせを①～⑥の中から1つだけ選びなさい。**

ア．国際的な貿易の取引条件について国際商業会議所が制定したインコタームズ（International Commercial Terms）には、条約と同一のものとして、国際商業会議所に加盟した国の企業間においては、法的な強制力が認められている。

イ．世界貿易機関（WTO）には、貿易に関する紛争の当事国が紛争事案を持ち込むことができ、紛争当事国間の協議による解決のほか、小委員会検討を経た報告・採択等の手続により紛争を解決する役割が認められている。

ウ．英米法における完全合意条項（Entire Agreement Clause）は、一般に、ある事柄に関して最終的な契約書が作成された場合には、当事者は、契約交渉過程で当事者間に成立した合意を、当該契約書の内容を変更するものとして裁判所に提出することはできないとする条項であり、英米法における証拠法上のルールである口頭証拠排除原則と関連するものである。

エ．国際的な民事上の法的紛争を解決する手続として仲裁があるが、日本の仲裁法上、仲裁人によってなされた仲裁判断には、確定判決と同一の効力は認められない。

① アイ　　② アウ　　③ アエ　　④ イウ　　⑤ イエ　　⑥ ウエ

問1

【解　答】③、④　　　　　　　　　　　　（3級公式テキストP.102～P.112）

【解　説】

① 適切でない。賃貸借の目的物について、使用および収益に必要な修繕をする義務を負うのは、原則として、**賃貸人**である（民法606条1項）。

② 適切でない。建物の賃貸人の同意を得て建物に付加した造作がある場合、建物の賃借人は、建物の賃貸借が期間の満了または解約の申入れによって終了するときに、建物の賃貸人に対し、その造作を時価で買い取るべきことを請求することができる（**造作買取請求権**、借地借家法33条1項）。

③ 適切である。賃借人は、賃借物を受け取った後にこれに生じた損傷（通常の使用および収益によって生じた賃借物の損耗ならびに賃借物の経年変化を除く）がある場合において、賃貸借が終了したときは、その損傷が賃借人の責めに帰することができない事由によるものであるときを除き、その損傷を原状に復する義務を負う（**原状回復義務**、民法621条）。

④ 適切である。賃貸借の解除をした場合には、その解除は、**将来に向かってのみ**その効力を生ずる（民法620条）。

問2　　　　　　　　　　　　　　　　　　　（公式テキストP.21～P.25）

【解　答】⑧

【解　説】

ア．適切でない。**請負人が仕事を完成しない間**は、注文者は、いつでも損害を賠償して契約の解除をすることができる（民法641条）。

イ．適切でない。目的物の引渡しを要する請負契約における報酬の支払時期については、民法上、**目的物の引渡しと同時**に支払わなければならないとされている（民法633条）。

ウ．適切でない。債務者がその債務の本旨に従った履行をしないとき、または債務の履行が不能であるときは、その債務の不履行が契約その他の債務の発生原因および取引上の社会通念に照らして**債務者の責めに帰することができない事由によるものであるときを除き**、債権者は、これによって生じた損害の賠償を請求することができる（民法415条1項）。

エ．適切でない。注文者の責めに帰することができない事由によって請負人が仕事を完成することができなくなった場合または請負が仕事の完成前に解除された場合において、請負人がすでにした仕事の結果のうち可分な部分の給付に

よって注文者が利益を受けるときは、それをもって仕事の完成とみなし、請負人は、注文者に対し、**注文者が受ける利益の割合に応じて報酬を請求すること**ができる（民法634条）。

## 問3

過去問題

【解　答】③　　　　　　　　　　（公式テキストP.78〜P.88）

【解　説】

ア．適切である。同一の発明について異なった日に2以上の特許出願があったときは、最先の特許出願人のみがその発明について特許を受けることができる（**先願主義**、特許法39条1項）。

イ．適切である。専用実施権者は、設定行為で定めた範囲内において、**業としてその特許発明の実施をする権利を専有し**（特許法77条2項）、特許権者も、当該範囲内においては自ら特許発明の実施をすることができなくなる。

ウ．適切でない。特許権が共有に係るときは、各共有者は、**他の共有者の同意を得なければ**、当該特許権について第三者に通常実施権を許諾することができない（特許法73条3項）。

エ．適切でない。企業の従業者が職務発明をした場合、当該企業と当該従業者との間の契約や勤務規則等で事前に特段の定めをしていないときは、当該職務発明について特許を受ける権利は、原則として、当該従業者に帰属する（特許法35条参照）。

## 問4

（公式テキストP.108〜P.116）

【解　答】④

【解　説】

ア．適切でない。他人の商品等表示として需要者の間に広く認識されているものと同一もしくは類似の商品等表示を使用して、**他人の商品と混同を生じさせる行為**は、不正競争に該当する（不正競争防止法2条1項1号）。

イ．適切である。競争関係にある他人の**営業上の信用を害する虚偽の事実を流布**する行為は、不正競争に該当する（不正競争防止法2条1項21号）。

ウ．適切である。その限定提供データについて**限定提供データ不正取得行為**が介在したことを知って限定提供データを取得する行為は、不正競争に該当する（不正競争防止法2条1項12号）。

エ．適切でない。他人の商品の形態を模倣した商品を譲渡する行為は不正競争に該当するが、**当該商品の機能を確保するために不可欠な形態**の模倣は不正競争から除かれる（不正競争防止法2条1項3号）。

問5　　　　　　　　　　　　　　（公式テキストP.118～P.123）

【解　答】③
【解　説】

ア．適切である。事業者が消費者契約の締結について勧誘をしている場所から消費者が退去する旨の意思を示したにもかかわらず、その場所から当該消費者を**退去させないこと**により困惑し、それによって消費者契約を締結した場合、消費者は、当該消費者契約を取り消すことができる(消費者契約法４条３項２号)。

イ．適切でない。消費者契約法に基づき消費者契約が取り消された場合、事業者および消費者のいずれも**原状回復義務**を負う。なお、取消権を行使した消費者の返還義務については、民法の規定の特則が設けられている（消費者契約法６条の２）。

ウ．適切でない。事業者の債務不履行により消費者に生じた損害を賠償する責任の全部を免除する条項は、**無効**である（消費者契約法８条１項１号）。

エ．適切である。**適格消費者団体**は、事業者等が、消費者契約の締結について勧誘をするに際し、不特定かつ多数の消費者に対して消費者契約法所定の行為を現に行っているときは、その事業者等に対し、当該行為の停止を請求することができる（消費者契約法12条１項）。


問6　　　　　　　　　　　　　　（公式テキストP.146～P.155）

【解　答】④
【解　説】

ア．適切でない。個人情報とは、**生存する個人に関する情報**であり（個人情報保護法２条１項柱書）、死亡した個人に関する情報は、当該死亡した個人を識別することができるものであっても、当該死亡した個人の個人情報に当たらない。

イ．適切である。個人情報取扱事業者は、原則として、あらかじめ本人の同意を得ずに、その**利用目的の達成に必要な範囲**を超えて個人情報を取り扱ってはならない（個人情報保護法18条）。

ウ．適切である。**合併その他の事由による事業の承継**に伴って個人データが提供される場合において、当該個人データの提供を受ける者は、第三者に該当しない（個人情報保護法27条５項２号）。したがって、本肢の場合、X社は、Z社に個人データを提供するにあたり、あらかじめ本人の同意を得る必要はない。

エ．適切でない。**要配慮個人情報**とは、本人の人種、信条、社会的身分、病歴、犯罪の経歴、犯罪により害を被った事実その他本人に対する不当な差別、偏見その他の不利益が生じないようにその取扱いに特に配慮を要するものとして政令で定める記述等が含まれる個人情報をいう（個人情報保護法２条３項）。会

員の病歴に関する情報が含まれている会員情報は、要配慮個人情報に該当する。

## 問7　　　　　　　　　　（公式テキストP.125～P.126、P.172～P.178）

【解　答】⑤

【解　説】

ア．適切でない。特定商取引法上、**通信販売**には、クーリング・オフの制度は設けられていない。

イ．適切である。制限行為能力者が行為能力者であることを信じさせるため**詐術**を用いたときは、その行為を取り消すことができない（民法21条）。

ウ．適切でない。表意者の重大な過失による錯誤の特例に関する電子消費者契約法の規定は、電子消費者契約の相手方である事業者が、消費者が行う電子消費者契約の申込みまたは承諾の意思表示に際して、電磁的方法によりその映像面を介して、その消費者の申込みもしくはその承諾の意思表示を行う意思の有無について**確認を求める措置**を講じた場合には、適用されない（電子消費者契約法3条但書）。本肢では、インターネット上の購入画面において購入商品や金額についての最終確認表示がなかったため、Xは、Yに対し、錯誤による申込みの取消しを主張することができる。

エ．適切である。電子商取引においても、契約は、申込みの意思表示に対して相手方が承諾をしたときに成立する（民法522条1項）。そして、意思表示は、その通知が相手方に到達した時からその効力を生ずる（**到達主義**、民法97条1項）。したがって、本肢の売買契約は、受注した旨のメールがYに届いた時点で成立する。

## 問8　　　　　　　　　　　　　　　　　　（公式テキストP.209～P.214）

【解　答】③

【解　説】

ア．適切である。会社関係者から業務等に関する**重要事実の伝達を受けた者**は、インサイダー取引の主体となり得る（金融商品取引法166条3項）。本肢のCは、会社関係者であるBから重要事実の伝達を受け、その公表前にA社の株式を取得している。したがって、Cの行為は、インサイダー取引に該当する。

イ．適切でない。**重要事実の公表後**に株式を取得しても、インサイダー取引には該当しない（金融商品取引法166条1項柱書等）。

ウ．適切でない。**重要事実を知らずに**株式を取得しても、インサイダー取引には該当しない（金融商品取引法166条1項柱書等）。

エ．適切でない。金融商品取引法の違反行為には、**両罰規定**が定められており（金

融商品取引法207条）、法人の役員がインサイダー取引を行った場合、当該役員が刑事罰の対象となるほか、当該法人も刑事罰の対象となることがある。

問9 　　　　　　　　　　　　　　　　　　　　　　　　　　過去問題

【解　答】③、④ 　　　　　　　　　　　　　（公式テキストP.220～P.225）

【解　説】

① 　適切でない。法定地上権が成立するためには、抵当権が設定された当時、**土地の上に建物が存在していたこと**が必要である（民法388条前段）。

② 　適切でない。抵当権の実行は**裁判所の手続**によらなければならず（民事執行法180条）、抵当権者は、私的に抵当権を実行して抵当目的物の所有権を取得することはできない。

③ 　適切である。元本の確定後において現に存する債務の額が根抵当権の極度額を超えるときは、抵当不動産について所有権を取得した第三者は、**その極度額に相当する金額**を払い渡しまたは供託して、その根抵当権の消滅請求をすることができる（民法398条の22第1項）。

④ 　適切である。共同抵当において、抵当権者は、抵当権の実行に際し、同時に複数の不動産につき競売の申立てをすること（**同時配当**）も、ある不動産についてのみ競売の申立てをすること（**異時配当**）も、可能である（民法392条参照）。

問10 　　　　　　　　　　　　　　　　　　　（公式テキストP.240～P.244）

【解　答】⑥

【解　説】

ア．適切でない。**代物弁済は契約であり**（民法482条）、B社は、A社との合意がなければ、X債権の代物弁済として、Y債権をA社に譲り渡し、X債権を消滅させることができない。

イ．適切でない。**取立ての委任**によって取立ての対象となる債権に関する法律関係は何ら影響を受けないため、債務者は、同時履行の抗弁権など、債権者に対して主張できる事由がある場合には、これを主張して取立てを拒むことができる。

ウ．適切である。譲渡人から債務者への確定日付のある証書による債権譲渡の通知は、債務者以外の第三者に対する債権譲渡の対抗要件となる（民法467条2項）。確定日付のある証書による通知が複数ある場合、その優劣は、**通知が債務者の下に到達した日を基準として**、その先後で優劣が判断される（判例）。本肢では、A社にY債権を譲渡した旨の通知が、D社にY債権を譲渡した旨の通知よりも先にC社に到達しており、A社は、本件債権譲渡をD社に対抗することができる。

エ．適切である。当事者が債権の譲渡を禁止し、または制限する旨の意思表示（譲
　渡制限の意思表示）をしたときであっても、債権の譲渡は、その効力を妨げら
　れないが、**譲渡制限の意思表示がされたことを知り、または重大な過失によっ
　て知らなかった譲受人その他の第三者**に対しては、債務者は、その債務の履行
　を拒むことができ、かつ、譲受人に対する弁済その他の債務を消滅させる事由
　をもってその第三者に対抗することができる（民法466条2項3項）。

## 問11　　　　　　　　　　　　　　　（公式テキストP.251～P.256）

【解　答】③

【解　説】

ア．適切である。被保全債権が弁済期未到来の金銭債権であっても、**仮差押えの
　必要性**が認められれば、仮差押えを行うことができる（民事保全法20条）。

イ．適切である。抹消登記手続請求権は**金銭債権以外の債権**であり、その保全の
　ために、処分禁止の仮処分命令を得ることができる（民事保全法23条）。

ウ．適切でない。和解契約書に強制執行認諾文言が付されていても、**債務名義と
　はならない**（民事執行法22条参照）。

エ．適切である。不動産に対する強制執行手続において、債務名義を有する一般
　債権者は、**二重差押えまたは配当要求**をすることにより、当該不動産から配当
　を受けることができる（民事執行法87条1項1号2号・47条・51条）。

## 問12　　　　　　　　　　　　　　　（公式テキストP.258～P.267）

【解　答】③

【解　説】

ア．適切である。動産売買の先取特権は**別除権**に該当し、**別除権**は、破産手続に
　よらないで行使することができる（破産法2条9項・65条1項）。

イ．適切である。裁判所は、破産財団をもって破産手続の費用を支弁するのに不
　足すると認めるときは、破産手続開始の決定と同時に、破産手続廃止の決定を
　しなければならない（**同時廃止**、破産法216条1項）。

ウ．適切でない。破産手続開始の決定があった場合には、破産財団に属する財産
　に対する**強制執行**で、破産債権に基づくものは、することができない（破産法
　42条1項）。

エ．適切でない。破産債権の届出は、破産手続開始決定時に定められた**債権届出
　期間**内にしなければならず、破産債権者がその責めに帰することができない事
　由によって破産債権の届出をすることができなかった場合を除き、以後破産債
　権の届出をすることはできない（破産法111条・112条）。

## 問13　

過去問題

【解　答】⑤　　　　　　　　　　　（公式テキストP.289〜P.305）

【解　説】

ア．適切でない。被告が、答弁書を提出せず、第1回口頭弁論期日を欠席した場合、**訴状記載の請求を認めたものとして取り扱われ**（民事訴訟法159条3項・1項）、口頭弁論が終結して、原告の請求を認容する旨の判決が下される。

イ．適切でない。原告は、**被告の同意を得ることができれば**、被告が本案について準備書面を提出し、弁論準備手続において申述をし、または口頭弁論をした後にあっても、訴えを取り下げることができる（民事訴訟法261条2項本文）。

ウ．適切である。相手方の主張した事実を知らない旨の陳述をした者は、**その事実を争ったものと推定される**（民事訴訟法159条2項）。

エ．適切である。裁判所は、判決をするにあたり、口頭弁論の全趣旨および証拠調べの結果をしん酌して、自由な心証により、事実についての主張を真実と認めるべきか否かを判断する（**自由心証主義**、民事訴訟法247条）。


## 問14　　　　　　　　　　　　　　（公式テキストP.298〜P.299）

【解　答】⑥

【解　説】

ア．適切でない。裁判所は、請求を認容する判決をする場合において、被告の資力その他の事情を考慮して特に必要があると認めるときは、判決の言渡しの日から3年を超えない範囲内において、認容する請求に係る金銭の支払いについて、その時期の定めまたは**分割払い**の定めをすることができる（民事訴訟法375条1項）。

イ．適切でない。**訴訟の目的の価額が60万円以下**の金銭の支払いの請求を目的とする訴えに限り、簡易裁判所に対し、少額訴訟による審理および裁判を求めることができる（民事訴訟法368条1項本文）。

ウ．適切である。少額訴訟を提起することができるのは、訴訟の目的の価額が60万円以下の**金銭の支払いの請求を目的とする訴え**についてのみである（民事訴訟法368条1項本文）。

エ．適切である。少額訴訟については、同一の簡易裁判所において**同一の年に10回**を超えて同一人が利用することはできない（民事訴訟法368条1項但書、民事訴訟規則223条）。

## 問15　　　　　　　　　　　　　　　（公式テキストP.313〜P.318）

【解　答】①、②

【解　説】

① 適切である。下請法上、親事業者が、下請事業者に対し製造委託等をした際に、下請法所定の書面等を交付または提供しなかった場合、**両罰規定**により、従業者だけでなく、法人にも刑事罰が科される可能性がある（下請法10条・12条）。

② 適切である。虚偽の風説を流布して、人の信用を毀損した者には**信用毀損罪**が成立し、刑事罰を科される可能性がある（刑法233条前段）。

③ 適切でない。公務員が、その職務に関し、賄賂を収受したときは収賄罪が成立し、刑事罰を科される可能性がある（刑法197条１項）。他方、賄賂を供与した者には**贈賄罪**が成立し、刑事罰を科される可能性がある（刑法198条）。

④ 適切でない。個人情報保護法上、**個人情報の不正取得**について、刑事罰は定められていない。

## 問16　　　　　　　　　　　　　　　（公式テキストP.324〜P.329）

【解　答】②

【解　説】

ア．適切である。募集設立の場合において、募集の広告その他当該募集に関する書面または電磁的記録に自己の氏名または名称および株式会社の設立を賛助する旨を記載し、または記録することを承諾した者（発起人を除く）は、発起人とみなされ、会社法上、一定の責任を負う（**擬似発起人**、会社法103条４項）。

イ．適切でない。定款は、**公証人の認証**を受けなければ、その効力を生じない（会社法30条１項）。

ウ．適切である。募集設立の場合、設立時役員等は、**創立総会における決議**により選任される（会社法88条１項）。

エ．適切でない。株式会社は、その本店の所在地において**設立の登記**をすることによって成立する（会社法49条）。

## 問17　　　　　　　　　　　　　　　（公式テキストP.338〜P.341）

【解　答】⑤

【解　説】

ア．適切でない。会社法上の公開会社ではない株式会社にあっては、原則として、株主総会の招集通知を**株主総会の日の1週間前**までに発しなければならない（会社法299条１項かっこ書）。

イ．適切である。取締役が株主総会の目的である事項について提案をした場合に

おいて、当該提案につき**株主の全員**が書面または電磁的記録により同意の意思
表示をしたときは、当該提案を可決する旨の株主総会の決議があったものとみ
なされる（会社法319条1項）。

ウ．適切でない。株主総会における普通決議は、議決権を行使することができる
株主の議決権の過半数を有する株主が出席し、出席した当該株主の議決権の過
半数をもって行われるが、**定款で別段の定め**をすることができる（会社法309
条1項）。

エ．適切である。株式会社は、一定の日を**基準日**と定め、基準日において株主名
簿に記載され、または記録されている株主をその権利を行使することができる
者と定めることができる（会社法124条1項）。


## 問18 （公式テキストP.348〜P.352）

【解　答】④

【解　説】

ア．適切である。会計参与は、その職務を行うため必要があるときは、**会計参与
設置会社の子会社**に対して会計に関する報告を求め、または当該子会社の業務
および財産の状況の調査をすることができる（会社法374条3項）。

イ．適切でない。会計参与は、いつでも、**会計帳簿またはこれに関する資料の閲
覧および謄写**をし、または取締役および支配人その他の使用人に対して会計に
関する報告を求めることができる（会社法374条2項）。

ウ．適切である。取締役会設置会社の監査役は、原則として、**取締役会**に出席し、
必要があると認めるときは、意見を述べなければならない（会社法383条）。

エ．適切である。会計監査人は、**株式会社の役員には含まれず**（会社法329条1
項参照）、その主たる職責は、株式会社の計算書類およびその附属明細書等の
監査をすることである（会社法396条1項）。


## 問19 過去問題

【解　答】⑥ （公式テキストP.384〜P.386）

【解　説】

ア．適切でない。株式会社において労働組合を結成する場合、労働者は、株式会
社に労働組合を結成する旨を届け出て、その**承認を受ける必要はない**。

イ．適切でない。1つの工場事業場に常時使用される同種の労働者の**4分の3以
上**の数の労働者が1つの労働協約の適用を受けるに至ったときは、当該工場事
業場に使用される他の同種の労働者に関しても、当該労働協約が適用される（**一
般的拘束力**、労働組合法17条）。

ウ．適切である。**3年を超える有効期間**の定めをした労働協約は、３年の有効期間の定めをした労働協約とみなされる（労働組合法15条２項）。

エ．適切である。不当労働行為に該当する行為がなされた場合、労働者は、その旨を**労働委員会**に申し立てることができる（労働組合法27条１項）。

## 問20 （公式テキストP.429〜P.438）

【解　答】①

【解　説】

ア．適切である。Letter of Intent（LOI）やMemorandum of Understanding（MOU）等の確認文書は、その名称にかかわらず、その内容に**法的な拘束力**が認められることがある。

イ．適切である。**国際物品売買契約に関する国際連合条約**（CISG）は、営業所が異なる国に所在する当事者間の物品売買契約について、ⅰ）これらの国がいずれもCISGの締約国である場合、またはⅱ）国際私法の準則によればCISGの締約国の法の適用が導かれる場合に、適用される。

ウ．適切でない。外国法人は、破産手続等に関し、日本法人と同一の地位を有するとされ、破産法の規定による破産手続開始の申立ては、債務者が法人その他の社団または財団である場合には、日本国内に営業所、事務所または**財産を有するとき**に限り、することができる（破産法３条・４条）。

エ．適切でない。インコタームズは、国際商業会議所（ICC）が、貿易取引条件について定めたものであるが、**法的強制力は認められていない**。

## 問21 （3級公式テキストP.70〜P.71、P.87〜P.97）

【解　答】③

【解　説】

ア．適切である。双務契約の当事者の一方は、相手方の債務が履行期にある場合、相手方がその債務の履行を提供するまでは、自己の債務の履行を拒むことができる（**同時履行の抗弁権**、民法533条）。

イ．適切でない。**金銭の給付を目的とする債務の不履行**については、債権者は、損害の証明をすることを要しない（民法419条２項）。

ウ．適切である。引き渡された目的物が種類、品質または数量に関して契約の内容に適合しないものである場合において、買主が相当の期間を定めて履行の追完の催告をし、その期間内に履行の追完がないときは、買主は、その不適合の程度に応じて**代金の減額**を請求することができる（民法563条１項）。

エ．適切でない。無権代理人がした契約は、**本人が追認をしない間**は、相手方が

取り消すことができる（民法115条本文）。

## 問22 （公式テキストP.42〜P.44）
【解　答】①
【解　説】
① 最も適切でない。組合契約の当事者が損益分配の割合を定めなかったときは、その割合は、各組合員の**出資の価額に応じて**定められる（民法674条1項）。
② 適切である。組合契約における**出資**は、労務をその目的とすることができるほか（民法667条2項）、不動産、特許権なども出資の目的とすることができる。
③ 適切である。**会社は法人とされる**ため（会社法3条）、C社は、A社およびB社とは別個の法人格を有することとなる。
④ 適切である。合同会社の社員は、合同会社の債務について**間接有限責任**を負うのみであり、合同会社の債権者に対して直接責任を負わない（会社法578条・580条2項・604条3項参照）。

## 問23 （公式テキストP.56〜P.58）
【解　答】⑦
【解　説】
ア．適切でない。**預金証書は有価証券ではないため**、預金証書を火災により焼失したとしても、預金の払戻請求権は消滅しない。
イ．適切でない。受領権者以外の者であって取引上の社会通念に照らして受領権者としての外観を有するものに対してした弁済は、その**弁済をした者が善意であり、かつ、過失がなかったとき**に限り、その効力を有する（民法478条）。
ウ．適切でない。預貯金者は、重大な過失がある場合であっても、**金融機関が善意無過失**でない限り、偽造カードによる被害につき、預金者保護法に基づき、全額の補てんを求めることができる（預金者保護法4条1項）。
エ．適切である。預貯金者は、盗難カードによる被害につき預金者保護法に基づく補償を受けるためには、キャッシュカードが盗取されたと認めた後、速やかに、金融機関に対し**盗取された旨の通知**を行ったことが必要である（預金者保護法5条1項1号）。

## 問24 （公式テキストP.75〜P.78、P.88〜P.89）
【解　答】④
【解　説】
① 適切である。意匠権者は、原則として、**業として登録意匠およびこれに類似**

する**意匠を実施する権利**を専有する（意匠法23条）。

② 適切である。意匠権者は、自己の意匠権を侵害する者または侵害するおそれ
がある者に対し、その**侵害の停止または予防**を請求することができる（意匠法
37条）。

③ 適切である。実用新案については、形式的審査のみで実用新案権の設定登録
を行う**早期登録制度**がとられており、登録出願があったときは、その実用新案
登録出願が放棄され、取り下げられ、または却下された場合を除き、実用新案
権の設定の登録がなされる（実用新案法14条2条）。

④ 最も適切でない。商標権とは異なり、実用新案権の存続期間について**更新の
手続は設けられていない**。

## 問25

過去問題

【解 答】⑥　　　　　　　　　　　　（公式テキストP.95〜P.96）

【解 説】

ア．適切でない。正当な理由がないのに、商品または役務をその供給に要する費
用を著しく下回る対価で継続して供給することであって、他の事業者の事業活
動を困難にさせるおそれがあるものは、不公正な取引方法に該当し得る（**不当
廉売**、独占禁止法2条9項3号）。

イ．適切でない。特許法による権利の行使と認められる行為には独占禁止法は適
用されないが（独占禁止法21条）、本肢のような行為は、**実質的に見て権利の
行使と評価できない場合**には、独占禁止法が適用され、不公正な取引方法に該
当し得る（知的財産の利用に関する独占禁止法上の指針参照）。

ウ．適切でない。公共工事の入札において、複数の事業者があらかじめ協議を行
い、当該入札における入札価格を取り決め、公共の利益に反して、当該入札に
おける競争を実質的に制限した場合、**当該事業者のいずれも取り決めた入札価
格で落札することができなかったとき**であっても、不当な取引制限に該当し得
る（独占禁止法2条6項）。

エ．適切でない。本肢においては、事業者の間に**意思の連絡がない**ため、ほぼ同
時期に販売価格の値上げを行った結果、同種の製品の価格が同一となったとし
ても、不当な取引制限には該当しない（独占禁止法2条6項）。

## 問26

（公式テキストP.133〜P.139）

【解 答】④

【解 説】

ア．適切でない。個別信用購入あっせん関係販売業者は、個別信用購入あっせん

関係販売契約を締結したときは、遅滞なく、経済産業省令・内閣府令で定めるところにより、当該契約に関する**所定の事項を記載した書面**を購入者に交付し、またはこれに代わる電磁的方法により提供しなければならない（割賦販売法35条の3の8・35条の3の22）。

イ．適切である。申込者等が書面により申込みの撤回等を行った場合には、当該申込みの撤回等に係る書面を発する時において現に効力を有する個別信用購入あっせん関係販売契約は、当該申込者等が当該書面を発した時に、**解除されたものとみなされる**（割賦販売法35条の3の10第5項）。

ウ．適切である。購入者は、個別信用購入あっせん関係販売契約に係る所定の支払分の支払いの請求を受けたときは、当該契約に係る**個別信用購入あっせん関係販売業者に対して生じている事由**をもって、当該支払いの請求をする個別信用購入あっせん業者に対抗することができる（割賦販売法35条の3の19第1項）。

エ．適切でない。個別信用購入あっせん業者（信販会社）は、個別信用購入あっせん関係受領契約について所定の支払分の支払いの義務が履行されない場合において、**20日以上の相当な期間**を定めてその支払いを書面で催告し、その期間内にその義務が履行されないときでなければ、支払分の支払いの遅滞を理由として、契約を解除することができない（割賦販売法35条の3の17第1項）。

## 問27　　　　　　　　　　　　（公式テキストP.140～P.144）

【解答】①

【解説】

ア．適切である。**特定製品**の製造、輸入、販売の事業を行う者は、原則として、製品ごとに主務省令で定めた技術上の基準に適合していることを示す表示（PSCマーク）が付されていなければ、特定製品の販売等をしてはならない（消費生活用製品安全法4条・13条等）。

イ．適切である。消費生活用製品の製造事業者等は、**重大製品事故**が生じたことを知ったときは、発生の事実を知った日から起算して10日以内に、一定の事項を内閣総理大臣（消費者庁長官）に報告しなければならない（消費生活用製品安全法35条等）。

ウ．適切でない。製造物責任法上の**欠陥**とは、当該製造物の特性、その通常予見される使用形態、その製造業者等が当該製造物を引き渡した時期その他の当該製造物に係る事情を考慮して、当該製造物が通常有すべき安全性を欠いていることをいう（製造物責任法2条2項）。製造物の安全性に関する指示や警告の誤りは、製造物責任法上の欠陥に該当し得る。

エ．適切でない。製造物責任法上の**製造業者等**とは、ⅰ）当該製造物を業として

製造、加工または輸入した者、ⅱ）自ら当該製造物の製造業者として当該製造物にその氏名、商号、商標その他の表示をした者または当該製造物にその製造業者と誤認させるような氏名等の表示をした者、ⅲ）ⅰ・ⅱのほか、当該製造物の製造、加工、輸入または販売に係る形態その他の事情からみて、当該製造物にその実質的な製造業者と認めることができる氏名等の表示をした者をいう（製造物責任法2条3項）。したがって、製造物を業として輸入する者は、製造物責任を負う製造業者等に該当し得る。

## 問28　　　　　　　　　　　　　　　（公式テキストP.227〜P.229）

【解　答】①

【解　説】

① 最も適切である。不動産譲渡担保の対抗要件は、**登記**である（民法177条）。

② 適切でない。債権者が、債務者がその取引先に対して有する売掛金債権を目的として譲渡担保の設定を受ける場合、当該譲渡担保の対抗要件は、**債務者への通知または債務者の承諾**である（民法467条）。譲渡人が法人の場合には、債権譲渡登記も対抗要件となる（動産・債権譲渡特例法4条）。

③ 適切でない。動産を目的とする譲渡担保の対抗要件となるのは引渡しであるが（民法178条）、現実の引渡しのほか、**占有改定**（民法183条）でもよいとされている。

④ 適切でない。譲渡担保を実行するためには、**裁判所の手続を経る必要はなく**、譲渡担保権者が譲渡担保を自ら私的に実行し、目的物を売却し、あるいは目的物の所有権を取得する方法によることができる。

## 問29　　　　　　　　　　　　　　　（公式テキストP.230〜P.231）

【解　答】④

【解　説】

ア．適切でない。連帯保証契約も保証契約であり、**書面または電磁的記録**でしなければ、その効力を生じない（民法446条2項3項）。

イ．適切である。民法の規定に従って保証債務を弁済した場合に、主たる債務者に対する**求償権**が認められる点で、連帯保証人と通常の保証人との間に差異はない。

ウ．適切である。連帯保証人には**催告の抗弁権が認められない**ため（民法452条・454条）、債権者は、連帯保証人に対し保証債務の履行を請求するときは、これに先立って、主たる債務者に対し主たる債務の履行を請求する必要はない。

エ．適切でない。連帯保証人は**分別の利益**（民法456条・427条）を有しないため、

各連帯保証人は、主たる債務の全額を保証する旨の特約がなくても、主たる債務の全額について保証債務を負う。

## 問30

【解　答】②　　　　　　　　　　（公式テキストP.234〜P.238）

【解　説】

ア．適切である。所有権留保の約定がなされた場合、売主は、所有権留保の実行に際し、目的物の価額が売主の有する残債権額を超えて差額が生じる場合には、当該差額を買主に支払う義務を負う（**清算義務**）。

イ．適切である。一般に、売主がその所有物を買主に売却する旨の売買契約を締結するのと同時に、将来売主が買主の支払った代金等を返還し、当該売買契約を解除することができる旨を定める特約を**買戻特約**という（民法579条以下）。

ウ．適切でない。同時履行の抗弁権は、双務契約の当事者が、他方当事者に対し、その債務の履行を提供するまで自己の債務の履行を拒否することによって弁済を心理的に強制するものであり、留置権とは異なり、**誰に対しても行使できるものではない**（民法533条）。

エ．適切でない。仮登記担保権者は、債務者が破産手続開始の決定を受けた場合、破産法上の**別除権者**として、破産手続によらずに権利を行使することができる（仮登記担保法19条1項）。

## 問31

（公式テキストP.248〜P.251）

【解　答】③

【解　説】

①　適切でない。**代物弁済**は、債務の消滅に関する行為であり、原則として、詐害行為に当たらないが、過大な代物弁済については、例外的に詐害行為として取り消すことができる旨が規定されている（民法424条の3・424条の4）。

②　適切でない。詐害行為取消請求を認容する確定判決は、**債務者およびそのすべての債権者**に対してもその効力を有する（民法425条）。

③　最も適切である。**差押えを禁止された権利**は、債権者代位権の被代位権利とならない（民法423条1項但書）。

④　適切でない。債権者は、被代位権利を行使する場合において、被代位権利が金銭の支払いまたは動産の引渡しを目的とするものであるときは、相手方に対し、その**支払いまたは引渡しを自己に対してすること**を求めることができる（民法423条の3前段）。

問32 　　　　　　　　　　　　　（公式テキストP.268〜P.275）

【解　答】②

【解　説】

ア．適切である。再生債務者が、再生手続開始の申立て後再生手続開始前に、資金の借入れ、原材料の購入その他**再生債務者の事業の継続に欠くことができない行為**をする場合には、裁判所は、その行為によって生ずべき相手方の債権を共益債権とする旨の許可をすることができ、また、監督委員に対し、この許可に代わる承認をする権限を付与することができ、その行為によって生じた債権は共益債権とされる（民事再生法120条）。

イ．適切でない。再生手続においては、原則として、再生手続開始後も、再生債務者が業務の遂行ならびに財産の管理および処分をする権利を有する（民事再生法38条1項）。管理命令がなされ、**管財人が選任された場合**には、再生債務者の業務の遂行ならびに財産の管理および処分をする権利は、裁判所が選任した管財人に専属するが（民事再生法64条・66条）、監督委員が選任されても、監督委員には再生債務者の業務の遂行ならびに財産の管理および処分をする権利は与えられない。

ウ．適切でない。再生手続開始の決定があったときは、再生債務者の財産に対してすでにされている再生債権に基づく強制執行等の手続は**中止される**（民事再生法39条1項）。

エ．適切でない。再生手続開始の時において再生債務者の財産につき存する抵当権を有する者は、その目的である財産について**別除権**を有し、別除権は、再生手続によらないで、行使することができる（民事再生法53条）。

問33 　　　　　　　　　　　　　（公式テキストP.282〜P.287）

【解　答】④

【解　説】

① 適切でない。大気汚染防止法上の損害賠償責任は、加害者の故意または過失を要件としない、**無過失責任**である（大気汚染防止法25条）。

② 適切でない。運行供用者が損害賠償責任を免れるためには、ⅰ）自己および運転者が自動車の運行に関し注意を怠らなかったこと、ⅱ）被害者または運転者以外の第三者に故意または過失があったこと、ⅲ）自動車の構造上の欠陥または機能上の障害がなかったことの**すべてを証明しなければならない**（自賠法3条）。

③ 適切でない。ある事業のために他人を使用する使用者は、被用者がその事業の執行について第三者に加えた損害を賠償する責任を負うが、原則として、被

用者に対して**求償**することができる（民法715条1項3項）。

④　最も適切である。土地の工作物の占有者は、土地の工作物の設置または保存
に瑕疵があることによって他人に損害が生じた場合、被害者に対して損害賠償
責任を負うが、占有者が**損害の発生を防止するのに必要な注意**をしていたこと
を証明することができれば、占有者は損害賠償責任を免れ、所有者がその損害
を賠償しなければならない（民法717条1項）。


## 問34　　　　　　　　　　　　　　　　　　　（公式テキストP.296～P.298）
**【解　答】**③
**【解　説】**

①　適切である。裁判所は、訴訟がいかなる程度にあるかを問わず、和解を試み
ることができ（民事訴訟法89条）、控訴審でも**和解は可能**である。

②　適切である。第一審の終局判決に対する上訴を**控訴**といい、地方裁判所で第
一審判決がなされた場合、第一審判決確定前に、当該地方裁判所の所在地を管
轄する高等裁判所に対して、控訴をすることができる（民事訴訟法281条）。

③　最も適切でない。**上告理由**は、憲法違反や絶対的上告理由に限られるため（民
事訴訟法312条）、控訴理由と同じであるとは限らない。

④　適切である。確定判決に不服を申し立てる方法として**再審**があり、再審の訴
えは、再審事由を知った日から30日以内に提起する必要がある（民事訴訟法
342条）。


## 問35　　　　　　　　　　　　　　　　　　　〔過去問題〕
**【解　答】**①、②　　　　　　　　　　　　（公式テキストP.329～P.334）
**【解　説】**

①　適切である。子会社は、原則として、その**親会社の株式を取得してはならな
い**（会社法135条）。

②　適切である。株式会社は、その発行する株式について、一定の数の株式をもっ
て株主が株主総会または種類株主総会において1個の議決権を行使することが
できる**一単元の株式**とする旨を定款で定めることができる（会社法188条以下）。

③　適切でない。株式会社は、その成立後に、**定款変更**により株式の譲渡を制限
する旨の規定を設けることができる（会社法309条3項1号参照）。

④　適切でない。株主に対し、剰余金の配当を受ける権利および残余財産の分配
を受ける権利の全部を与えない旨の定款の定めは、その効力を有しない（会社
法105条2項）。

【解　答】②

【解　説】

ア．適切である。取締役は、自己または第三者のために株式会社と取引をしよう
　とするときは、株主総会（取締役会設置会社においては取締役会）において、
　当該取引につき重要な事実を開示し、その承認を受けなければならない（**自己
　取引・直接取引**、会社法356条1項2号）。この承認を受けずに行った取引は、
　無効である。

イ．適切である。取締役会の決議に参加した取締役であって取締役会議事録に異
　議をとどめないものは、**その決議に賛成したものと推定され**（会社法369条5
　項）、その結果、会社に対する責任を負うことがある（会社法423条3項3号参
　照）。

ウ．適切でない。親会社の取締役は、**子会社の社外取締役を兼務することができ
　ない**（会社法2条15号ハ）。

エ．適切でない。代表取締役は、**株式会社の業務に関する一切の裁判上または裁
　判外の行為をする権限**を有し、この権限に加えた制限は、善意の第三者に対抗
　することができない（会社法349条4項5項）。会社法上、複数の代表取締役が
　選定されている場合に、当然に共同してのみ株式会社を代表する旨の規定は存
　在しない。

【解　答】④

【解　説】

① 適切である。株式会社が株主割当て以外の方法により募集株式を発行する場
　合、募集株式を引き受ける者にとって**特に有利な払込金額**を定めるときには、
　株主総会の特別決議により募集事項を決定する必要がある（会社法199条2項
　3項・201条1項・309条2項5号）。

② 適切である。募集株式の引受人は、取締役と通じて著しく不公正な払込金額
　で募集株式を引き受けた場合、株式会社に対し、**当該払込金額と当該募集株式
　の公正な価額との差額**に相当する金額を支払う義務を負う（会社法212条1項
　1号）。

③ 適切である。募集株式の引受人は、出資の履行をしないときは、当該出資の
　履行をすることにより**募集株式の株主となる権利を失う**が（会社法208条5項）、
　募集株式の発行手続自体は無効とならない。

④ 最も適切でない。株主は、**新株発行無効の訴え**を提起することが認められて

いる（会社法828条 1 項 2 号）。

## 問38

【解　答】②、④　　　　　　　　　　（公式テキストP.377～P.379）

【解　説】

① 適切でない。一定の清算株式会社において、清算人は、貸借対照表および事務報告を**定時株主総会**に提出または提供し、貸借対照表につき**定時株主総会**の承認を受けなければならない（会社法497条）。

② 適切である。株式会社が清算手続を開始する時点における当該株式会社の取締役が清算人となる場合において、代表取締役を定めていたときは、**当該代表取締役が代表清算人となる**（会社法483条 4 項）。

③ 適切でない。株式会社は、解散の前に監査役会設置会社であった場合であっても、清算手続の開始後、**監査役会の設置を義務づけられない**（会社法477条参照）。

④ 適切である。**清算人の職務**は、現務の結了、債権の取立ておよび債務の弁済、残余財産の分配とされる（会社法481条）。

## 問39

【解　答】③、④　　　　　　　　　　（公式テキストP.394～P.408）

【解　説】

① 適切でない。建設工事が数次の請負によって行われる場合、当該建設工事に伴い生ずる廃棄物については、原則として、注文者から当該建設工事を直接請け負った**元請業者が排出事業者となり**、自らの責任において適正に処理する義務を負う（廃棄物処理法21条の 3）。

② 適切でない。「人の健康に係る公害犯罪の処罰に関する法律」上、企業は、その事業活動に伴って、**過失**により人の健康を害する物質を排出し、公衆の生命または身体に危険を生じさせた場合、同法の規定により刑事罰を科されることがある（同法 3 条・ 4 条）。

③ 適切である。身体障害者補助犬法上、同法所定の公共交通事業者等は、その管理する施設等を身体障害者が利用する場合、原則として、**身体障害者補助犬**の同伴を拒むことができない（身体障害者補助犬法 7 条～ 9 条）。

④ 適切である。**障害者差別解消法**は、障害を理由とする差別の解消の推進に関する基本的な事項、行政機関等および事業者における障害を理由とする差別を解消するための措置等を定めることにより、障害を理由とする差別の解消を推進し、相互に人格と個性を尊重し合いながら共生する社会の実現に資すること

を目的とする法律である（障害者差別解消法1条）。

## 問40 （公式テキストP.416～P.431）

【解　答】②

【解　説】

① 適切でない。**不可抗力**の概念は、大陸法系のものであり、英米法系には原則
として存在しない。したがって、後日の紛争を避けるためには、国際売買契約
に不可抗力条項を設ける必要がある。

② 最も適切である。当事者による準拠法の選択がない場合において、不動産を
目的物とする法律行為については、その**不動産の所在地法**が当該法律行為に最
も密接な関係がある地の法と推定される（法適用通則法8条3項）。

③ 適切でない。国際裁判管轄の合意は、一定の法律関係に基づく訴えに関し、
かつ、**書面または電磁的記録**でしなければ、その効力を生じない（民事訴訟法
3条の7第2項3項）。

④ 適切でない。外国の裁判所の判決は、日本の裁判所で**執行判決**を得て初めて
執行できる（民事執行法22条6号・24条）。

## 問1
【解　答】②　　　　　　　　　　　　　　（3級公式テキストP.64〜P.73）
【解　説】

ア．適切でない。代理人が本人のためにすることを示さないでした意思表示は、自己のためにしたものとみなされるが、相手方が、**代理人が本人のためにすることを知り、または知ることができたときは、**本人に効果が帰属する（民法100条）。

イ．適切でない。代理人がその権限外の行為をした場合において、第三者が代理人の権限があると信ずべき正当な理由があるときは、**権限外の行為の表見代理が成立し、**本人に効果が帰属する（民法110条）。

ウ．適切である。**制限行為能力者**は、無権代理人の責任を負わない（民法117条2項3号）。

エ．適切でない。代理権を有しない者がした契約は、本人が追認をしない間は、相手方が取り消すことができるが、**契約の時において代理権を有しないことを相手方が知っていたときは、**この限りでない（民法115条）。

## 問2
（公式テキストP.215〜P.216、3級公式テキストP.99〜P.101）
【解　答】⑥
【解　説】

ア．適切でない。金銭を目的とする消費貸借における利息の契約は、その利息が利息制限法所定の上限金利を超えるときは、**その超過部分について、**無効とされる（利息制限法1条）。

イ．適切でない。出資法5条は、出資法所定の上限金利を超える貸付けをした者につき、**刑事罰**を定めている。

ウ．適切である。**商人間において金銭の消費貸借をしたときは、**貸主は、法定利息を請求することができる（商法513条1項）。

エ．適切である。当事者が返還の時期を定めなかったときは、貸主は、**相当の期間を定めて返還の催告をすることができる**（民法591条1項）。

## 問3
（公式テキストP.27〜P.28）
【解　答】⑤
【解　説】

ア．適切でない。仲立契約は、準委任契約であり（民法656条）、仲立人が委託者

から商行為の媒介の委託を受けることを承諾することにより成立する、**諾成契約**である。

イ．適切である。当事者がその氏名または商号を相手方に示さないよう仲立人に命じたときは、仲立人は、**結約書に委託者の氏名または商号を記載してはならない**（商法548条）。

ウ．適切でない。仲立人は、代理商と異なり（商法28条1項）、商法上、**競業避止義務を負わない**。

エ．適切でない。当事者は、いつでも、仲立人が自己のために媒介した行為につき、その**帳簿の謄本の交付を請求することができる**（商法547条2項）。

## 問4　　　　　　　　　　　　　　　　　（公式テキストP.34〜P.37）

【解　答】②

【解　説】

ア．適切である。後日の紛争防止という観点からは書面を作成するのが望ましいといえるが、ファイナンス・リース契約は**諾成契約**であり、書面により締結しなければ効力を生じない旨は法律上明文で規定されてはいない。

イ．適切である。本肢の記述の通り、サプライヤーとリース会社との間の物件の売買契約は**諾成契約**であり、法律上契約の効力発生要件として書面の作成は要求されておらず、口頭の合意でも効力が生じる。

ウ．適切でない。ユーザーに物件を供給するのはサプライヤーであることから、ユーザーとサプライヤーの間で保守契約が締結されることは多いが、ファイナンス・リース契約において、法律上当然に、サプライヤーが、ユーザーに対し、**物件の保守・修繕義務を負う旨の規定はなく**、別途契約が必要である。

エ．適切である。リースの目的となる**物件の所有権はリース会社にある**ため、物件が滅失した場合、ユーザーは、リース会社に損害金を支払わなければならない。

## 問5　　　　　　　　　　　　　　　　　（公式テキストP.59〜P.62）

【解　答】⑤

【解　説】

ア．適切である。差押えの登記は処分の制限登記であり、この制限に違反して行った処分の登記も登記記録に記録されるが、**債権者の権利が実現されると抹消され**、所有権を失うことになる。本肢では、当該不動産について差押えの登記がなされた後に譲渡されているのであるから、第三者が当該不動産を買い受けると、当該第三者に対する所有権移転登記がなされ、当該譲受人に対する所有権

移転登記は抹消されることになる。

イ．適切である。本肢の記述の通り、**仮登記**は、所有権等の登記をすることができる権利の設定・移転等に関する請求権を保全することを目的として行うことができる。

ウ．適切である。登記をするためには、登記権利者と登記義務者が共同申請をすることが原則である（不動産登記法60条）。しかし、本肢のように、**登記義務者に対し登記手続をすべきことを命ずる確定判決を登記権利者が得た場合**は、共同申請ではなく、登記権利者単独で登記手続を行うことができる。

エ．適切である。仮登記は、将来行う本登記のため、その順位を確保する目的でなされる登記をいう。仮登記には**順位保全効**があるため、本肢の記述の通り、第一譲受人に譲渡され仮登記がなされた後、当該仮登記に基づく本登記がなされれば、第一譲受人は、第二譲受人に対し、当該不動産の所有権の取得を対抗することができる。

## 問6 （公式テキストP.71～P.75）

【解　答】⑤

【解　説】

ア．適切でない。商標登録においては、**実体審査がなされ**（商標法14条）、早期登録制度はとられていない。本肢は、商標登録において、商標登録出願の形式面についての審査のみを行って商標権の設定登記を行う早期登録制度がとられているとしており、適切ではない。

イ．適切である。本肢の記述の通り、すでに第三者が**当該商標と同一の指定商品にかかる類似の商標**について商標登録を受けているときは、当該商標について商標登録を受けることはできない。

ウ．適切である。**商標には音が含まれる**旨が明文で規定されており、音は商標となり得る（商標法2条1項・5条2項）。

エ．適切である。商標権侵害に対しては、**差止請求**が認められている（商標法36条）。

## 問7 過去問題

【解　答】⑤ （公式テキストP.92～P.104）

【解　説】

ア．適切でない。公正取引委員会は、排除措置命令をしようとするときは、当該排除措置命令の名宛人となるべき者について、**意見聴取を行わなければならない**（独占禁止法49条）。

イ．適切でない。公正取引委員会は、任意調査をすることができるほか、**強制調査を行うこともできる**（独占禁止法47条・101条以下）。

ウ．適切である。公正取引委員会は、競争入札における入札談合等について、地方公共団体の職員に入札談合等関与行為があると認めるときは、官製談合防止法に基づき、当該地方公共団体の長に対し、**改善措置を講ずべきことを求めることができる**（官製談合防止法3条1項）。

エ．適切である。事業者が、同業他社に役員を派遣して、当該他社を自己の影響下に置いて、当該他社の事業活動を支配することにより、公共の利益に反して、一定の取引分野における競争を実質的に制限する行為は、**私的独占に該当する**（独占禁止法2条5項）。

## 問8

**過去問題**

【解　答】③、④　　　　　　　　　　　（公式テキストP.118～P.123）

【解　説】

① 適切でない。「消費者契約」とは、消費者と事業者との間で締結される契約をいう（消費者契約法2条3項）が、消費者契約法の規定は、**労働契約については、適用されない**（消費者契約法48条）。

② 適切でない。事業者の不適切な勧誘行為につき、消費者契約法に基づき、当該勧誘行為の停止を請求することができるのは**適格消費者団体**であり（消費者契約法12条）、すべての人が、消費者契約法に基づき、当該勧誘行為の停止を請求することができるわけではない。

③ 適切である。消費者は、事業者から将来における変動が不確実な事項につき**断定的判断の提供**を受け、その内容が確実であると誤認をし、それによって、消費者契約の申込みまたは承諾の意思表示をした場合、当該消費者契約を取り消すことができる（消費者契約法4条1項2号）。

④ 適切である。法令中の公の秩序に関しない規定の適用による場合に比して消費者の権利を制限しまたは消費者の義務を加重する消費者契約の条項であって、**信義誠実の原則に反して消費者の利益を一方的に害するもの**は、無効とされる（消費者契約法10条）。

## 問9

（公式テキストP.146～P.155）

【解　答】⑧

【解　説】

ア．適切でない。個人情報保護法21条3項は、個人情報取扱事業者は、利用目的を変更した場合は、変更された利用目的について、本人に通知し、または公表

しなければならないと定めており、利用目的を変更するに当たり、あらかじめ本人の同意を得ることは要求していない。しかし、同法17条2項は、個人情報取扱事業者は、利用目的を変更する場合には、**変更前の利用目的と関連性を有すると合理的に認められる範囲を超えて行ってはならない**としている。本肢は、「従前の利用目的を一切考慮することなく、任意に利用目的を変更することができる」とする点が適切でない。

イ．適切でない。個人情報取扱事業者は、個人情報を取得した場合は、あらかじめその利用目的を公表している場合を除き、速やかに、**その利用目的を、本人に通知し、または公表しなければならない**（個人情報保護法21条1項）。条文上、本人への通知と公表は選択的な関係にあるので、利用目的を本人に通知した上でさらに公表する必要はない。

ウ．適切でない。個人情報取扱事業者は、所定の場合を除くほか、**あらかじめ本人の同意を得ないで、個人データを第三者に提供してはならない**（個人情報保護法27条1項柱書）。第三者提供禁止の除外事由は、同条1項各号に規定されている。また、第三者に当たらない場合は、同条5項各号に規定されている。親子会社であることは、同条1項各号にも、同条5項各号にも当たらない。

エ．適切でない。本人は、個人情報取扱事業者に対し、**当該本人が識別される保有個人データの開示を請求することができる**（個人情報保護法33条1項）。個人情報取扱事業者は、当該請求を受けたときは、原則として、本人に対し、政令で定める方法により、遅滞なく、当該保有個人データを開示しなければならない（個人情報保護法33条2項）。

## 問10　(公式テキストP.172～P.178)

【解　答】③

【解　説】

ア．適切である。制限行為能力者が行為能力者であることを信じさせるため**詐術**を用いたときは、その行為を取り消すことができない（民法21条）。電子商取引において、制限行為能力者が行為能力者であることを信じさせるため詐術を用いた場合に関し、民法21条を修正する特別法はない。

イ．適切でない。送信者は、「あらかじめ、特定電子メールの送信をするように求める旨又は送信をすることに同意する旨を送信者又は送信委託者に対し通知した者」など、**迷惑メール防止法所定の者以外の者に対し、特定電子メールの送信をしてはならない**（迷惑メール防止法3条1項）。

ウ．適切でない。消費者が行う電子消費者契約の申込み等について法律行為の目的および取引上の社会通念に照らして重要な錯誤があった場合であっても、事

業者が、当該申込みまたはその承諾の意思表示に際して、電磁的方法によりその映像面を介して、**その消費者の申込みもしくはその承諾の意思表示を行う意思の有無について確認を求める措置を講じたとき**、またはその消費者から当該事業者に対して当該措置を講ずる必要がない旨の意思の表明があったときは、当該事業者は、当該消費者の錯誤が重大な過失によるものであることを主張することができる（電子消費者契約法3条）。

エ．適切である。電磁的記録であって情報を表すために作成されたものは、当該電磁的記録に記録された情報について本人による**電子署名**が行われている場合、真正に成立したものと推定される（電子署名法3条）。

## 問11　　　　　　　　　　　　　　　　（公式テキストP.227～P.229）

【解　答】③
【解　説】

ア．適切でない。抵当権の場合は、これを実行するためには競売手続によらなければならないが、譲渡担保は競売手続によらずとも**私的に実行することが可能であり**、これも譲渡担保のメリットの一つとされている。本肢は、不動産に設定された譲渡担保を実行するためには、裁判所の競売手続によらなければならないとしているが、適切ではない。

イ．適切である。譲渡担保の対抗要件は通常の譲渡の場合と同じであり、**不動産の場合は登記が対抗要件である**。したがって、本肢の記述の通り、不動産に設定された譲渡担保を第三者に対抗するには、登記を経る必要がある。

ウ．適切でない。動産譲渡登記がなされた場合には、**民法178条の引渡しがなされたものとみなされ**、対抗要件が具備される。また、動産譲渡登記をしなくとも現実の引渡しを受けることにより第三者への対抗要件が具備される（民法178条）。本肢は、たとえ目的物の引渡しを受けていたとしても、動産譲渡登記がなされていなければ、当該動産への譲渡担保の設定を第三者に対抗することができないとしているが、適切ではない。

エ．適切である。譲渡担保のメリットの1つに、引き続き**その目的物を譲渡担保設定者が利用できる**ことが挙げられる。本肢の記述の通り、不動産に譲渡担保を設定する場合、譲渡担保設定者は、譲渡担保権者と合意することにより、引き続き当該不動産を使用することが可能である。

【解　答】⑥

【解　説】

ア．適切でない。本肢では自働債権の弁済期が到来しておらず、**相殺適状にない**ので相殺できない（民法505条1項参照）。受働債権の弁済期が未到来の場合は、期限の利益を放棄することによって相殺適状にすることができるが、自働債権が未到来の場合はできない。

イ．適切でない。相殺をするためには**同種の債権であること**が必要である（民法505条1項）。金銭の支払いを目的とする債権と物の引渡しを目的とする債権は、同種の債権ではなく、相殺をすることはできない。

ウ．適切である。本肢の記述の通り、B社が無資力であるにもかかわらず売掛金債権の行使を怠っているときは、A社は、**債権者代位権**を行使することができる（民法423条）。債権者代位権は、裁判上だけでなく裁判外でも行使が可能である。

エ．適切である。双務契約の一方当事者が、他方当事者の履行があるまで、自らの履行を拒否できる権利が**同時履行の抗弁権**である（民法533条）。本肢では、双方の債務のいずれについても弁済期が到来しており、B社は、A社からの売買代金の請求に対し、同時履行の抗弁を主張して、売買代金債務の履行を拒むことができる。

問13　　　　　　　　　　過去問題

【解　答】①、③　　　　　　　　（公式テキストP.282〜P.287）

【解　説】

① 適切である。民法709条の規定による不法行為が行われた場合において、被害者に過失があったときは、裁判所は、これを考慮して損害賠償の額を定めることができる（**過失相殺**、民法722条2項）。

② 適切でない。製造物を業として輸入した者は、製造物責任法に基づく損害賠償責任を負う**製造業者等に含まれ得る**（製造物責任法2条3項1号）。

③ 適切である。自動車損害賠償保障法（自賠法）上、運行供用者は、自己および運転者が自動車の運行に関し注意を怠らなかったこと、被害者または運転者以外の第三者に故意または過失があったこと、ならびに自動車に構造上の欠陥または機能の障害がなかったことを証明したときは、同法に基づく損害賠償責任を免れる（**免責三要件**、自賠法3条但書）。

④ 適切でない。大気汚染防止法上、工場または事業場における事業活動に伴う健康被害物質の大気中への排出により、人の生命または身体を害したときは、

当該排出に係る事業者は、これによって生じた損害を賠償する責任を課せられる（**無過失責任**、大気汚染防止法25条1項）。

## 問14 （公式テキストP.289〜P.297）

【解　答】⑥

【解　説】

ア．適切でない。相手方の主張した事実を知らない旨の陳述をした者は、**その事実を争ったものと推定される**（民事訴訟法159条2項）。

イ．適切でない。当事者が故意または重大な過失により時機に後れて提出した攻撃または防御の方法については、これにより訴訟の完結を遅延させることとなると認めたときは、裁判所は、申立てによりまたは職権で、**却下の決定をすることができる**（民事訴訟法157条1項）。

ウ．適切である。証人および当事者本人の尋問は、できる限り、争点および証拠の整理が終了した後に集中して行わなければならない（民事訴訟法182条）。これを**集中証拠調べ**という。

エ．適切である。裁判所は、判決をするにあたり、口頭弁論の全趣旨および証拠調べの結果を斟酌して、自由な心証により、事実についての主張を真実と認めるべきか否かを判断する（民事訴訟法247条）。これを**自由心証主義**という。

## 問15 （公式テキストP.306〜P.312）

【解　答】⑤

【解　説】

ア．適切でない。当事者間の合意が有効に成立したのであれば、**公正証書にしなくても、和解は効力を有する**。強制執行をするに際し、債務名義とする場合には公正証書にする必要があるが、和解の効力の有無に関しては、公正証書にすることはその要件ではない。

イ．適切である。即決和解が成立し和解調書が作成された場合、和解調書に基づいて強制執行を行える範囲に制限はなく、本肢の記述の通り、即決和解の和解調書は、**不動産の明渡しの強制執行に関し、債務名義となる**。

ウ．適切である。本肢の通り、民事調停において当事者間に合意が成立した場合、その結果作成された**調停調書は債務名義となり**、その記載は裁判上の和解と同一の効力を有する（民事調停法16条）。

エ．適切でない。ADR基本法上、**民事訴訟における欠席判決のような制度は設けられていない**。本肢は、認証紛争解決手続において、当事者は期日に出頭することを強制され、期日に欠席したときには、直ちに、期日に出席した当事者

の主張を認める執行証書が作成されるとしており、適切ではない。

## 問16　　　　　　　　　　　　　　　　　（公式テキストP.313〜P.318）

【解　答】①

【解　説】

ア．適切である。利益供与要求罪は、**相手方が要求に応じたか否かにかかわらず、**要求をすれば犯罪が成立する（会社法970条3項）。本肢では、X社の株主Aは、株主の権利の行使に関し、X社の計算において財産上の利益を自己に供与することをX社の取締役Bに要求したのであるから、BがAの要求を拒絶したとしても利益供与要求罪は成立し得る。

イ．適切である。特別背任罪が成立するためには、**図利加害目的が必要である**（会社法960条）。したがって、本肢の記述の通り、Aが自己もしくは第三者の利益を図る目的およびX社に損害を加える目的のいずれも有しなかったときは、Aに特別背任罪は成立しない。

ウ．適切でない。個人情報保護法に基づき刑事罰が科されるのは、個人情報保護法に違反し、個人情報保護委員会から違反行為の中止その他必要な措置をとるよう勧告されたにもかかわらずこれを放置し、さらに個人情報保護委員会から勧告にかかる措置を命令されたにもかかわらず、**この命令に違反をした場合で**ある（個人情報保護法148条・178条）。本肢では、偽りその他不正の手段により個人情報を取得しており、個人情報保護法には違反しているものの、これは個人情報保護法に基づき刑事罰を科される行為に当たらない。

エ．適切でない。「人の健康に係る公害犯罪の処罰に関する法律」により刑事罰が科されるのは、故意の場合だけでなく（人の健康に係る公害犯罪の処罰に関する法律2条）、**過失の場合も含まれる**（人の健康に係る公害犯罪の処罰に関する法律3条）。

## 問17　　　　　　　　　　　　　　　　　（公式テキストP.329〜P.332）

【解　答】③

【解　説】

ア．適切である。種類株式発行会社が公開会社である場合において、**議決権制限**
**株式**の数が発行済株式の総数の2分の1を超えるときは、株式会社は、直ちに、議決権制限株式の数を発行済株式の総数の2分の1以下にするため必要な措置をとらなければならない（会社法115条）。

イ．適切でない。株式会社は、その発行する株式について、一定の数の株式をもって株主が株主総会または種類株主総会において1個の議決権を行使することが

できる 1 単元の株式とする旨を定款で定めることができる（会社法188条 1 項）。そして、1 単元の株式の数は、**法務省令で定める数（1,000および発行済株式の総数の200分の1に当たる数）**を超えることはできない（会社法188条 2 項）。

ウ．適切でない。株式会社は、その株式（種類株式発行会社にあっては、全部の種類の株式）にかかる株券を発行する旨を定款で定めることができる（会社法214条）。すなわち、**株券は不発行が原則である。**

エ．適切である。株式会社は、一定の日（**基準日**）を定めて、基準日において株主名簿に記載され、または記録されている株主をその権利を行使することができる者と定めることができる（会社法124条 1 項参照）。

### 問18 （公式テキストP.342〜P.348）

**【解　答】** ②

**【解　説】**

ア．適切である。取締役会設置会社とは、取締役会を置く株式会社または会社法の規定により取締役会を置かなければならない株式会社をいう（会社法 2 条 7 号）。取締役会は、代表取締役の選定および解職を行う（会社法362条 2 項 3 号）。取締役会は、**取締役の中から代表取締役を選定しなければならない**（会社法362条 3 項）。

イ．適切である。取締役会の招集手続は、会社法366条、367条および368条 1 項によって定められているが、監査役設置会社の取締役会の場合、**取締役および監査役の全員の同意があるとき**は、招集の手続を経ることなく開催することができる（会社法368条 2 項）。

ウ．適切でない。株式会社は、代表取締役以外の取締役に社長、副社長その他株式会社を代表する権限を有するものと認められる名称を付した場合には、当該取締役がした行為について、善意の第三者に対してその責任を負う（**表見代表取締役**、会社法354条）。

エ．適切でない。取締役会は、代表取締役の選定および解職を行う（会社法362条 2 項 3 号）ので、代表取締役は取締役会の決議によって解職される可能性があることは正しい。一方で、代表取締役は取締役の中から選定されるので（会社法362条 3 項）、代表取締役となるための前提である**取締役の地位を失えば、代表取締役の地位も失う。**

解答②

問19　　　　　　　　　　　　　　　（公式テキストP.416〜P.438）

【解　答】④
【解　説】
ア．適切でない。法律行為の成立および効力は、**当事者が当該法律行為の当時に選択した地の法による**（法適用通則法7条）。本肢は、法適用通則法の明文に反しており、適切でない。

イ．適切である。民事再生法の規定による再生手続開始の申立ては、債務者が個人である場合には日本国内に営業所、住所、居所または財産を有するときに限り、また、法人その他の社団または財団である場合には**日本国内に営業所、事務所または財産を有するときに限り**、することができる（民事再生法4条1項）。B社は、日本国内に財産を有しているから、A社は、日本の裁判所に対し、B社について民事再生手続開始の申立てをすることができる。

ウ．適切である。外国裁判所の確定判決は、1）法令または条約により外国裁判所の裁判権が認められること、2）**敗訴の被告が訴訟の開始に必要な呼出しもしくは命令の送達を受けたことまたはこれを受けなかったが応訴したこと**、3）判決の内容および訴訟手続が日本における公の秩序または善良の風俗に反しないこと、4）相互の保証があることという要件のすべてを具備する場合に限り、その効力を有する（民事訴訟法118条）。本肢において、当該判決は、要件2）を欠いているため、日本で効力を有しない。

エ．適切でない。日本の裁判所と外国の裁判所にそれぞれ民事訴訟が提起された場合（**国際的訴訟競合**）、日本の民事訴訟法上、先に民事訴訟が提起された裁判所に優先権が認められ、後から民事訴訟が提起された裁判所では訴えが却下されるという規定はなく、本肢は適切ではない。

問20　　　　　　　　　　　　　　　　　　　　　　【過去問題】

【解　答】②、③　　　　　　　　　　（公式テキストP.433〜P.439）
【解　説】
①　適切でない。事業者から外国の公務員に対する贈賄行為の一部が米国内で行われた場合、当該事業者は、米国の**連邦海外腐敗行為防止法**による処罰の対象となり得る。

②　適切である。外国企業が**日本国内に財産を有している場合**、日本の企業は、日本の裁判所に対し、当該外国企業につき再生手続開始の申立てをすることができる（民事再生法4条）。

③　適切である。外国企業が、日本企業が有する商標権を侵害する製品を外国で製造し、日本に輸入し販売しようとしている場合、日本の税関当局は職権によ

り当該製品の輸入を差し止めることができ、当該日本企業は税関当局に当該製品の**輸入差止めの申立て**をすることができる（関税法69条の13第1項）。

④　適切でない。本肢のＣ社が製品αにつき行っているいわゆる**並行輸入**は、原則として、特許権侵害に該当しないとされており（判例）、特許権者は、日本における発明の特許権に基づいて、製品の輸入および販売の差止めを請求することはできない。


## 問21　　　　　　　　　　（3級公式テキストP.53、P.87〜P.98）

**【解　答】**①

**【解　説】**

①　最も適切である。売買契約において、買主が売主に解約手付を交付した場合、**買主はその手付を放棄し**、売主はその倍額を現実に提供して、契約の解除をすることができるが、その相手方が契約の履行に着手した後は、この限りでない（民法557条1項）。したがって、Aは、B社が履行に着手するまでは、手付を放棄して当該売買契約を解除することができる。

②　適切でない。履行遅滞による解除の場合、**相当の期間を定めてその履行の催告をしたのにその期間内に履行がないとき**は、原則として、契約の解除をすることができる（民法541条）。したがって、A社は、B社に対し、完全な履行を催告した後でなければ、当該売買契約を解除することはできない。

③　適切でない。当事者双方の責めに帰することができない事由によって債務を履行することができなくなったときは、**債権者は、反対給付の履行を拒むことができる**（民法536条1項）。本肢では、A社は、B社から当該自動車の代金の支払いを請求されたときは、これを拒むことができる。

④　適切でない。引き渡された目的物が種類、品質または数量に関して契約の内容に適合しないものであるときは、買主は、売主に対し、**目的物の修補、代替物の引渡しまたは不足分の引渡しによる履行の追完**を請求することができる（民法562条1項本文）。したがって、Aは、B社に対して、当該パソコンの修補による履行の追完を請求し得る。


## 問22　　　　　　　　　　　　（公式テキストP.21〜P.25）

**【解　答】**③

**【解　説】**

①　適切である。**契約不適合が注文者の責めに帰すべき事由によるものであるとき**は、注文者は、請負人に対し、履行の追完の請求をすることができない（民法562条2項・559条）。

② 適切である。契約不適合責任の規定（民法562条・563条）は、民法541条および542条の規定による**解除権の行使を妨げない**（民法564条・559条）。したがって、X社は、民法541条または542条の要件を充たす場合、当該請負契約を解除することができる。

③ 最も適切でない。請負人が種類または品質に関して契約の内容に適合しない仕事の目的物を注文者に引き渡したときは、注文者は、原則として、**注文者の与えた指図によって生じた不適合を理由として**、履行の追完を請求することができない（民法636条）。

④ 適切である。当事者双方に帰責事由がなく、仕事の完成が可能な場合、**請負人の仕事完成義務は存続する**が、請負人は報酬の増額を請求することができない。本肢では、第三者の放火により、Y社の倉庫に保管されていたパンフレットが焼失したのであるから、当事者双方に帰責事由はなく、Y社が再度パンフレットの印刷を完成させることが可能なのであれば、Y社のパンフレットの印刷の完成義務および引渡義務は存続することになる。

## 問23　　　　　　　　　　　　　　　　　　（公式テキストP.31〜P.32）

【解　答】③
【解　説】
ア．適切である。倉庫営業者は、寄託物を善良な管理者の注意をもって保管しなければならない（**善管注意義務**、商法595条、民法400条）。

イ．適切でない。倉庫営業者は、**寄託物の出庫の時以後でなければ**、保管料等の支払いを請求することができないが、寄託物の一部を出庫するときは、出庫の割合に応じて、その支払いを請求することができる（商法611条）。

ウ．適切である。商人間において、寄託者または倉荷証券の所持人が寄託物の受領を拒み、またはこれを受領することができない場合、倉庫営業者は、その物を**供託**し、または**相当の期間を定めて催告をした後に競売に付する**ことができる（商法615条・524条1項2項）。

エ．適切である。商人間においてその双方のために商行為となる行為によって生じた債権が弁済期にあるときは、債権者は、その債権の弁済を受けるまで、その債務者との間における商行為によって自己の占有に属した債務者の所有する物または有価証券を留置することができる（**商事留置権**、商法521条本文）。また、他人の物の占有者は、その物に関して生じた債権を有するときは、その債権の弁済を受けるまで、その物を留置することができる（民法295条1項本文）。さらに、**動産保存の先取特権**は、動産の保存のために要した費用または動産に関する権利の保存、承認もしくは実行のために要した費用に関し、その動産に

ついて認められる権利である（民法320条）。

## 問24 （公式テキストP.41）
【解　答】③
【解　説】
① 適切である。本肢の記述の通り、OEM契約は、発注者については、技術力や価格競争力の弱い分野において安価に良質な製品を調達することによって、**投資負担や経営リスクを軽減すること**ができ、受注者については、生産の増大による利益の拡大や、設備および人員の有効利用というメリットをもたらす。
② 適切である。**OEM契約における取引数量の設定方法**は、それぞれの取引実態に応じてさまざまであるが、本肢の記述の通り、年間の最低取引数量や金額を設定する方法、最低発注単位を設定して一定期間の先行発注を義務付ける方法、購入予定量を単なる達成努力義務として定める方法などがある。
③ 最も適切でない。製造物責任法2条3項2号は、「自ら当該製造物の製造業者として当該製造物にその氏名、商号、商標その他の表示をした者又は当該製造物にその製造業者と誤認させるような氏名等の表示をした者」を**製造業者等**と規定している。したがって、製品の製造業者として自己の商号を表示して製品を販売した場合、製造物責任法上の**製造業者等**として損害賠償責任を負う可能性がある（製造物責任法3条）。
④ 適切である。商標権者は、商標権を侵害した者に対し、**差止請求権**を行使することができる。競合他社が、正当な権限なく当該ロゴマークと類似する商標を同種の製品に付して販売している場合、発注者は、商標権の侵害を理由として、その差止めを請求することができる（商標法36条）。

## 問25 過去問題
【解　答】③ （公式テキストP.63～P.71）
【解　説】
ア．適切である。著作権者は、他人に対し、**その著作物の利用を許諾することができ**、その許諾を得た者は、その許諾に係る利用方法および条件の範囲内において、その許諾に係る著作物を利用することができる（著作権法63条）。
イ．適切でない。著作権の移転は、**登録しなければ、第三者に対抗することができない**（著作権法77条1号）。
ウ．適切である。法人その他使用者（法人等）の発意に基づきその法人等の業務に従事する者が職務上作成する著作物（プログラムの著作物を除く）で、その法人等が自己の著作の名義の下に公表するもの（職務著作）の著作者は、その

作成の時における契約、勤務規則その他に別段の定めがない限り、**その法人等とされる**（著作権法15条1項）。

エ．適切でない。共有著作権は、**その共有者全員の合意によらなければ、行使する**ことができない（著作権法65条2項）。


## 問26

（公式テキストP.78～P.88）

【解　答】④

【解　説】

① 適切である。特許を受ける権利は、**移転することができる**（特許法33条1項）。

② 適切である。特許を受ける権利が共有に係るときは、各共有者は、**他の共有者と共同でなければ、特許出願をすることができない**（特許法38条）。

③ 適切である。特許権者は、その特許権について他人に通常実施権を許諾することができ（特許法78条1項）、約定で他の者には実施を許諾しない旨を定めることはできるが、特許法上、**その定めを登録する制度はない**。

④ 最も適切でない。特許権者が、特許権の侵害によって損害を被った場合、損害賠償を請求することができる（民法709条）。また、故意または過失により特許権または専用実施権を侵害したことにより特許権者または専用実施権者の業務上の信用を害した者に対しては、裁判所は、特許権者または専用実施権者の請求により、損害の賠償に代え、または**損害の賠償とともに**、特許権者または専用実施権者の業務上の信用を回復するのに必要な措置を命ずることができる（特許法106条）。両者は、排斥し合う関係になく、要件を充たせばその両方を請求することができる。


## 問27

過去問題

【解　答】①、④

（公式テキストP.124～P.132）

【解　説】

① 適切である。販売業者は、訪問販売をしようとするときは、**その勧誘に先立って**、その相手方に対し、販売業者の氏名または名称、売買契約の締結について勧誘をする目的である旨および当該勧誘に係る商品もしくは権利の種類を明らかにしなければならない（特定商取引法3条）。

② 適切でない。訪問販売におけるクーリング・オフについて、**売買代金を現金で一括して支払ったときは**、クーリング・オフを行使することができない旨の制限は規定されていない（特定商取引法9条参照）。

③ 適切でない。訪問販売は、営業所等以外の場所で行われる所定の取引のほか、販売業者が**路上で呼び止めて同行させる**などの方法により営業所等に誘引して

行われる取引を含む（特定商取引法2条1項）。

④　適切である。消費者は、特定継続的役務提供の方法により役務の提供を受ける旨の契約と、当該役務の関連商品を当該事業者から購入する旨の売買契約を締結した場合、一定の期間内であれば、**両方の契約につき、クーリング・オフを行使して解除することができる**（特定商取引法48条）。

## 問28　　　　　　　　　　　　　　　　　（公式テキストP.140～P.143）

【解　答】④

【解　説】

①　適切でない。製造物責任法において、**製造物**とは、製造または加工された動産をいう（製造物責任法2条1項）。住宅は建物であり、土地の定着物なので、不動産である（民法86条1項）。したがって、Xは、Y社に対し、製造物責任法に基づく損害賠償を請求することができない。

②　適切でない。製造物責任法上の**欠陥**とは、当該製造物の特性、その通常予見される使用形態、その製造業者等が当該製造物を引き渡した時期その他の当該製造物に係る事情を考慮して、当該製造物が通常有すべき安全性を欠いていることをいう（製造物責任法2条2項）。製造物の取扱説明書の記載に誤りがあることは、欠陥に当たる。したがって、Xは、Z社に対し、製造物責任法に基づく損害賠償を請求することができる。

③　適切でない。製造物の欠陥により損害が生じた場合であっても、**その損害が当該製造物についてのみ生じたとき**は、被害者は、製造物責任法に基づいて損害賠償責任を追及することはできない（製造物責任法3条但書）。本肢では、製造物である「目覚まし時計」のみについて、「まったく作動しない」ことによる損害が生じているので、Xは、Z社に対し、製造物責任法に基づく損害賠償を請求することができない。

④　最も適切である。製造物責任法3条に基づき損害賠償責任を負う**製造業者等**には、当該製造物を業として製造、加工または輸入した者（製造業者、製造物責任法2条3項1号）だけでなく、当該製造物の製造業者として当該製造物にその氏名、商号、商標その他の表示（氏名等の表示）をした者または当該製造物にその製造業者と誤認させるような氏名等の表示をした者も含まれる（製造物責任2条3項2号）。本肢では、当該椅子は、Y社の商標を付され、Y社ブランドの商品として販売されていたので、Y社は製造業者等に当たる。したがって、Xは、Y社に対し、製造物責任法に基づき損害賠償を請求することができる。

解答②

問29　　　　　　　　　　　　（公式テキストP.89～P.90、P.159～P.163）
【解　答】③
【解　説】
ア．適切である。営業秘密に該当するためには、事業活動に有用であることが必要であり、この要件を**有用性**という。経済産業省の「営業秘密管理指針」では、有用性につき、その情報が客観的にみて事業活動に有用であることが必要であるとしている。

イ．適切である。営業秘密とは、秘密として管理されている生産方法、販売方法その他の事業活動に有用な技術上または営業上の情報であって、公然と知られていないものをいう（不正競争防止法2条6項）。この公然と知られていないという要件を**非公知性**という。経済産業省の「営業秘密管理指針」では、非公知性を、一般的には知られておらず、または、容易に知ることができないことが必要であり、具体的には当該情報が合理的な努力の範囲内で入手可能な刊行物に記載されていない等、保有者の管理下以外では一般的に入手できない状態としている。

ウ．適切でない。営業秘密を取得した時点では当該営業秘密が不正取得されたものであることを知らないが、**その取得した後にその営業秘密について不正取得行為が介在したことを知って**、または重大な過失により知らないで、その取得した営業秘密を使用し、または開示する行為は、不正競争に当たる（不正競争防止法2条1項6号）。

エ．適切でない。肢イの解説で説明した営業秘密の定義の通り、本肢前段の商品の製造方法や設計図等の**技術上の情報**は、不正競争防止法上の営業秘密に該当し得る。


問30　　　　　　　　　　　　（公式テキストP.177、P.186～P.194）
【解　答】②
【解　説】
① 適切である。何人も、**不正アクセス行為**をしてはならない（不正アクセス禁止法3条）。電気通信回線を介して接続された他の特定電子計算機が有するアクセス制御機能によりその特定利用を制限されている特定電子計算機に電気通信回線を通じてその制限を免れることができる情報または指令を入力して当該特定電子計算機を作動させ、その制限されている特定利用をし得る状態にさせる行為は、不正アクセス行為に当たる（不正アクセス禁止法2条4項3号）。

② 最も適切でない。迷惑メール防止法上、送信者は、あらかじめ、特定電子メールの送信をするように求める旨または送信をすることに同意する旨を送信者に

対し通知した者など**同法所定の者以外の者に対し**、特定電子メールの送信をしてはならない（迷惑メール防止法3条1項）。

③　適切である。電磁的記録であって情報を表すために作成されたものは、当該電磁的記録に記録された情報について**本人による電子署名が行われているとき**は、真正に成立したものと推定される（電子署名法3条）。

④　適切である。本肢の場合、開示請求を受けたプロバイダは、一定の場合を除き、**開示について発信者の意見を聴かなければならない**（プロバイダ責任制限法5条・6条）。

## 問31　　　　　　　　　　　　　　　　　　　　（公式テキストP.222）

【解　答】④

【解　説】

ア．適切である。民法第388条は、法定地上権の成立について、「**土地及びその上に存する建物が同一の所有者に属する場合**において、その土地又は建物につき抵当権が設定され、その実行により所有者を異にするに至ったときは、その建物について、地上権が設定されたものとみなす」と定めている。本肢では、抵当権設定当時に建物Xと土地Yを同一人が所有していたのであるから、本肢の記述の通り、建物Xのために土地Yに法定地上権が成立する。

イ．適切でない。**一括競売**については民法389条で「抵当権の設定後に抵当地に建物が築造されたときは、抵当権者は、土地とともにその建物を競売することができる」と規定されている。本肢においては、一括競売の要件を充たしていないため、適切ではない。

ウ．適切である。法定地上権が成立する範囲は建物の敷地のみならず、**建物の利用に必要な土地も含まれる**。

エ．適切である。法定地上権も物権一般の原則に従い、第三者にその権利を対抗するためには、**建物の登記または地上権の登記が必要となる**（借地借家法10条1項、民法177条）。

## 問32　　　　　　　　　　　　　　　　　（公式テキストP.230〜P.231）

【解　答】⑤

【解　説】

ア．適切でない。保証契約は、書面でしなければ、その効力を生じない（民法446条2項）。つまり、連帯保証契約だけでなく、**通常の保証契約も、書面によってなされる必要がある**。

イ．適切である。債権者が保証人に債務の履行を請求したときは、保証人は、ま

解答②

ず主たる債務者に催告をすべき旨を請求することができる（催告の抗弁権、民法452条1項本文）。しかし、主たる債務者と連帯して債務を負担した連帯保証人は、**催告の抗弁権を有しない**（民法454条）。

ウ．適切である。保証人が、主たる債務者に代わって、債権者に対し、債務を弁済したときは、民法459条・460条・462条等に基づき、**主たる債務者に求償することができる**。連帯保証人も、保証人の一種であるから、主たる債務者に対し求償権を有することに変わりはない。

エ．適切である。数人の保証人がある場合には、それらの保証人が各別の行為により債務を負担したときであっても、民法427条の規定が適用される（**分別の利益**、民法456条）。したがって、通常の保証人が複数いる場合、特約がない限り、各保証人が負う保証債務は、分割債務となり、主たる債務の額を保証人の数に応じ等しい割合で分割した額となる。連帯保証人については、**分別の利益は認められず**、各保証人が、主たる債務の全額につき、保証債務を負う。


## 問33

過去問題

【解　答】②　　　　　　　　　　　　（公式テキストP.268～P.275）

【解　説】

① 適切でない。個人再生手続は、個人事業主のほか、**給与所得者**も利用することができる（民事再生法239条以下）。

② 最も適切である。債権者は、債務者に**破産手続開始の原因となる事実の生ずるおそれがあるとき**は、当該債務者につき再生手続開始の申立てを行うことができる（民事再生法21条2項）。

③ 適切でない。再生債権者が相殺権を行使することができるのは、**債権届出期間内**に限られる（民事再生法92条）。

④ 適切でない。債務者が再生手続開始の申立てを行っても、債権者は、再生手続開始決定が出るまでの間は、仮差押え、仮処分その他の保全処分を行うことができるのが原則である。このような債権者による権利行使などによって財産が散逸することを防止するため、裁判所による**保全処分**の制度が設けられている（民事再生法26条以下）。


## 問34

【解　答】①

（公式テキストP.282～P.287、
3級公式テキストP.147～P.162）

【解　説】

① 最も適切でない。使用者が、民法715条1項に基づき、不法行為責任を負うには、**被用者自身に民法709条の不法行為が成立することが必要である**。本肢

では、被用者であるBが、Cの不法行為に対し、自己の法律上保護される利益を防衛するため、やむを得ず加害行為をした場合に当たるので正当防衛が成立し、民法709条の不法行為の規定に基づく損害賠償責任を負わない（民法720条1項）。したがって、A社は、民法715条の使用者責任の規定に基づく損害賠償責任を負わない。

② 適切である。土地の工作物の設置または保存に瑕疵があることによって他人に損害を生じたときは、その工作物の占有者は、被害者に対してその損害を賠償する責任を負う。ただし、**占有者が損害の発生を防止するのに必要な注意をしたときは**、所有者がその損害を賠償しなければならない（民法717条1項）。本肢において、占有者であるB社は、損害の発生を防止するのに必要な注意をしたときは、民法717条1項本文による責任を負わない。しかし、所有者であるA社は、無過失の損害賠償責任を負う。

③ 適切である。被害者が死亡した不法行為では、被害者の将来の生活費などの支出を免れるため、これを損害賠償額から控除する。これを**損益相殺**という。

④ 適切である。債務の不履行に対する損害賠償の請求は、これによって通常生ずべき損害の賠償をさせることをその目的とする（民法416条1項）。特別の事情によって生じた損害であっても、**当事者がその事情を予見すべきであったときは**、債権者は、その賠償を請求することができる（民法416条2項）。本肢において、当該売買契約の締結当時、B社は当該貴金属の異常な高騰を予見していたので、Aは、高騰した当該貴金属の価格に相当する金額の賠償を請求することができる。

**問35**　過去問題

【解　答】⑤　　　　　　　　　　（公式テキストP.298〜P.299）

【解　説】

ア．適切である。少額訴訟において、証拠調べは、**即時に取り調べることができる証拠**に限りすることができる（民事訴訟法371条）。

イ．適切である。少額訴訟の終局判決に対しては、**控訴をすることができない**（民事訴訟法377条）。なお、少額訴訟の終局判決に不服がある場合、判決をした裁判所に異議を申し立てることができる（民事訴訟法378条）。

ウ．適切である。少額訴訟の対象となるのは、**60万円以下の金銭の支払いの請求**を目的とする訴えのみである（民事訴訟法368条1項）。

エ．適切である。少額訴訟において**原告となれる者について特段の制限はなく**（民事訴訟法368条参照）、法人も原告となって少額訴訟を提起することができる。

問36　　　　　　　　　　　　　　　　（公式テキストP.337〜P.340）

【解　答】④

【解　説】

① 適切である。株式会社は、株主を、その有する株式の内容および数に応じて、平等に取り扱わなければならない（**株主平等原則**、会社法109条1項）。しかし、公開会社でない株式会社は、株主総会における議決権に関する事項について、株主ごとに異なる取扱いを行う旨を定款で定めることができる（会社法109条2項・105条1項3号）。したがって、会社法上の公開会社でない株式会社が、株主総会における議決権につき、株主1人につき1議決権を有する旨を定めることは可能である。

② 適切である。株式会社は、株主総会において議決権を行使することができる事項につき、異なる定めをした内容の異なる2以上の種類の株式（**議決権制限株式**）を発行することができる（会社法108条1項3号）。

③ 適切である。株主総会を招集するには、取締役は、株主総会の日の2週間前までに、株主に対してその通知を発しなければならないのが原則である（会社法299条1項）。しかし、**株主の全員の同意があるとき**は、一定の場合を除き、招集の手続を経ることなく株主総会を開催することができる（会社法300条）。

④ 最も適切でない。総株主の議決権の100分の3以上の議決権を6か月前から引き続き有する株主は、取締役に対し、株主総会の目的である事項および招集の理由を示して、株主総会の招集を請求することができる（会社法297条1項）。株主による招集請求の後遅滞なく招集の手続が行われないなどの一定の場合、招集請求をした株主は、裁判所の許可を得て、株主総会を招集することができる（会社法297条4項）。つまり、株主総会の招集請求権および招集権は、**少数株主権**であって、すべての株主に認められている権利ではない。

問37　　　　　　　　　　　　　　　　　　　　　　過去問題

【解　答】⑤　　　　　　　　　　　　　（公式テキストP.369〜P.371）

【解　説】

ア．適切でない。吸収合併における合併の対価は、存続会社の株式のほか、**金銭とすることも可能である**（会社法749条1項）。

イ．適切である。吸収合併において、**消滅会社が存続会社の特別支配会社であるとき**は、存続会社においては、原則として、株主総会の特別決議による吸収合併契約の承認を得る必要はない（会社法796条）。

ウ．適切でない。新設合併では、合併当事会社が取得していた営業に関する許認可は、**当然には新設会社に承継されない**。

エ．適切である。消滅会社の財産は、包括的に新設会社に移転し、消滅会社は清算手続を経ることなく消滅する。

## 問38  （公式テキストP.371〜P.373）

【解　答】③

【解　説】

① 適切でない。会社法上、株式会社が株式交換をする場合において、株式交換完全親会社が株式会社であるときの株式交換契約の必要的記載事項につき、「株式交換完全親株式会社が株式交換に際して株式交換完全子会社の株主に対して**その株式に代わる金銭等を交付するときは、当該金銭等についての次に掲げる事項」**と規定されており（会社法768条1項2号）、株式交換の対価として金銭を交付することが認められている。

② 適切でない。株式交換をする場合、株式交換完全親会社の債権者は、一定の場合に、当該株式交換完全親会社に対し、**株式交換について異議を述べることができる**（会社法799条1項3号）。

③ 最も適切である。株式移転において、当事会社の反対株主は、**株式買取請求権**を有する（会社法806条等）。

④ 適切でない。会社法上、株式移転において、**株式移転設立完全親会社における株主総会の特別決議による株式移転計画の承認**は必要とされていない。

## 問39  （公式テキストP.387〜P.390）

【解　答】④

【解　説】

ア．適切でない。労災保険法上、単身赴任者が、その赴任先の住居から家族の住む自宅に帰省する場合の住居と住居との間の移動は、**通勤**に含まれている。本肢において、Aは、転勤に伴う単身赴任により居住している社宅から、自宅に帰省する際に、社宅と自宅の間の合理的な経路を移動中に交通事故に遭ったものであるから、**通勤災害**であり、労災保険法に基づく保険給付の対象となる。

イ．適切である。労災保険法上、労働者が、就業に関し、住居と就業の場所の間の移動を、合理的な経路および方法により行うことは**通勤**に当たり（労災保険法7条2項1号）、この経路を逸脱または中断した場合は、原則として、通勤に当たらない。当該逸脱または中断が、日用品の購入など日常生活上必要な一定の行為をやむを得ない事由により行うための最小限度のものである場合には、通勤経路に戻れば、当該逸脱または中断の間を除き、**通勤**として認められる。Bは、通常利用している通勤経路外に所在するスーパーマーケットで日用

品を購入している最中に、地震によって倒れた商品陳列棚の下敷きになって負傷しており、**通勤**として認められない。したがって、本肢の内容は適切である。

ウ．適切でない。労災保険法7条1項1号の**業務上の負傷**は、業務遂行性と業務起因性を要件とするが、所定労働時間内の負傷であることを要件としていない。したがって、Cの負傷は、労災保険法に基づく保険給付の対象となる。

エ．適切でない。労災保険法上の**労働者**は正社員に限られておらず、パートタイマーも含まれる。したがって、Dの負傷が、労災保険法に基づく保険給付の対象とならないと本肢が断定しているのは適切でない。

## 問40 (公式テキストP.428～P.433)

【解　答】①

【解　説】

① 最も適切でない。目的物引渡債務が不可抗力によって履行できない場合、日本の民法では、債務者に債務不履行責任は生じないが、**不可抗力による免責が認められない国も存在する**。

② 適切である。特にライセンス契約や機密情報の開示を受ける取引では、**秘密保持契約の締結を要することが通常であり**、秘密保持契約の内容は、本肢後段の記述の通りである。

③ 適切である。日本の民法では到達主義が原則であるが（民法97条1項）、通知が到達しない場合でも通知の効力を生じさせる必要がある場合は、**発信主義**で契約する必要がある。

④ 適切である。完全合意条項は、英米証拠法のルールである**口頭証拠排除法則**を再確認するものである。

## ビジネス実務法務検定試験　2級模擬問題③　解答・解説

### 問1　　　　　　　　　　　　　　（3級公式テキストP.79〜P.93）
【解答】⑥
【解説】
ア．適切でない。当事者の約定により、民法の定めと異なる時を所有権の移転時期とすることができる（**任意規定**）。

イ．適切でない。特定物の引渡場所が定められていない場合、**その行為の時にその物が存在した場所**が引渡場所となる（商法516条）。

ウ．適切である。弁済の費用については、別段の意思表示がないときは、**債務者の負担**とされる（民法485条本文）。

エ．適切である。金銭の給付を目的とする債務の不履行の損害賠償について、債務者は、**不可抗力をもって抗弁とすることができない**（民法419条3項）。

### 問2　　　　　　　　　　　　　　　　【過去問題】
【解答】④　　　　　　　　　　（公式テキストP.21〜P.25）
【解説】
ア．適切である。請負人が**請負契約の本旨に従った債務の履行をしないとき**は、その債務の不履行が契約その他の債務の発生原因および取引上の社会通念に照らして請負人の責めに帰することができない事由によるものであるときを除き、注文者は、請負人に対し、その債務の不履行によって生じた損害の賠償を請求することができる（民法415条1項）。

イ．適切でない。請負人が仕事の目的物を完成させた後、注文者に引き渡す前に、目的物の一部が**注文者の帰責事由に基づく**事故により損壊した場合において、請負人が約定の期日までに目的物を完成させることができないときは、請負人の仕事完成義務および引渡義務は消滅するが、注文者は請負人からの報酬請求を拒むことができない（民法536条2項）。

ウ．適切でない。**請負人が仕事を完成しない間**は、注文者は、いつでも損害を賠償して契約の解除をすることができる（民法641条）。

エ．適切である。建設工事の請負契約の当事者は、契約の締結に際して所定の事項を**書面に記載し**、署名または記名押印をして相互に交付するか、または、当該書面に代えて、相手方の承諾を得て、**情報通信の技術を利用する方法等による所定の措置**をとらなければならない（建設業法19条）。

問3

【解答】②、④　　　　　　　　　　　　　　（公式テキストP.27〜P.28）

【解説】

① 適切でない。仲立人は、その媒介した行為につき当事者のために**支払いその他の給付を受領する権限を有しない**（商法544条）。

② 適切である。仲立人は、商法所定の事項を記載した帳簿を保存する義務を負い（商法19条・547条1項）、当事者の請求があれば、その当事者のために媒介した商行為について、**その帳簿の謄本を交付する義務を負う**（商法547条2項）。

③ 適切でない。仲立人は、**競業避止義務**を課されていない。

④ 適切である。仲立人は、その媒介により当事者間に商行為が成立した場合、当該商行為の成立を証する書面（**結約書**）を作成し、署名または記名押印の上、商法所定の手続を終了した後でなければ、**当事者に報酬を請求することができない**（商法546条・550条1項）。

問4　　　　　　　　　　　　　　　　　　　（公式テキストP.63〜P.71）

【解答】③

【解説】

ア．適切である。職務著作の著作権者は、原則として、**法人その他の使用者**である（著作権法15条）。

イ．適切である。共有著作権について、各共有者は、**他の共有者の同意**を得なければ、その持分を譲渡することができない（著作権法65条1項）。

ウ．適切でない。著作権移転の対抗要件は、**登録**である（著作権法77条1号）。

エ．適切でない。著作権法上、著作権の**更新手続**は定められていない。

問5　　　　　　　　　　　　　　　　　　　（公式テキストP.78〜P.88）

【解答】②

【解説】

ア．適切である。特許を受ける権利が共有に係るときは、各共有者は、**他の共有者と共同**でなければ、特許出願をすることができない（特許法38条）。

イ．適切でない。特許を受ける権利は、**譲渡により第三者に移転**することができる（特許法33条）。

ウ．適切である。特許権の移転には、**登録**が必要である（特許法98条1項1号）。

エ．適切でない。信用回復措置請求は、**損害賠償請求とともに行う**ことができる（特許法106条）。

問6　　　　　　　　　　　　　　　　　　（公式テキストP.92〜P.104）

【解答】③

【解説】

ア．適切である。本肢におけるA社およびB社の行為は、原則として、**不当な取引制限**に該当する（独占禁止法2条6項）。

イ．適切でない。本肢におけるA社およびB社の行為は、**他の事業者と共同して行われたものではなく**、不当な取引制限に該当しない（独占禁止法2条6項参照）。

ウ．適切でない。本肢におけるA社らの行為は、A社らのいずれも**落札することができなかった場合**であっても、不当な取引制限に該当し得る（独占禁止法2条6項）。

エ．適切である。本肢におけるA社の行為は、**拘束条件付取引**として不公正な取引方法に該当する可能性がある（一般指定12項）。


問7　　　　　　　　　　　　　　　　　　（公式テキストP.124〜P.132）

【解答】⑥

【解説】

ア．適切でない。通信販売における契約の解除は、販売業者等が**返品を認めない旨の表示**をしていた場合には認められない（特定商取引法15条の3参照）。

イ．適切でない。クーリング・オフが可能であることを示す**書面を受領していなければ**、クーリング・オフの期間の制限を受けない（特定商取引法9条）。

ウ．適切である。**訪問販売**には、本肢のような、いわゆるキャッチセールスが含まれる（特定商取引法2条1項2号）。

エ．適切である。本肢では、**申込みの意思表示と承諾の意思表示が合致していない**ため、売買契約は成立しない。


問8　　　　　　　　　　　　　　　　　　　　　　　　　過去問題

【解答】①、②　　　　　　　　　　　　　（公式テキストP.146〜P.155）

【解説】

①　適切である。個人情報取扱事業者は、原則として、あらかじめ本人の同意を得ずに、その**利用目的の達成に必要な範囲を超えて**個人情報を取り扱ってはならない（個人情報保護法18条）。

②　適切である。個人情報取扱事業者は、その従業者に個人データを取り扱わせるにあたっては、当該**個人データの安全管理**が図られるよう、当該従業者に対する必要かつ適切な監督を行わなければならない（個人情報保護法24条）。

③　適切でない。個人情報取扱事業者が、本人が識別される**保有個人データの消去の請求**に応じなければならないのは、当該本人が識別される保有個人データが個人情報保護法18条（利用目的による制限）もしくは19条（不適正な利用の禁止）の規定に違反して取り扱われているとき、または20条（適正な取得）の規定に違反して取得されたものであるときである（個人情報保護法35条）。

④　適切でない。個人情報取扱事業者は、原則として、あらかじめ本人の同意を得ないで、**個人データを第三者に提供してはならない**（個人情報保護法27条）。

## 問9　　　　　　　　　　　　　　（公式テキストP.159〜P.163）
【解答】①
【解説】

ア．適切である。**窃取により営業秘密を取得**する行為は、その後第三者に当該営業秘密を譲渡したか否かにかかわらず、不正競争に該当する（不正競争防止法2条1項4号）。

イ．適切である。営業秘密保有者からその営業秘密を示された場合において、**その営業秘密保有者に損害を加える目的**で、その営業秘密を開示する行為は、不正競争に該当する（不正競争防止法2条1項7号）。

ウ．適切でない。不正競争防止法には、**損害額の推定等の規定**が設けられている（不正競争防止法5条〜9条）。

エ．適切でない。不正競争防止法では、**信用回復措置**の請求が認められている（不正競争防止法14条）。

## 問10　　　　　　　　　（公式テキストP.177、P.186〜P.194）
【解答】①、②
【解説】

①　適切である。電磁的記録であって情報を表すために作成されたものは、当該電磁的記録に記録された情報について本人による電子署名が行われているときは、原則として、**真正に成立したものと推定**される（電子署名法3条）。

②　適切である。**都道府県公安委員会**は、不正アクセス行為が行われたと認められる場合において、当該不正アクセス行為に係る特定電子計算機に係るアクセス管理者から、その再発を防止するため、援助を受けたい旨の所定の申出があり、その申出を相当と認めるときは、当該アクセス管理者に対し、当該特定電子計算機を不正アクセス行為から防御するため必要な応急の措置が的確に講じられるよう、必要な援助を行うものとされる（不正アクセス禁止法9条1項）。

③　適切でない。本肢の場合、プロバイダは、一定の場合を除き、開示について

発信者の意見を聴かなければならない（プロバイダ責任制限法6条1項）。

④ 適切でない。送信者は、あらかじめ、特定電子メールの送信をするように求める旨または送信をすることに同意する旨を送信者に対し通知した者以外の者に対し、**特定電子メールの送信**をしてはならない（迷惑メール防止法3条）。


## 問11　　　　　　　　　　　　　（公式テキストP.220〜P.225）
【解答】⑤
【解説】

ア．適切でない。根抵当権の極度額の変更には、後順位抵当権者などの**利害関係者の承諾**が必要である（民法398条の5）。

イ．適切である。本肢では、**抵当権設定時に同一人が土地と建物を所有していないため、法定地上権は成立しない**（民法388条参照）。

ウ．適切である。抵当不動産の第三取得者は、所定の方法により、**抵当権消滅請求**をすることができる（民法379条以下）。

エ．適切でない。賃借人は、抵当権者に対抗することができない賃借権について、一定の場合、**明渡しの猶予**を認められる（民法395条）。


## 問12　　　　　　　　　　　　　（公式テキストP.227〜P.229）
【解答】⑥
【解説】

ア．適切でない。譲渡担保設定契約は、**債権者と債務者**を契約当事者として締結すれば成立する。

イ．適切でない。譲渡担保の目的物である動産の引渡しは、**対抗要件**にすぎない（民法178条）。

ウ．適切である。集合動産は、一定の要件を充たす場合、**一個の集合物として**譲渡担保の目的物とすることができる。

エ．適切である。法人の所有する動産を目的として譲渡担保の設定を受ける場合、債権者は、「動産及び債権の譲渡の対抗要件に関する民法の特例等に関する法律」による**動産譲渡登記**を経ることにより、譲渡担保の設定につき対抗要件を具備することができる（動産・債権譲渡特例法3条）。


## 問13　　　　　　　　　　　　　過去問題
【解答】③　　　　　　　　　　　（公式テキストP.230〜P.231）
【解説】

ア．適切である。連帯保証人も、連帯保証人ではない通常の保証人も債権者に対

解答③

し民法の規定に従って保証債務を履行したときは、主たる債務者に対する**求償権を取得する**（民法459条・462条参照）。

イ．適切でない。連帯保証契約を含む保証契約は、書面でしなければ効力を生じないが、電磁的記録によってされたときは、**書面によってされたものとみなされる**（民法446条2項3項）。

ウ．適切でない。民法は、**保証契約により担保される債権**を金銭消費貸借契約に基づき生じた貸金債権に限ってはいない。

エ．適切である。**主たる債務者から委託を受けた保証人**が、主たる債務の弁済期が到来した後に、その連帯保証債務の全部を民法の規定に従い履行したときは、主たる債務者に対して、弁済した額のほか、弁済した日以後の法定利息および避けることができなかった費用その他の損害賠償につき求償権を有する（民法459条）。

## 問14　（公式テキストP.258〜P.267）

【解答】①、③

【解説】

① 適切である。債権者は、債権の存在および破産手続開始の原因となる事実を**疎明**することを要する（破産法18条）。

② 適切でない。債務超過が破産原因となるのは**法人のみ**である（破産法16条1項）。

③ 適切である。裁判所は、**強制執行等**の個別の手続の中止を命じることができる（破産法24条1項）。

④ 適切でない。破産債権者は、**破産手続開始後に負担した債務**をもって相殺することはできない（破産法71条1項1号）。

## 問15　（公式テキストP.289〜P.298）

【解答】⑥

【解説】

ア．適切でない。原告が第一回口頭弁論期日に出頭しなかった場合、訴えの取下げは**擬制されない**。

イ．適切でない。相手方の主張した事実を知らない旨の陳述をした者は、**その事実を争ったものと推定される**（民事訴訟法159条2項）。

ウ．適切である。当事者は、地方裁判所の言い渡した判決に不服があれば、原則として、高等裁判所に**控訴**をすることができる（民事訴訟法281条）。

エ．適切である。裁判所は、訴訟がいかなる程度にあるかを問わず、**和解を試み**

ることができる（民事訴訟法89条）。

（公式テキストP.338）

## 問16

【解答】⑤

【解説】

ア．適切でない。会社法上、監査役会の同意は、**定時株主総会に関する事項を決定するための要件**とはされていない。

イ．適切である。**公開会社でない株式会社**にあっては、原則として、定時株主総会の日の1週間前までに、招集通知を発しなければならない（会社法299条1項括弧書）。

ウ．適切でない。**取締役会設置会社における株主総会招集通知**は、書面またはこれに代わる電磁的記録でしなければならない（会社法299条2項2号）。

エ．適切である。公開会社において、総株主の議決権の100分の3以上の議決権を6か月前から引き続き有する株主は、原則として、取締役に対し、株主総会の目的である事項および招集の理由を示して、**株主総会の招集を請求すること**ができる（会社法297条1項）。

## 問17

**過去問題**

【解答】④

（公式テキストP.342〜P.344）

【解説】

ア．適切である。取締役会設置会社の**取締役が、自己のために当該会社と取引をしようとするとき**は、取締役会において、当該取引につき重要な事実を開示し、その承認を受けなければならない（会社法356条1項2号）。

イ．適切でない。社外取締役については、会社に対する損害賠償責任を**他の取締役よりも軽減すること**が認められている（会社法427条等）。

ウ．適切である。取締役会設置会社においては、多額の借財に関する決定を取締役に委任することはできず、**取締役会で決定しなければならない**（会社法362条4項2号）。

エ．適切である。取締役会の議事については、法務省令で定めるところにより、**議事録を作成しなければならず**、出席した取締役および監査役は、これに**署名もしくは記名押印または電子署名**をしなければならない（会社法369条3項・4項）。

## 問18　　　　　　　　　　　　　　(公式テキストP.367～P.369)

（公式テキストP.367～P.369）

【解答】③

【解説】

ア．適切である。事業譲渡により会社の事業目的に変更を生じる場合、**定款変更**が必要となる（会社法466条）。

イ．適切でない。取締役会設置会社において、**事業譲渡にかかる契約の内容の決定を取締役に委任することはできない**（会社法362条4項・416条4項18号）。

ウ．適切でない。譲渡会社の債務は、**当然には譲受会社に移転せず**、原則として、債務引受（民法470条～472条の4）などの方法により移転させる必要がある。

エ．適切である。譲受会社が譲渡会社の**特別支配会社**である場合、譲渡の対象となる事業が譲渡会社の事業の重要な一部であっても、譲渡会社は、事業譲渡につき、株主総会の特別決議による承認を受ける必要はない（会社法468条1項）。


## 問19　　　　　　　　　　　　　　（公式テキストP.387～P.390）

【解答】③

【解説】

ア．適切である。労災保険法上の労働者には、**パートタイム労働者**も含まれる。

イ．適切でない。出張中の負傷は、**業務遂行性**を充たす。

ウ．適切である。通勤の合理的な経路を逸脱または中断した場合、当該**逸脱または中断の間に生じた災害**は、通勤災害に該当しない（労災保険法7条3項）。

エ．適切でない。単身赴任者が、その赴任先の住居から家族の住む自宅に帰省する場合の住居と住居との間の移動は、**通勤に含まれる**（労災保険法7条2項3号）。


## 問20　　　　　　　　　　　　　　（公式テキストP.416～P.438）

【解答】⑥

【解説】

ア．適切でない。日本の民事訴訟法上、一定の要件の下、**国際裁判管轄の合意**をすることが認められている（民事訴訟法3条の7）。

イ．適切でない。当事者による準拠法の選択がないときは、法律行為の成立および効力は、当該法律行為の当時において**当該法律行為に最も密接な関係がある地の法**による（法適用通則法8条1項）。

ウ．適切である。外国裁判所の判決を債務名義とするためには確定した**執行判決**が必要であるが、そのためには、判決の内容および訴訟手続が日本における公の秩序または善良の風俗に反しないことが必要とされている（民事執行法22条

6号・24条、民事訴訟法118条3号）。

エ．適切である。債務者が法人その他の社団または財団である場合、**日本国内に
営業所、事務所または財産を有するとき**に限り、破産手続開始の申立てをする
ことができる（破産法4条）。

## 問21　　　　　　　　　　　　　　　（3級公式テキストP.102〜P.112）
【解答】⑧
【解説】

ア．適切でない。賃借人は、目的物の管理につき**善管注意義務**を負う（民法400条）。

イ．適切でない。賃借人が適法に賃借物を転貸したときは、転借人は、賃貸人と
賃借人との間の賃貸借に基づく賃借人の債務の範囲を限度として、賃貸人に対
して転貸借に基づく債務を**直接履行する義務**を負う（民法613条1項）。

ウ．適切でない。建物の所有を目的とする土地の賃貸借契約の存続期間が満了す
るにあたり、賃借人は、一時使用のために賃借権を設定したことが明らかでな
い場合、賃貸人は、**正当の事由**があると認められるときは、賃借人からの契約
更新の請求に対し、異議を述べることができる（借地借家法6条）。

エ．適切でない。賃貸借契約の終了後、賃借人は、**原状回復義務**を負う（民法
621条）。

## 問22　　　　　　　　　　　　　　　　　（公式テキストP.31〜P.32）
【解答】④
【解説】

①　適切でない。当事者が寄託物の返還の時期を定めたときであっても、寄託者
は、原則として、**いつでもその返還を請求することができる**（民法662条1項）。

②　適切でない。寄託者が寄託物を受領することができないときは、倉庫営業者
は、相当の期間を定めて催告をした後に**競売に付すること**ができる（商法615
条・524条1項2項）。

③　適切でない。倉庫寄託契約の当事者間で、受寄者の証明責任について、商法
610条と異なる内容の定めをした場合、その定めは有効である（**任意規定**）。

④　最も適切である。受寄者は、寄託者の承諾を得たとき、またはやむを得ない
事由があるときでなければ、寄託物を**第三者に保管させること**ができない（民
法658条2項）。

## 問23　（公式テキストP.42〜P.44）

【解答】④

【解説】

ア．適切でない。組合への出資は金銭に限られておらず、金銭以外の財産や**労務**をその目的とすることができる（民法667条2項参照）。

イ．適切である。民法上の組合において、当事者が**損益分配の割合**を定めた場合は、その定めは有効である（民法674条参照）。

ウ．適切である。**株主に対する配当の割当て**に関する事項についての定めは、原則として、株主の有する株式の数に応じて配当財産を割り当てることを内容とするものでなければならず（会社法454条3項）、すなわち、株主が出資した価額に応じて利益が分配される。

エ．適切である。株主の責任は、**間接有限責任**である（会社法104条）。

## 問24　過去問題

【解答】④　（公式テキストP.59〜P.62）

【解説】

① 適切である。対抗要件は、**当事者以外の第三者**に物権の得喪変更を主張するために必要なものであり（民法177条・178条）、物権変動の当事者に対しては、対抗要件がなくても物権の取得を対抗することができる。

② 適切である。**強迫で登記の申請を妨げた者**に対しては、登記がなくても物権の移転を対抗することができる（不動産登記法5条）。

③ 適切である。本肢の場合、**請求保全仮登記**を行うことができる（不動産登記法105条2号）。

④ 最も適切でない。不動産登記の申請は登記権利者および登記義務者が共同して行うのが原則であるが（共同申請の原則、不動産登記法60条）、登記権利者は、登記義務者に対し登記手続をすべきことを命ずる旨の**裁判所の確定判決を得た場合**、単独で行うことができる（不動産登記法63条1項）。

## 問25　過去問題

【解答】①、③　（公式テキストP.71〜P.75）

【解説】

① 適切である。商標については、業として商品を生産し、証明し、または譲渡する者がその商品について使用をするもの（**商品商標**）について商標権の設定登録を受けることが可能であるほか、業として役務を提供し、または証明する者がその役務について使用をするもの（**役務商標**）についても商標権の設定登

録を受けることが可能である（商標法2条1項）。

② 適切でない。商標のうち、文字、図形および立体的形状で表したものについて商標権の設定登録を受けられるほか、**音で表したもの**についても商標権の設定登録を受けることができる（商標法2条1項）。

③ 適切である。商標権者は、登録商標と同一の指定商品について、登録商標と同一の商標を使用している者に対して、その使用の差止めを請求することが可能であるほか、登録商標と同一の指定商品について、**登録商標と類似の商標**を使用している者に対しても、その使用の差止めを請求することができる（商標法36条・37条）。

④ 適切でない。登録商標は、一定期間使用されていない場合、商標登録を**取り消される**ことがある（商標法50条）。

## 問26　　　　　　　　　　　　　　　　（公式テキストP.105〜P.107）
【解答】①
【解説】

① 最も適切である。親事業者は、下請事業者に対して物品の製造委託をした場合、原則として、直ちに、下請事業者の給付の内容、下請代金の額、支払期日および支払方法等の所定の事項を記載した**書面**を下請事業者に交付しなければならない（下請法3条1項）。

② 適切でない。下請代金の支払期日は、親事業者が下請事業者の給付を受領した日から起算して、**60日の期間内**という具体的な日数の制限が定められている（下請法2条の2）。

③ 適切でない。下請事業者の給付の内容を均質にしまたはその改善を図るため必要がある場合その他**正当な理由がある場合**には、自己の指定する物を強制して購入させ、または役務を強制して利用させることができる（下請法4条1項6号参照）。

④ 適切でない。下請法上、**親事業者**について、法人であるか個人であるか、また、資本金の額または出資の総額が要件として定められている（下請法2条7項）。

## 問27　　　　　　　　　　　　　　　　（公式テキストP.118〜P.123）
【解答】②
【解説】

① 適切である。労働契約法等で保護される**労働契約**は、消費者契約から除かれる（消費者契約法48条）。

② 最も適切でない。消費者契約法と民法の両方の要件を充たす場合、**詐欺による取消し**を主張することもできる（消費者契約法6条）。

③ 適切である。消費者契約につき、消費者契約法に基づき意思表示の取消しがなされた場合、当該消費者契約は、**初めから無効**であったものとみなされる（消費者契約法11条、民法121条）。

④ 適切である。**消費者の解除権を放棄させる条項**は、無効である（消費者契約法8条の2）。


## 問28　　　　　　　　　　　　　　（公式テキストP.196〜P.201）
【解答】⑤
【解説】

ア．適切でない。本肢の表示は、**優良誤認表示**に当たる（景品表示法5条1号）。

イ．適切でない。本肢の表示は、**有利誤認表示**に当たる（景品表示法5条2号）。

ウ．適切である。本肢の海外旅行は、**景品類**に当たる（景品表示法2条3項）。

エ．適切でない。**課徴金の対象**となるのは、優良誤認表示または有利誤認表示である（景品表示法8条）。


## 問29　　　　　　　　　　　　（3級公式テキストP.300〜P.305）
【解答】③、④
【解説】

① 適切でない。質権者は、質権の目的である**債権を直接に取り立てることができる**（民法366条1項）。

② 適切でない。商事留置権には、**牽連性**は必要ない（商法521条）。

③ 適切である。留置権には、**競売権**が認められている（民事執行法195条）。

④ 適切である。動産売買の先取特権には、**物上代位性**が認められる（民法304条）。


## 問30　　　　　　　　　　　　　　　　　　　　　過去問題
【解 答】①、③　　　　　　　　　（公式テキストP.254〜P.256）
【解 説】

① 適切である。公証人が作成した公正証書のうち、**強制執行認諾文言付公正証書**は、債務名義となり得る。（民事執行法22条5号）。

② 適切でない。不動産または債権のほか、**動産も強制執行の対象となり得る**（民事執行法112条以下）。

③ 適切である。金銭債権を差し押さえた債権者は、債務者に対して差押命令が送達された日から1週間を経過したときは、**その債権を取り立てることができ**

る（民事執行法155条1項本文）。

④　適切でない。本肢の場合、執行力のある債務名義の正本を有する債権者は、当該金銭債権につき、さらに強制執行を申し立てて、差し押さえることができる（**二重差押え**、民事執行法165条・144条3項・149条）。

## 問31　　　　　　　　　　　　　　　　（公式テキストP.268〜P.275）
【解答】③
【解説】

①　適切でない。**担保権の実行手続の中止命令**が定められている（民事再生法31条）。

②　適切でない。民事再生手続においては、**管財人**が選任されるのは例外である（民事再生法38条1項・64条1項・66条）。

③　最も適切である。再生手続開始の申立てが棄却された場合、裁判所は、職権で、**破産手続開始の決定**をすることがある（民事再生法250条）。

④　適切でない。再生債権者表の記載には、**確定判決と同一の効力**が認められる（民事再生法180条2項）。

## 問32　（公式テキストP.282〜P.287、3級公式テキストP.155〜P.160）
【解答】⑤
【解説】

ア．適切でない。占有者が損害の発生を防止するのに必要な注意をしたことについては、占有者が**主張立証責任**を負う。

イ．適切である。従業員の不法行為について、使用者は、原則として、**使用者責任**を負う（民法715条1項）。

ウ．適切である。労働基準法上、使用者の負う**災害補償**の責任は、労災保険法に基づいて災害補償に相当する給付が行われる場合には、免除される（労働基準法84条1項）。

エ．適切である。運行供用者責任を免れるには、いわゆる**免責三要件**のすべてを証明する必要がある（自賠法3条）。

## 問33　　　　　　　　　　　　　　　　（公式テキストP.299〜P.303）
【解答】③
【解説】

①　適切である。不法行為の損害額について証明責任を負うのは、**被害者**である。

②　適切である。弁済による債権の消滅について証明責任を負うのは、権利の消

滅を主張する者、すなわち**債務者**である。

③　最も適切でない。**被害者**は、不法行為の要件事実に対応する具体的な事実、すなわち主要事実を主張し、かつ、証明しなければならない。

④　適切である。裁判所は、ある当事者が提出した証拠を、反対当事者に有利な事実の認定に用いることができる（**証拠共通の原則**）。

## 問34　　　　　　　　　（公式テキストP.307〜P.308）

【解答】④

【解説】

ア．適切である。支払督促は、債務者を**審尋**しないで発する（民事訴訟法386条1項）。

イ．適切である。適法な**督促異議の申立て**があった場合、支払督促の申立ての時に、所定の裁判所に訴えの提起があったものとみなされる（民事訴訟法395条）。

ウ．適切である。督促異議の申立てに**理由**を付す必要はない。

エ．適切でない。支払督促の申立ては、**債務者の普通裁判籍の所在地**を管轄する簡易裁判所の裁判所書記官に対して行う（民事訴訟法383条1項）。

## 問35　　　　　　　　　（公式テキストP.313〜P.319）

【解答】③

【解説】

①　適切である。**第三者に利益を供与**させた者にも利益供与要求罪は成立し得る（会社法970条3項）。

②　適切である。賃借料が**適正な価格**であっても、利益供与罪は成立し得る。

③　最も適切でない。**子会社の計算**において財産上の利益を供与した場合も、利益供与罪は成立し得る（会社法970条1項2項）。

④　適切である。公益通報を理由とする**労働者派遣契約の解除**は、無効である（公益通報者保護法4条）。

## 問36　　　　　　　　　過去問題
【解答】①　　　　　　　　（公式テキストP.324〜P.329）

【解説】

①　最も適切である。定款を書面で作成する場合、定款は、発起人が会社法で定められた事項を記載して作成し、これに発起人が記名押印をし（会社法26条1項）、**公証人の認証**を受けてその効力を生じる（会社法30条1項）。

②　適切でない。募集設立に際し、設立時発行株式を引き受ける者は、**発起人と**

なることを**義務付けられていない**（会社法25条1項2号参照）。

③　適切でない。募集設立の場合、設立時役員等は、**創立総会の決議**により選任される（会社法88条1項）。

④　適切でない。会社法上の公開会社を設立する場合、設立時発行株式の総数は、**発行可能株式総数の4分の1**を下ることができない（会社法37条3項）。

### 問37　　　　　　　　　　　　　　　　　（公式テキストP.352〜P.355）
【解答】②
【解説】

①　適切でない。監査等委員会設置会社の業務執行は、**取締役**が行う（会社法399条の13）。

②　最も適切である。監査等委員会設置会社は、**監査役を置いてはならない**（会社法327条4項）。

③　適切でない。指名委員会等設置会社においては、業務を執行するのは執行役であるが、**取締役会を設置しなければならず**（会社法327条1項4号）、また、各委員会を構成するのは取締役である（会社法400条2項）。

④　適切でない。指名委員会等設置会社では、**指名委員会、監査委員会および報酬委員会**を必ず置かなければならない（会社法2条12号）。

### 問38　　　　　　　　　　　　　　　　【過去問題】
【解　答】③　　　　　　　　　　　　　（公式テキストP.359〜P.360）
【解　説】

①　適切でない。株式会社の**純資産額が300万円を下回る場合**、剰余金の配当をすることはできない（会社法458条）。

②　適切でない。違法配当が行われた場合、会社債権者は、当該違法配当により金銭等の交付を受けた株主に対し、**自己の債権額を限度として**、株主が交付を受けた金銭等の帳簿価額に相当する金銭を自己に支払わせることができる（会社法463条2項）。

③　最も適切である。本肢の場合、**違法配当について善意の株主**は、取締役からの求償の請求に応じる必要はない（会社法463条1項）。

④　適切でない。取締役会設置会社は、**一事業年度の途中において1回に限り中間配当をすることができる**旨を、定款で定めることができる（会社法454条5項）。

問39　　　　　　　　　　　　　　（公式テキストP.409〜P.411）

【解答】⑤

【解説】

ア．適切でない。行政指導が口頭でされた場合、その相手方は、原則として、その内容などを記載した**書面の交付**を求めることができる（行政手続法35条3項）。

イ．適切でない。行政指導に携わる者は、その相手方が行政指導に従わなかったことを理由として、**不利益な取扱いをしてはならない**（行政手続法32条2項）。

ウ．適切でない。不利益処分をしようとする場合には、**意見陳述のための手続**がとられる（行政手続法13条）。

エ．適切である。不利益処分をする場合、行政庁は、原則として、その名あて人に対し、同時に**不利益処分の理由**を示さなければならない（行政手続法14条）。


問40　　　　　　　　　　　　　　（公式テキストP.421〜P.435）

【解答】④

【解説】

ア．適切でない。インコタームズは、**法的強制力**を有しない。

イ．適切である。WTOは、**貿易に関する紛争を解決する役割**を認められている。

ウ．適切である。**完全合意条項**は、一般に、ある事柄に関して最終的な契約書が作成された場合には、当事者は、契約交渉過程で当事者間に成立した合意を、当該契約書の内容を変更するものとして裁判所に提出することはできないとする条項であり、英米法における証拠法上のルールである口頭証拠排除原則と関連する。

エ．適切でない。仲裁判断は、**確定判決と同一の効力**を有する（仲裁法45条1項）。

# 2024年度ビジネス実務法務検定試験（2・3級）

## ■試験要項

| 主　　　催 | 東京商工会議所・各地商工会議所 |
|---|---|
| 出 題 範 囲 | 各級公式テキスト（2024 年度版）の基礎知識と、それを理解した上での応用力を問います。　※2023年 12 月 1 日現在成立している法律に準拠し、出題いたします。 |
| 合 格 基 準 | 100点満点とし、70点以上をもって合格とします。 |
| 受験料（税込） | 2級　7,700円　3級　5,500円 |

| 試験方式 | IBT | CBT |
|---|---|---|
| 概　　　要 | 受験者ご自身のパソコン・インターネット環境を利用し、受験いただく試験方式です。受験日時は所定の試験期間・開始時間から選んでお申込みいただきます。 | 各地のテストセンターにお越しいただき、備え付けのパソコンで受験いただく試験方式です。受験日時は所定の試験期間・開始時間から選んでお申込みいただきます。<br>※受験料の他に CBT 利用料 2,200 円（税込）が別途発生します。 |
| 試験期間 | ■第55回　【申込期間】5月17日（金）〜 5月28日（火）<br>　　　　　【試験期間】6月21日（金）〜 7月 8日（月）<br>■第56回　【申込期間】9月20日（金）〜10月 1日（火）<br>　　　　　【試験期間】10月25日（金）〜11月11日（月） ||
| 申込方法 | インターネット受付のみ<br>※申込時にはメールアドレスが必要です。 ||
| 試験時間 | ９０分<br>※別に試験開始前に本人確認、受験環境の確認等を行います。 ||
| 受験場所 | 自宅や会社等（必要な機材含め、受験者ご自身でご手配いただく必要があります） | 全国各地のテストセンター |

## お問合せ

東京商工会議所　検定センター

https://kentei.tokyo-cci.or.jp

《東京商工会議所主催》

# ビジネス実務法務検定試験®
# 公式1級・2級・3級通信講座

随時開講

本試験を実施する東京商工会議所が主催する公式通信講座は、以下のような特色ある教材により本試験の合格を強力にサポートします。

## ビジネス実務法務検定試験公式通信教材の特徴

### 1級講座のポイント

- 1級検定試験と同じ「ケーススタディ」を採用していますので、実践力を養えます。
- ケースごとに「解答作成上のポイント」を設け、設問に対する具体的な解答の仕方を学習することができます。
- 添削課題は、最近の検定試験の出題傾向に基づき作成しています。
- 弁護士等の実務家の添削指導により、自身の弱点や得点UPのポイントを知り、検定試験問題への対応力を身につけることができます。

### 2級講座のポイント

- 3級の重要ポイントを簡潔に記載し、2級合格に必要な知識の習得を基本からサポートします。
- 公式テキストの説明をよりわかりやすくかつ詳細に解説し、検定試験合格に必要な「基礎知識とそれを理解した上での応用力」を身につけることができます。
- リポート問題は、テキスト1冊ごとに、実際の検定試験レベルの問題を1回出題しており、検定試験への対応力が身につきます。

### 3級講座のポイント

- ゼロから学習しようとする方でも理解しやすいように、公式テキストの内容をわかりやすく解説します。
- 「理解力UP」「Q&A」などの通信講座オリジナルのコラムで具体的な事例等を盛り込み、ビジネスシーンをイメージしながら学習できます。
- リポート問題は、テキスト1冊ごとに、実際の検定試験レベルの問題を1回出題しており、検定試験への対応力が身につきます。

## 2024年から受講料を引き下げ、実力を身につけやすい講座システム導入！

① スマートフォン、タブレット、PCで学習できます。
② リポート問題はWeb提出で、学習効果がスピーディに測定できます。
③ 4回分の模擬問題がWebで学習でき、1回分はIBT方式で実際の検定試験の予行演習ができます（2級・3級）。

### 講座の概要 （詳細は Web サイトでご確認ください。）

|  | 受講料<br>（税込み） | テキスト<br>（Web） | 過去問題・模擬問題<br>（Web掲載） | リポート問題 |
|---|---|---|---|---|
| 1級 | 28,000円 | 4冊 | 3回分（過去問題） | |
| 2級 | 23,000円 | 3冊 | 4回分（模擬問題） | 3回 |
| 3級 | 19,000円 | | 4回分（模擬問題） | |

［開講時期］ お申し込み手続完了後、随時開講いたします。
　　　　　　教材は一括送付します。
［学習期間］ 学習期間は自由に設定できます（直前対策にも有効）。
　　　　　　ただし、在籍可能期間は最長6か月です。
［模擬問題］ 2級講座、3級講座の模擬問題には、実際の検定試験に出題された問題（過去問）が一部含まれています。

## 講座のお申込み方法について

### ■お申込みの流れ

**Webサイトからお申込み手続**

https://kentei.tokyo-cci.or.jp/houmu/support/online-course.html

**受講料のお支払い**

受講料を指定の方法でお支払いください。

**開講 （教材が届く）**

ご入金確認後、教材を発送いたします。

### ■通信講座に関するお問合せ

**ビジネス実務法務検定試験®公式通信講座事務局**

TEL：０３－３３５２－５２６１ （土日・祝休日・年末年始除く9:00～17:00）

# 業種・職種を問わず管理職として知っておきたい知識をWEBで診断

# ビジネスマネジャー BasicTest®
# 概　要

マネジメント知識の習得度を WEB で客観的に測定できる診断ツールです。

インターネット環境さえあれば，24 時間 365 日

いつでも好きな時間に好きな場所から受験することが可能です。

昇進・昇格の判断に，中途採用試験に，管理職・管理職候補者への

研修の一環に利用するなど，様々な場面で活用できます。

## 企業の活用方法・メリット

**ポイント 1**　管理職・管理職候補者を対象とした能力測定や研修後の効果測定として導入できる

**ポイント 2**　いつでも利用ができ，すぐに結果を確認することができる

**ポイント 3**　管理職・管理職候補者全員が受験することで，社内の共通言語や共通認識を一致させることができる

#  試験概要

| 受験料 | 4,400円 (税込) | 制限時間 | 60分（出題数60問）<br>※開始後の一時中断には対応しておりません。 |
|---|---|---|---|
| 試験方法 | インターネットを通じパソコンを利用しての個別Web試験です。<br>※あらからじめ受験するパソコンの動作環境を体験版で確認し、推奨された環境下での受験となります。 | | |
| 合格基準 | スコアで表示（上限100点） | | |
| 申込期間 | インターネットにて24時間受付しています。<br>※毎月第1火曜日5:00～9:00は定期メンテナンスのためご利用できません。 | | |
| テキスト<br>問題集 | ビジネスマネジャー検定試験®公式テキスト 4th edition<br>3,245 円(税込)<br>ビジネスマネジャー検定試験®公式問題集2024年版<br>2,750 円(税込) | | |

## 試験問題は，択一方式による選択式

**問 2**
部下からの業務報告を受理する場合のマネジャーの行動として最も適切なものを1つだけ選びなさい。

- 報告は、チームに所属する部下の各人が、それぞれ報告の都度、任意の様式により報告することとし、定型的な様式は用いないよう指導する。
- 報告をする際には、記録やメモ・写真等の資料を提出するなど、可能な限り客観性・正確性を担保できる形で報告するよう指導する。
- マネジャーの業務効率向上のため、マネジャーがあらかじめ定めた時間以外は報告を受け付けないことを徹底する。
- 部下からのアクシデント情報の報告を受けた際は、再発防止を図る観点から、アクシデント情報を報告した部下に「アクシデントの発生を防げなかったことに対し、どう責任を取るのか？」を徹底的に問い詰めるとともに、一定の期間にわたり毎日、反省文を書くよう指導する。

※ 画像はビジネスマネジャーBasicTestの試験問題例です。

### 試験問題について
公式テキストに掲載されている内容を問います。出題範囲は、基本的に公式テキストに準じますが、最近の時事問題などからも出題する場合があります。

試験終了後、得点にかかわらず、認定証（スコアレポート）を印刷することができます。

## 詳しくは、下部 WEB サイトよりお問い合わせください。

**ビジネスマネジャー BasicTest®**
主催 東京商工会議所

東京商工会議所 検定センター

検定試験公式サイト
https://kentei.tokyo-cci.or.jp/bijimane/basic-test/about/

ビジネスマネジャー 🔍

## ビジネス実務法務検定試験2級公式問題集〔2024年度版〕

2024年2月25日　新版第1刷発行

| | |
|---|---|
| 編　　者 | 東京商工会議所 |
| 発 行 者 | 湊元　良明 |
| 発 行 所 | 東京商工会議所<br>検定センター<br>〒100-0005　東京都千代田区丸の内3-2-2<br>（丸の内二重橋ビル） |
| 協　　力 | (株)ワールド・ヒューマン・リソーシス |
| 発 売 元 | (株)中央経済グループパブリッシング<br>〒101-0051　東京都千代田区神田神保町1-35<br>TEL (03) 3293-3381<br>FAX (03) 3291-4437 |
| 印刷・製本 | 渡辺印刷(株) |

©2024　東京商工会議所　Printed in Japan
ISBN978-4-502-49131-3 C2332